Hotel Food &
Beverage
Management

호텔 식음료 경영

채신석·신철호·오성훈·이영록 공저

 (주)백산출판사

영원한 호텔리어를 꿈꾸며

호텔리어를 꿈꾸는 학생들과 함께 공부하면서 무척 행복한 나를 발견하곤 한다. 지금도 호텔 현장에서 고객서비스를 하던 때의 모습이 아직도 생생할 뿐만 아니라, 내심 호텔 생활의 치열함이 그립기도 하다.

돌이켜보면 나는 호텔리어로 근무하면서 운이 좋았던 것 같다. 왜냐하면 5개의 인터내셔널 호텔에서 일할 수 있었으며, 그때 경험했던 호텔의 브랜드별 조직문화와 운영 매뉴얼을 통해, 호텔에 대한 견문을 넓히고 업무능력을 키우는 기회를 가질 수 있었기 때문이다.

그동안 호텔리어를 꿈꾸는 후학들을 지도하면서 때론 선생으로, 때론 같은 분야를 먼저 경험한 선배로서, 학생들이 식음료 경영을 쉽게 이해할 수 있는 교재가 필요하다는 것을 절실히 느껴 이 책을 준비하게 되었다.

본서는 총 13장으로, 각 장마다 학습 개요와 학습 목표 그리고 논의과제로 구성하였고, 각 장은 이론의 이해와 서비스 현장에서 활용할 수 있는 내용을 중심으로 전개하였다. 또한 이해의 폭을 넓히기 위해 다양한 식음료 관련 사진을 활용하였다.

이 책은 식음료 부문을 경영관리 차원에서 접근하면서 마케팅과 원가관리 그리고 인사관리 부문을 포함하였으며, 13장에서는 4차 산업이 식음료 경영에 미치는 영향과 미래 식음료 경영의 변화 및 방향성을 제시하였다.

본서는 호텔에 취업하고자 하는 학생 및 식음료 부문 종사자들이 알아야 할 기초적이고 필수적인 내용을 담고자 노력하였으며, 식음료를 이해하는 데 유용한 지침서로 활용되기를 바란다.

끝으로 이 책의 출판을 허락해 주신 백산출판사 진욱상 사장님과 임직원분들께 감사드리며, 호텔에서 함께 동고동락한 동료 선후배님들께 감사드린다. 또한 본서의 완성을 위해 많은 조언과 고민 그리고 자료를 제공해 주신 신철호 교수님, 오성훈 교수님, 이영록 교수님께 감사 인사를 드린다.

항상 나를 응원해 주는 아내 연수와 아들 호준·호빈에게 고마움과 사랑을 전한다.

2024년 2월
인하로 100 연구실에서
채신석

차례

PART

I

호텔
식음료의 이해

CHAPTER

1

호텔 식음료의 이해

제1절 | 호텔 식음료의 의의
제2절 | 호텔 식음료의 기능과 중요성
제3절 | 식당의 분류

학·습·목·표

이 장을 학습한 후, 다음 내용들을 이해할 수 있어야 한다.

– 호텔의 개념과 호텔 식음료의 기능 및 중요성을 설명할 수 있다.
– 호텔 식음료부서가 왜 중요한가를 설명할 수 있다.
– 식음료의 서비스 특성과 생산 · 운영관리의 특성을 설명할 수 있다.
– 호텔 레스토랑의 종류와 나라별 레스토랑을 설명할 수 있다.

1 호텔 식음료의 이해

개요

본 장에서는 호텔과 식음료부서의 개요 및 역할, 레스토랑의 명칭 그리고 호텔에서 식음료 부문의 중요성에 대해 살펴본다. 특히 호텔 식음료 서비스의 특성을 살펴보고, 이와 관련된 식음료의 예를 설명한다.

또한 식당을 명칭과 제공메뉴에 따라 분류하고, 각 나라별 음식의 개요와 특성 그리고 나라별 대표 메뉴를 살펴보는 것이 본 장의 내용이다.

제1절 > 호텔 식음료의 의의

1. 호텔의 개념

호텔이라는 단어는 타운하우스를 가리키는 프랑스어 hôtel에서 유래되었으며, "여행자들이 머무는 곳"을 의미하는 호스텔에서 파생되었다.

호텔은 고객들이 가정에서 느끼는 편안함을 제공하기 위해, 음식이나 숙박 등의 제반 서비스를 영리 목적으로 운영하는 장소라고 할 수 있다.

호텔은 기본적으로 병원이나 기숙사처럼 공공시설의 의미를 지녔으나, 시대적 변천에 따라 숙박, 식사, 회의 및 오락 장소 등으로 이용하게 되었으며, 여행자들에게는 가정을 떠난 집(A home away from home)처럼 아늑한 분위기를 전해주는 대표적인 환대사업체이다.

즉 비용을 지급할 수 있는 단기 체류 여행자에게 조건에 맞는 숙박과 음식 그리고 음료 등을 제공하는 시설이다.

호텔을 Webster's Dictionary에서는 다음과 같이 정의하고 있다. "호텔은 일반대중을 위하여 숙식과 함께 식사와 여흥을 제공하고, 여러 가지 개인적인 서비스를 제공하기 위하여 만들어진 공공시설이다(Hotel is an establishment that provides lodging and usually meals, entertainment, and various personal services for the public.)."

출처 : https://www.fourseasons.com/seoul/photos-and-videos/

▲ 포시즌스 호텔 서울 객실

2. 호텔 식음료의 개요

식음료란 음식(food)과 음료(beverage)를 중심으로 한 호텔의 상품으로서, 호텔의 객실 상품이 정적이라면, 식음료 상품은 동적인 상품이라고 할 수 있다. 과거에는 호텔의 식음료 업장이 객실 투숙고객을 위한 부대시설로 간주되었으나, 현재 식음료부서는 외식문화의 발달로 식음료 업장을 이용하는 외부고객의 지속적 증가에 따라 그 중요성이 확대되고 있다.

특히 컨벤션(convention)이나 웨딩 같은 대형 연회행사로 인해, 최근에는 객실 수입 대비 식음료 수입이 비슷하거나, 높게 나타나고 있다.

이와 같이 호텔의 가장 중요한 부서 중 하나인 식음료부서는 호텔 운영에서 핵심적인 역할을 한다. 기본적으로 고품질의 식사와 음료를 제공하고 우수한 고객 서비스를 결합하여, 손님에게 잊을 수 없는 식사 경험을 선사하는 것이 주목적이다.

식음료 서비스는 식음료 메뉴와 영업장의 이미지, 직원의 친절한 서비스, 분위기 등이 시스템적으로 또는 유기적으로 통합됨으로써 비로소 완전한 상품이 된다.

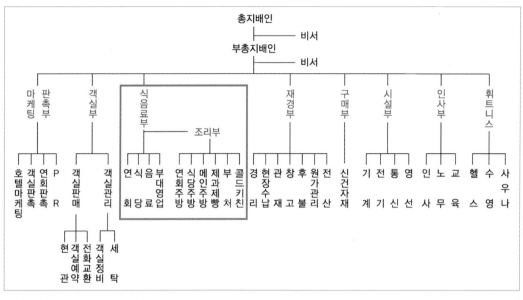

▲ 5성급 호텔 조직도와 식음료 부문

제2절 > 호텔 식음료의 기능과 중요성

1. 호텔 식음료의 기능

　호텔 식음료 업장은 호텔의 부대시설로 일반 외식업소에 비해 규모나 입지 그리고 품질과 가격 면에서 차이가 있으며, 숙련된 직원들의 고급 서비스가 제공되는 장소이다.

1) 외식산업 선도

　호텔의 식음료 업장은 일반 레스토랑과 달리 입지, 가격, 분위기, 맛, 신선도 등에서 뚜렷하게 차별화되어 있다. 특히 고품격 인적 서비스와 경영 노하우 그리고 전문화된 조리기법 등은 국내 외식산업 발전에 많은 영향을 미쳤다.

　그러나 최근 일반 외식업체도 성장을 거듭하면서, 호텔의 식음료와 대등하게 경쟁하는 단계로 발전하게 되었다.

2) 다양한 고객층 확보

호텔의 식음료는 우선적으로 객실에 머무는 내부 고객을 중심으로 서비스가 제공되었으나, 현대 호텔에서는 내부 숙박고객은 물론 외부 고객의 유입을 통해, 대부분의 매출이 발생하고 있다.

특히 다양한 형태의 식음료 업장은 고객의 요구를 수용하고, 고품질 서비스를 제공함으로써, 전문레스토랑(specialty restaurant)으로서의 이미지를 확고히 하고 있다.

▲ 시그니엘 서울: 스테이, 모던 레스토랑

3) 체계적인 조직력

전문적인 교육·훈련을 통한 고품격 서비스 제공과 우수한 상품, 그리고 여러 부서 상호 간의 친밀하고 유기적인 업무 협조로 서비스 활동이 가능한 체계적인 조직력을 갖추고 있다.

4) 다양한 콘셉트의 식당 운영

호텔의 식음료 업장은 다양한 업종 및 업태로 구성되며 상호 복합적으로 운영되고 있다. 특히 최고의 품질과 서비스를 제공한다는 경영 콘셉트로 독특한 상품을 선보임으로써, 고객에게 차별화 및 고급화의 특성을 인식시키고 있다.

2. 호텔 식음료 부문의 중요성

호텔의 식음료 부문은 고급 외식문화를 선도하는 시스템과 인적 서비스를 통해 고객 만족 및 호텔의 재무적 성과에 많은 영향을 미치고 있다.

1) 수익 창출 부서

식음료 부문은 객실 부문과 함께 호텔의 양대 수익 창출 부서로 자리매김하고 있으며, 호텔의 이미지 형성, 고객 만족, 그리고 마케팅 측면에서 그 중요성이 날로 증가하고 있다.

특히 출장연회(off-premise catering)를 포함한 식음료 상품은 수요에 대한 판매 탄력성이 매우 높으므로, 객실부서에 비해 호텔 수입의 극대화가 가능하다.

2) 새로운 고객의 창출

호텔의 식음료부서는 음식과 음료의 제공뿐만 아니라, 각종 모임 등과 같은 집회의 기능, 예술 공연이나 세미나 등과 같은 문화의 기능, 상담, 회의(meeting), 전시회 등과 같은 비즈니스 기능 등의 매우 다양한 역할을 하고 있으며, 이에 따른 고객 만족은 호텔의 이미지 형성과 신규 고객 창출에 영향을 미친다.

3) 고객 기대에 부응

호텔 식음료를 이용하는 고객은 서비스에 대한 기대가 높기 때문에, 서비스 매뉴얼을 갖추고 지속적인 훈련을 통해, 수준 높은 식음료 서비스의 질을 유지해야 한다. 고객이 인지하는 호텔의 명성은 식음료의 일관성 있는 서비스 품질에 의해 크게 좌우된다.

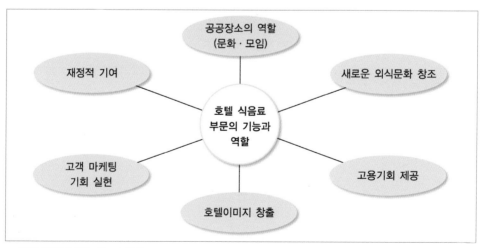

▲ 호텔 식음료부의 기능과 역할

3. 식음료 서비스의 특성

호텔의 식음료 서비스는 고품격의 인적 서비스와 식음료 상품이 요구된다. 이곳에서 수행되는 서비스는 무형성(intangibility), 동시성(inseparability), 이질성(variability) 그리고 소멸성(perishability) 등의 특성이 있으며, 식음료 서비스 제공자는 이러한 특성을 잘 고려하여 적절한 서비스 제공을 위해 노력해야 한다.

1) 무형성(Intangibility)

식음료 상품은 무형성으로 서비스를 경험하기 전까지는 품질을 알 수가 없다. 식당의 고객은 식사를 경험해야 그것이 훌륭한지 알 수 있는 것이다.

따라서 레스토랑에서는 서비스의 무형적 요소를 유형화하기 위해, 레스토랑의 외관이나 실내 인테리어, 직원의 용모와 유니폼, 식음료 사진, 배경음악이나 조명, 홈페이지 등을 통해 서비스의 무형성을 유형화하는 데 노력하고 있다. 고객은 레스토랑이 제공하는 이러한 유형적 단서를 통해 제공되는 서비스에 대한 평가를 하게 되고 신뢰감을 갖게 된다.

▲ 만다린 오리엔탈 도쿄: 라운지의 인테리어는 고객이 서비스에 대한 평가와 신뢰 형성에 영향을 미친다.

2) 소멸성(Perishability)

서비스는 제품과 달리 적정 시간에 사용되지 않으면, 그 가치는 완전히 사라진다. 예를 들어 당일 판매되지 않은 식당의 좌석은 내일 영업에 소급할 수 없으며, 그 가치는 바로 소멸되는 것이다.

이러한 소멸성의 특성은 식음료 경영에 다양한 전략을 요구하게 되었다. 만약 서비스의 수요와 공급에 대한 예측이 잘못 이루어질 경우, 식음료 상품의 과다 생산으로 인한 식재료의 낭비와 과소 준비로 판매기회를 상실하게 되어 매출에 부정적인 영향을 미치게 된다.

3) 이질성(Heterogeneity, Variability)

서비스는 비표준적이며 고도로 가변적이다. 즉 서비스를 제공하는 직원이 일관성 있는 서비스를 제공한다고 해도, 서비스를 제공받는 고객의 서비스 기대 수준에 따라 만족은 각각 다르게 나타난다.

따라서 서비스의 이질성을 극복하기 위해, 호텔의 레스토랑에서는 업무지침서(manual)를 통해 고객응대 요령을 제공하고 있으며, 이질성 극복을 위한 방안으로 제공 서비스에 대한 표준화를 추구한다.

4) 생산과 판매의 동시성(Inseparability)

제조업의 제품은 생산자와 소비자 사이에 유통과정이 있지만, 식음료 상품은 소비자가 레스토랑에 직접 방문하여 주문하고 동시에 소비하므로 유통과정이 없다.

예를 들면, 스테이크를 먹기 위해서는 손님이 식당까지 와야 하며, 주문과 동시에 생산 그리고 소비가 이루어진다. 이때 서비스 품질은 서비스 제공자의 능력뿐만 아니라 고객과의 상호작용의 질에 따라 달라질 수 있기 때문에, 인적 요소에 대한 관리가 레스토랑의 성공요소가 된다.

▲ 페닌슐라 비벌리힐스, 클럽 바: 식음료 주문과 동시에 제공된다.

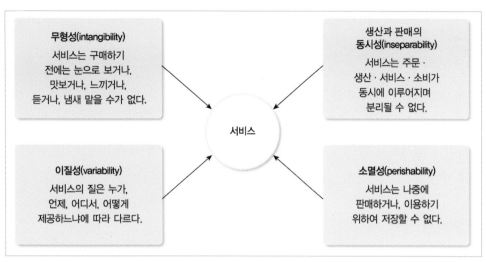

▲ 식음료 서비스의 특성

4. 생산 운영관리 특성

서비스의 특성에서 살펴보았듯이, 식음료는 생산운영관리 측면에서도 독특하고 다양한 특성을 포함하고 있다.

1) 수요 예측의 어려움

식음료 상품은 고객이 레스토랑에 도착한 후 고객의 주문에 의해 생산되는 것으로, 사전에 생산과 관련한 계획이나 이를 예측하는 데 어려움이 있다.

따라서 당일 예약상황과 그동안의 고객 이용상황을 기반으로 정확한 계획생산보다는 근사치의 수요 예측에 따르게 된다.

2) 생산과 서비스의 인력 의존성

식음료 상품은 유형적인 요소 외에 인적 서비스라는 무형적인 요소가 많이 포함된 상품으로서, 인적 서비스를 중요시한다.

인적 서비스에 대한 높은 의존도는 인건비 과다 지출의 원인이 되기도 하지만, 서비스의 품질과 매출은 직원의 적극적인 노력에 의하여 이루어진다. 따라서 직원의 식음료에 대한 전문적인 지식과 경험 그리고 서비스 마인드 보유 등 인적 자격조건이 요구된다.

3) 위생의 필요성

식음료 서비스에서 위생은 그동안 사회문제와 더불어 고객들의 식당 선택 동기의 최우선 요소가 되고 있다. 최근 코로나 이후로 사람들은 위생에 대한 개념을 더욱 중요하게 생각하고 있으며, 식당에서도 고객은 물론 건강한 사회를 위해서도 위생은 필수적이다.

4) 환경적 책임

환대산업분야에서 윤리적으로 올바르고 환경친화적인 상품과 서비스 제공에 대한 고객의 압력이 커지면서, 친환경 정책은 지속 가능한 관광을 촉진하는 방법으로 그 중요성이 증가하고 있다.

특히 전 세계적으로 심각한 문제를 야기하는 생태 문제, 즉 지구 온난화, 환경 파괴, 대기 및 수질 오염, 식재료 폐기에 따른 환경 오염에 대하여, 레스토랑 이용고객은 물론 직원들의 친환경 정책에 대한 적극적인 관심이 필요하다.

5) 매출의 불규칙성

식음료 서비스의 특성 중 하나가 매출의 변동이 크다는 것이다. 계절과 요일, 날씨는 물론, 시간에 따라서도 매출 변동의 차이가 크다. 이러한 불안정한 매출 변동은 식음료를 생산하기 위해 얼마만큼의 식재료를 구매해야 하는지, 또는 직원의 수가 어느 정도면 적당한지 등의 생산과 운영을 어렵게 만든다.

6) 서비스 및 요구수준의 다양성

식음료 상품은 제조업과는 달리 유·무형의 상품이 결합된 것이기 때문에, 서비스 품질의 평가가 어렵고, 서비스에 대한 요구 수준은 매우 다양하다. 또한 서비스 품질 평가에 대한 피드백(feedback) 확보가 어려워, 문제에 대한 대응이나 해결책을 마련하기가 어렵다.

제3절 > 식당의 분류

1. 명칭에 의한 식당의 분류

1) 레스토랑(Restaurant)

현대 레스토랑의 기원은 1765년 루이 15(Louis XV)세 때 무슈 블랑제(Monsieur Boulanger)가 양의 다리를 식재료로 사용하여, 몸을 보양해 원기를 회복해 준다는 수프를 만들어 판매하였는데, 그 수프를 Restaurer(레스토레), 판매 하던 장소를 Restorante(레스토랑떼) 라고 부른 것에서 유래되었다.

▲ 튀르키예 이스탄불에 있는 미클라(Mikla)

프랑스의 대백과 사전 "Larouse Duxxe Siĕcle"에 의하면, 레스토랑의 어원은 "de Restaurer"라는 말로 시작되었으며, 이 단어의 본래 의미는 "기력을 회복 시킨다(restore)"라는 뜻이다. 이 사전 에 의하면 레스토랑이란 "사람들에게 음식물을 제공하는 공중시설, 정가 판매점, 일 품 요리점"이라고 표현하고 있듯이, 음식물과 휴식장소를 제공하고 원기를 회복시키 는 장소라는 것이다.

미국의 웹스터 사전에는 "An establishment where refreshments or meals may be procured by the public: a public eating house", 즉 "대중들이 가벼운 음식물이나 식사 를 할 수 있는 시설"이라고 설명되어 있다.

2) 카페(Cafe)

카페는 본래 가벼운 식사나 차를 마실 수 있는 식당을 말하는 것으로, 다소 격식 있는 레스토랑과는 구별하여 사용되고 있다.

호텔에서 카페는 커피만 파는 곳으로 생각할 수 있으나, 샌드위치, 스파게티, 스테이크, 샐러드 등의 경양식과 간단한 한식 등을 제공하는 식당의 일종이며, 월별, 계절별로 각종 이벤트를 마련하고, 그 시즌에 맞는 스페셜 메뉴를 준비하기도 한다.

3) 그릴(Grill)

▲ JW 메리어트 호텔 서울: 마고 그릴

일반적으로 일품요리(à la carte)를 제공하는 식당으로 중식(lunch), 석식(dinner)을 제공하며, 고객의 기호와 편의를 고려하여 그날의 특별요리(daily special menu)를 준비한다.

특히 음식을 조리할 때 가스나 숯을 이용하는 조리기구가 있으며, 직접 열을 가해서 만든 음식을 제공하게 된다.

4) Lunch Counter

▲ 그랜드 하얏트 서울: Teppan

식탁 대신 긴 카운터에 앉아서 고객이 요리사에게 직접 음식을 주문하고, 주문한 음식이 준비되는 과정을 볼 수 있어 식사를 기다리는 지루함을 줄일 수 있다. 일식당의 스시 카운터(sushi counter)나 철판구이가 그 대표적인 예에 속한다.

5) 인 룸 다이닝(In Room Dining)

호텔의 객실 투숙고객에게 24시간 식음료를 제공하는 식당으로서, 객실에서 주문한 음식을 서버가 직접 제공한다. 조식의 경우 전화주문 이외에 도어놉(door knob) 메뉴를 체크하여, 객실 문밖의 손잡이에 걸어 놓으면, 이를 수거하여 고객이 원하는 시간에 객실로 배달 제공한다.

▲ 인 룸 다이닝 서비스 장면

6) 델리(Deli)숍

델리카트슨(delicatessen)의 줄임말인 델리숍은 "소비자들이 간소하게 먹을 수 있는 음식을 파는 곳"이라는 뜻의 매장이다.

델리숍의 가장 큰 특징은 베이커리, 샌드위치, 파스타 등의 가볍게 즐길 수 있는 메뉴를 매장 안에서 먹을 수 있을 뿐만 아니라 테이크아웃할 수 있다.

▲ 호텔 놀린스키(Nolinski): REJ 델리카트슨

2. 제공메뉴에 의한 식당의 분류

1) 서양식 레스토랑

(1) 프렌치 레스토랑(French Restaurant)

① 프랑스 요리의 태동

프랑스 요리는 양식문화를 선도하는 고급 레스토랑의 대명사로 인식되고 있다.

그러나 처음부터 프랑스 요리가 서양 음식을 대표하지는 않았다. 중세에는 이태리 요리가 프랑스 요리보다 훨씬 앞선 음식문화를 꽃피우고 있었다.

프랑스 음식 발전에 막대한 영향을 미쳤던 사건은, 이태리의 캐서린 메디치가 왕이 된 앙

출처 : https://www.lottehotel.com/seoul-hotel/ko/dining/restaurant-pierre-gagnaire-a-seoul.html
▲ 롯데호텔: 피에르 가니에르 서울

리(Henry) 2세와 결혼하기 위해 프랑스로 오면서, 솜씨가 뛰어난 조리사를 데려갔는데, 이것이 계기가 되어 이후부터 프랑스 요리의 르네상스 시대가 시작되었다. 이후 파리에 요리학교가 생겨 많은 요리사가 양성되었으며, 중국, 튀르키예와 더불어 세계 3대 요리로 발달하는 계기가 되었다.

② 프랑스 요리의 특징

요리에 사용되는 소스 종류만 해도 수백 가지가 넘으며, 송로버섯(truffle), 쇠고기 안심(chateaubriand), 거위 간(foie gras) 그리고 달팽이(escargot) 등 많은 고급 요리와 와인(wine), 그리고 재료의 특성을 충분히 살리는 고도의 조리기술을 구사하여 섬세한 맛을 내는 것이 특징이다.

▷ 와인과 향신료 : 포도주는 서양요리에서 커다란 부분을 차지하는데, 음식과 함께 마시던지, 소스를 만드는 데 주요 재료로 활용되고 있다. 또한 와인은 식욕을 돋우고 음식과 페어링(pairing)되어 식사를 더욱 황홀하게 만들어준다. 향신료로는 파슬리의 줄기, 후추, 셀러리, 너트맥, 사프란 등을 쓰는데, 이를 두서너 가지씩 섞어서 사용함으로써 미묘한 맛을 창출한다. 또한 음식에 곁들여지는 소스는 요리에 알맞게 구사함으로써, 프랑스 요리의 맛을 더욱 풍성하게 해준다.

▷ 프랑스 요리는 조화의 미 : 고급 요리는 조리에 있어 특별한 기술이나 다양한 식재료도 필요하지만, 격조 높은 요리만큼 그릇의 선택이나 식탁의 조화를 찾는 테이블 문화가 큰 비중을 차지하는 것도 특징이다. 또한 코스별 음식 제공에 따른 격식 있는 식사 예절도 중요한 요소가 된다.

(2) 이탈리안 레스토랑(Italian Restaurant)

① 이탈리아 요리의 태동

중세 이후 요리는 이탈리아가 프랑스보다 먼저 발달했다. 르네상스를 꽃피운 15세기 피렌체와 베네치아 등 이탈리아의 부유한 도시국가들은 과학, 패션, 건축, 예술 등 다양한 방면에서 두각을 보였는데, 음식도 그중 하나였다. 반도로서의 지리적 특성과 지중해성 기후의 혜택 그리고 호화로운 식문화를 소비할 수 있는 계층의 등장으로, 이탈리아는 당시 유럽에서 가장 선진화된 곳이었다.

▲ 조개를 곁들인 링귀니

② 이탈리아 요리의 특징

지중해 연안의 풍부한 해산물과 올리브유를 많이 사용하며, 바질(basil)과 함께 마늘을 좋아하는 우리나라 사람들의 취향과 잘 어울리는 스파게티, 피자, 라자냐, 리조또 등이 유명하다.

▷ 붉은 파스타 혁명 : 현대적 의미의 진정한 "붉은 파스타 혁명"은 대략 1830년경에 미국으로부터 들어온 토마토를 소스로 활용하면서 시작되었다. 토마토는 이탈리아에서 대부분의 소스로 활용되고 있으며, 다른 소스는 토마토가 들어오기 전부터 쓰던 올리브 오일이나 마늘이 주재료가 되었다.

이탈리아의 파스타(pasta)는 '반죽하다'란 이탈리아어 '임파스타레(impastare)'에서 온 말로, 밀가루를 물로 반죽해 만든 각종 면류를 총칭하는 말이다.

▲ 토마토소스를 곁들인 펜네(Penne)와 아마트리치아나(Amatriciana)

③ 이탈리아의 카페 문화

이탈리아의 음식문화 중 특별한 것이 카페 문화이다. 이탈리아는 커피를 생산하는 것도 아니면서 커피 즐기는 문화를 전 세계에 대중화시켰을 뿐만 아니라, 우리가 마시는 커피 메뉴가 대부분 이탈리아어인 것만 보더라도 커피 문화의 발전에 절대적인 영향을 미친 것은 확실하다.

프랑스가 와인의 나라라면, 이탈리아는 커피의 나라라고 할 수 있다.

2) 아메리칸 레스토랑(American Restaurant)

(1) 미국 요리의 태동

미국의 유럽 식민지화로 인해 수많은 식재료와 요리 스타일 그리고 식문화가 미국에 도입되었으며, 19세기와 20세기에도 많은 나라들로부터 백인, 흑인, 인디언, 동양계 등의 이주민들이 유입되면서, 미국 전역에 다양한 스타일의 음식들이 나타나기 시작했다.

따라서 특징적인 음식은 많지 않으면서도 현대 음식은 곧 미국 음식이라 할 정도로, 전 세계의 음식문화를 소화하여 새로운 음식문화를 만들어내는 곳이 미국이다.

(2) 미국 요리의 특징

미국 요리의 특징은 요리의 코스나 구성보다는 맛과 영양, 그리고 풍성함에 있으며, 실질적이고 영양 위주의 메뉴로 구성된다. 특히 유럽에 비해 격식보다는 실용적인 측면을 강조하고 있는데, 짧은 식사 시간이나 심플한 메뉴 등이 그 예라고 하겠다.

미국을 대표하는 음식으로는 패스트푸드(fast food)가 주를 이루며, 햄버거, 핫도그, 켄터키 치킨, 스테이크, 통조림, 콜라, 토마토케첩 등이 대표적인데, 이러한 음식과 음료 등이 지금은 전 세계적인 음식이 되었다.

◇ 미국의 대표음식 햄버거의 유래

우리나라의 젊은 세대들은 햄버거를 가장 좋아하는 음식이라고 말하는 사람들이 많을 것이다.

햄버거(hamburger)는 샌드위치 패스트푸드의 일종이다. 또한 햄버거는 양념, 빵가루 등에 고기를 갈아 넣고 버무린 뒤 구워낸 햄버그 스테이크(패티), 채소, 양념 등을 두 장 이상의 동그랗거나 길쭉한 빵 사이에 넣어 만들며, 보통 손으로 쥐어서 들고 먹는다.

햄버거가 어떻게 유래되었는지 살펴보면 다음과 같다.

햄버거의 실제 기원은 미국도 유럽도 아닌 몽골이다. 몽골인들은 질긴 말고기를 먹을 때 생고기를 잘게 다져 스테이크로 먹는 방법을 사용했는데, 말고기를 말안장에 넣고 달림으로써 고기를 부드럽게 해서 날로 먹었다. 이 습관이 240여 년간 몽골의 지배하에 있었던 러시아에 전해진 후 다시 독일로 전해지게 되었다.

질긴 고기를 다져 먹는 스테이크 문화를 도입한 함부르크 지역에서 해당 고기를 익혀 먹는 스테이크가 유행하게 되었고, 이러한 '함부르크 스테이크'는 미국으로 이민 간 독일인들에 의해 미국에 전파된다. 즉 햄버거는 독일의 지명 함부르크에서 유래된 이름이며, 도시이름 뒤에 -er을 붙인 햄버거는 '함부르크에서 온 사람이나 물건'을 뜻한다고 한다.

이후 미국 각지에서 '함부르크 스테이크'를 사용하여 햄버거라는 요리가 유행하게 되었는데, 정확히 누가 어디서 시작했는지는 알 수 없지만, 햄버거 시초에 대해 가장 유명한 것으로, 1904년 세인트루이스 박람회 때 한 요리사가 샌드위치를 만들던 중 너무 바쁜 나머지 함부르크 스테이크를 일반 고기 대신 샌드위치 빵에 넣어 판매한 것이 오늘날 햄버거의 시초라는 설이 있다.

어쨌든 사람들은 햄버거에 왜 햄이 들어 있지 않은지 매우 궁금했을 것이다. 햄버거에서 햄은 햄을 넣어 만든 것이 아니라 독일 함부르크의 앞자를 따서 명명했기 때문이다.

3) 동양식 레스토랑

(1) 한국식당(Korean Restaurant)

① 한국의 음식문화

한국 음식은 정성과 노력이 많이 들어가기 때문에, 만드는 사람의 마음가짐과 태도를 중요시한다. 주식인 밥과 반찬 등의 부식을 같이 먹는 형태로 발달하여, 식품배합이 합리적이며, 음식의 영양, 색상, 간의 농담(세기), 온도의 조화를 추구한다. 주식은 쌀과 보리 등 다양한 곡물류를, 반찬류로는 채소, 육류, 어류 등의 재료를 이용하여 계절에 맞추어, 김장, 장, 젓갈 담기, 채소

▲ 한식: 비빔밥

말리기 등 저장 발효식품과 건조 저장식품을 만들어 기본 찬이나 양념으로 이용한다.

② 한국 음식문화의 특징

주식과 부식의 구분이 명확하며 콩으로 만든 장류는 양질의 동물성 단백질을 쉽게 구할 수 없는 여건에서, 중요한 단백질 공급원으로 균형 잡힌 영양 섭취를 가능하게 했을 뿐만 아니라, 음식에 간을 맞추고 조화된 맛을 내는 조미료로 일상식의 기반

이 되고 있다.

특히 김치는 신선한 채소를 구할 수 없는 겨울철에 대비하여 개발된 저장식품으로, 곡류 음식 즉 밥의 찬이 된다.

한상차림의 문화로써 음식을 처음부터 한 상에 전부 차려내는 것을 원칙으로 하며, 3첩, 5첩, 7첩, 9첩 반상이라는 독특한 형식을 만들어냈다.

(2) 중국식 레스토랑(Chinese Restaurant)

① 중국의 음식문화

중국은 그들의 긴 역사만큼이나 다양한 요리를 개발, 발전시켜 오늘날 세계적인 요리로 명성을 쌓고 있다. 한족을 포함 56개의 민족으로 이루어진 다민족국가로 음식문화 역시 지역별, 기후별로 다른데, 각각의 식재료에 따른 조리기술과 맛, 모양, 향 등의 특색이 나타난다.

중국요리의 특징은 광범위한 식재료와 조리방법의 다양성에 있다. 지역별로 조미료와 향신료가 풍부하여 음식의 모양이 화려하고 고유한 풍미가 있다. 조리방법은 스팀을 이용하여 삶거나 주로 기름을 이용하여 볶거나 지지거나 튀기는 요리가 많다.

② 중국요리의 지역별 특색

중국은 광활한 국토면적 때문에 요리도 크게 4개의 지역으로 나뉜다.

▷ **북경요리** : 베이징(北京) 지역의 요리뿐 아니라 인근 지역 요리를 포함한 개념으로, 기후가 한랭하기 때문에, 육류를 중심으로 강한 화력을 이용한 튀김요리와 볶음요리가 특징이다. 대표적인 요리로는 베이징 덕(duck)이라 불리는 북경오리구이가 있다.

▷ **상해요리** : 상해는 양쯔강과 서해가 만나는 항구에 위치하여, 해산물을 활용한 요리가 발달하였다. 특히 서구식 조리법이나 퓨전 요리가 발달하였으며, 상해의 게요리, 샤오롱바오(소롱포), 동파육 등이 상해를 대표하는 요리이며 남경요리(南京料理)라고도 한다.

▷ **사천요리** : 중국 서방 양쯔강 상류 지역을 대표하는 사천요리는 한국에서 마라탕과 마라샹궈 등 중국 음식 열풍이 불면서, 최근 인기가 더욱 높아졌다. 식자

재가 부패하기 쉬우므로 향신료가 발달하였으며, 신맛과 매운맛 등 자극적인 맛과 향기가 요리의 기본을 이루고 있다.

▷ 광둥요리 : 중국 음식을 나타낼 때 '식재광주(食在廣州, 먹을 것은 광주(광둥)에 있다)'라는 말이 있을 정도로, 광둥요리는 중국 4대 요리 중에서도 인지도가 가장 높은 편이다. 특히 외국과의 교류가 빈번한 지역으로, 일찍이 토마토케첩 및 우스터소스 등의 서양요리 재료와 조미료를 받아들였으며, 대표 메뉴로는 딤섬, 탕수육 등이 있다.

북경요리: 베이징 덕

상해요리: 동파육

사천요리: 마라샹궈

광둥요리: 딤섬

▲ 대표적인 지역별 중국요리

(3) 일본식 레스토랑(Japanese Restaurant)

① 일본의 음식문화

일본은 전통적인 식생활에서는 육식의 요소가 약하지만, 지형상 쌀과 바다에 둘러싸인 지리적인 여건으로 생선요리가 대표적이며, 이와 관련한 다양한 조리법이 발달하였다.

일본요리를 일명 화식(和食)이라고도 하며, 혀로 느끼는 맛과 함께 눈으로 보는 시각적인 맛을 중시한다. 일본요리는 조리법에서 식재료가 갖고 있는 맛을 최대한 살릴 수 있는 생선회나 초밥 등의 생식 요리가 발달하였으며, 맛과 함께 모양과 색깔, 그릇과 장식에 이르기까지 전체적인 조화에 신경을 쓴다.

대표적인 요리로는 생선회(刺身 : さしみ, 사시미), 구이(燒物 : やきもの, 야끼모노), 국물요리(汁物 : しるもの, 시루모노), 조림요리(煮物 : にもの, 니모노), 튀김(揚げ物 : あげもの, 아게모노), 찜(蒸物 : むしもの, 무시모노), 전채요리(前菜: ぜんさい, 젠사이) 등이 있다.

② 일본요리의 지역별 특색

일본요리는 크게 관동요리와 관서요리로 나뉜다.

관동지방의 음식은 무가(武家) 및 사회적 지위가 높은 사람들에게 제공하기 위한 요리이며, 에도(도쿄) 요리로 불린다. 관서요리는 전통적인 일본요리가 발달한 곳으로 교토와 오사카를 중심으로 발달하였다. 관서요리는 관동요리에 비해 맛이 엷고 부드러우며, 설탕을 비교적 쓰지 않고 재료 자체의 맛을 살려 조리하는 것이 특징이다.

초밥

회석(코스)요리: 가이세끼요리

▲ 대표적인 일본요리

(4) 이슬람 음식문화: 할랄(Halal)음식과 하람(Haram) 식품

무슬림들은 전 세계 인구의 30%가량을 차지할 정도로 많다. 무슬림의 음식을 가리켜 '할랄푸드'라고 한다. 할랄은 이슬람 율법에 따라 '허용되는 것'이라는 뜻으로, 할랄식품은 허용한 음식을 말한다.

육류는 이슬람 종교의식에 따라 도살된 것이어야 하는데, 주로 염소고기나 닭고기, 쇠고기 등을 허용하고 있다. 그러나 돼지고기나 다른 동물의 식용은 금지되는데, 이렇게 금지된 음식은 '하람푸드'라고 불린다.

(5) 이슬람 음식문화의 특징

무슬림은 주로 불에 구워 요리해 먹는데, 육류구이 요리의 대표적인 것은 '케밥'이다. 케밥은 양고기를 작은 크기로 잘라 주로 소금과 후춧가루로 양념해 구운 것이다.

음주가 금지된 무슬림들이 즐겨 마시는 음료는 주로 커피와 차다. 커피는 무슬림들이 커피 수출로 유명했던 예멘의 모카 항구를 통해 인류에 보급시킨 음료이다.

▲ 이슬람의 할랄과 하람의 음식 분류

1. 호텔의 개념과 호텔 식음료의 기능 및 중요성을 토론해 보세요.

2. 호텔 식음료부서가 호텔경영에서 왜 중요한지를 설명하시오.

3. 식음료의 서비스 특성과 생산·운영관리 특성을 설명하시오.

4. 레스토랑의 정의와 유래를 토론해 보세요.

5. 호텔 레스토랑의 종류와 나라별 음식문화를 설명하시오.

호텔 식음료부서의
조직과 직무

제1절 | 호텔 식음료의 조직
제2절 | 식음료 구성원의 직무와 서비스 조직

학·습·목·표

이 장을 학습한 후, 다음 내용들을 이해할 수 있어야 한다.

- 호텔 식음료부서의 조직을 이해한다.
- 호텔 식음료부서의 업장을 구분하고 설명할 수 있다.
- 호텔 식음료 조직의 구성 원칙을 설명할 수 있다.
- 호텔 식음료 구성원의 직무별 역할을 설명할 수 있다.
- 식음료 서비스의 형태별 조직 구성을 설명할 수 있다.

2 호텔 식음료부서의 조직과 직무

개요

본 장에서는 식음료부서 조직의 이해와 식음료 업장의 구분 기준을 살펴본다. 또한 식음료 조직의 구성 원칙을 살펴보고, 식음료 구성원의 역할을 각 직무별로 설명한다. 마지막으로 식음료 서비스의 형태별 조직 구성을 설명하고, 각 조직의 특성을 이해하는 것이 본 장의 내용이다.

제1절 > 호텔 식음료부서의 조직

1. 식음료부서 조직의 이해

호텔의 가장 중요한 부서 중 하나인 식음료부서는 호텔의 전반적인 운영에서 핵심적인 역할을 담당한다. 기본적으로 식음료부서 조직의 임무는 고품질의 식사와 음료를 제공하는 것과 우수한 고객 서비스를 결합하여, 손님에게 잊을 수 없는 식사경험을 제공하는 것이다.

조직이란 일하는 각 구성원의 역할과 책임을 설정하고, 직무 중에 문제가 발생할 경우, 책임이 누구에게 있는지를 아는 동시에, 조직 활동을 지시하고 의사 결정을 돕게 된다. 이러한 조직체계는 각 부서의 역할과 상호 종속성을 더욱 명확하게 설명하고, 정의된 조직목표에 따라 조직의 자원을 적절하게 분배하고 합리적으로 계획하게 만든다.

호텔의 식음료 업장은 메뉴와 특색있는 시설 및 인테리어 그리고 전문성을 갖춘 인력 구성이 요구되며, 식당의 콘셉트와 운영방식에 따라 상이하게 구분된다.

따라서 호텔의 식음료 조직은 각각의 직무에 대한 평가를 통하여, 업무가 전반적인 목표에 어떻게 기여하는지에 대한 책임을 설정하기 위함이며, 조직의 지시와 통제가 명령계통에 따라 신속하게 이루어져야 한다. 특히 식음료 부문의 영업을 원활하게 수행하기 위해서는, 식음료부서와 조리부 상호 간의 협조와 이해가 우선되어야 한다.

2. 식음료 업장의 구분

호텔의 식음료 업장은 크게 음식을 전문적으로 판매하는 식당(food) 부문과 알코올 및 비알코올성 음료(beverage)를 판매하고 제공하는 음료 부문, 그리고 특정 목적으로 행사에 참여하는 단체 고객에게 식음료와 회의 장소를 판매하는 연회 부문(banquet) 등으로 구분된다.

1) 식당 부문

식당(restaurant)은 고품질의 음식과 음료를 제공하는 곳으로, 5성급 호텔의 경우, 양식당 · 그릴 · 일식당 · 중식당 · 뷔페식당 · 카페 · 인 룸 다이닝(in room dining) · 델리카트슨 등 다양한 업종의 영업장으로 구성되어 있다. 특히 호텔의 레스토랑은 일반 외식업체와 다르게 서비스나 음식의 질에 차별화를 보이며, 잘 훈련된 직원들에 의해 고품질의 서비스를 제공한다.

2) 음료 부문

호텔의 음료(beverage) 업장은 알코올성 음료와 비알코올성 음료, 즉 간단한 칵테일에서부터 고급주류에 이르기까지 다양한 음료를 제공하여, 고객에게 휴식은 물론, 기타 여흥의 즐거움을 제공한다. 로비라운지(lobby lounge) · 스카이 라운지(sky lounge) · 바(bar) 등이 대표적이며, 호텔마다 엔터테인먼트 바(entertainment bar) 등을 통해 호텔을 찾는 고객들에게 즐거움을 주고 있다.

음료는 음식에 비해 원가율이 낮기 때문에, 경영 차원에서 음료부서의 영업 활성화에 지속적인 노력을 하고 있으며, 다양한 음료 메뉴의 개발과 더불어 식사 메뉴를 접목하고 있다.

3) 연회 부문

호텔 연회란 호텔의 연회장이나 행사장에서 개최되는 공식적인 행사나 모임을 말한다. 이러한 유형의 이벤트는 손님 수가 많은 것이 특징이며, 정찬, 연설, 다목적 회의, 엔터테인먼트 등 다양한 활동이 포함된다.

호텔 연회는 대규모 모임을 주최할 수 있는 편리하고 고급스러운 환경을 제공하기 때문에, 결혼식, 콘퍼런스, 기업 회의, 갈라(gala), 기타 특별 행사 등 다양한 행사로 인기가 높다.

특히 행사를 주최하는 주최자를 위해 이벤트 계획과 서비스를 원활하게 제공하고, 참석자들에게 기억에 남는 경험을 보장하기 위해, 다양한 서비스와 편의 시설을 제공한다.

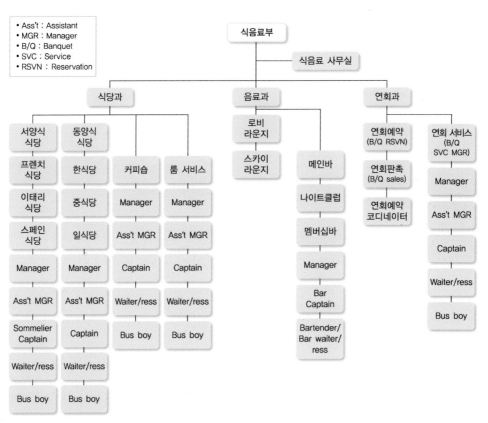

▲ 호텔 식음료부서의 조직도

제2절 > 식음료 구성원의 직무와 서비스 조직

1. 호텔 식음료 조직 구성

식음료 조직에는 조직의 목표 달성을 위해 다양한 직원들의 책임과 역할로 구성된다. 호텔의 수입은 식음료 영업 결과에 따라 좌우되기 때문에, 직원 상호 간의 직무, 권한과 책임의 한계를 명확하게 규정하여 영업활동을 촉진시킨다.

호텔 식음료 조직 구성 원칙은 다음과 같다.

먼저, 모든 직책에 대한 업무와 책임, 권한 및 경제적 책임을 규정하여야 한다. 따라서 직원들이 자신의 임무와 책임이 무엇인지 알 수 있도록 정확히 해야 하고, 누구에게 보고하고 보고받는지를 분명하게 규정해야 한다.

둘째, 모든 직급에 책임과 권한을 설정한다. 특히 경영자의 책임과 권한 위임이 중요하며, 조직 구성원의 위치에 따라 주어진 업무수행에 대한 책임과 이에 따른 권한이 필요하다.

셋째, 조직 구성원의 직무에 대한 업무처리 과정을 간결하고, 상세하게 표준화하여 과업 수행을 용이하게 하며, 절차상의 복잡성을 해소해 주어야 한다.

넷째, 조직의 중앙집권화된 권한을 분산하고 상황에 따른 고객 문제를 적시에 해결할 수 있는 권한을 부여하여, 고객 만족을 위해 적극 대응한다.

다섯째, 식음료부서의 조직은 포괄적으로 식당의 규모, 기능, 위치, 경영정책, 고객의 성향에 따라 다르며, 세부적으로 식당의 테이블 수, 제공되는 음식, 메뉴 가격, 영업시간 그리고 서비스 방식에 따라 조직의 형태는 다르게 나타난다. 조직의 구성은 반드시 영업 결과에 따른 손익을 우선적으로 평가해야 한다.

식음료 서비스의 직급과 직무는 호텔의 규모와 성격에 따라 다르지만, 일반적으로 다음 표와 같은 직급 및 직무체계를 갖추고 있다.

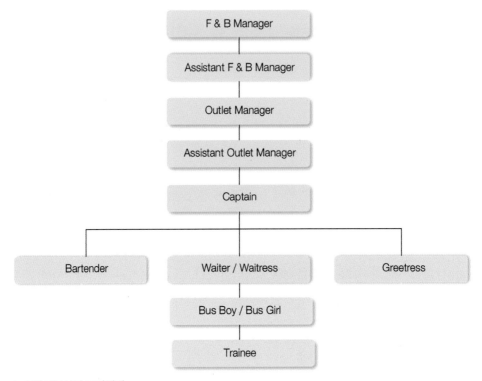

▲ 식음료부서의 조직체계

2. 호텔 식음료 구성원의 직무별 역할

식음료 조직은 담당 직무의 명확한 구분과 역할에 따라, 조직의 목표를 효율적으로 달성하기 위해 직원들의 직무에 대한 권한과 책임을 부여한다.

1) 식음료 이사 혹은 부장(Director of Food & Beverage)

식음료 부장은 식음료부서의 전반적 운영관리에 대한 책임을 갖는다. 호텔의 여러 부서 중 가장 많은 직원을 지휘 통솔하므로, 강력한 리더십이 요구되며, 고객, 직원, 공급업체 및 경영진을 포함한 사람들과의 의사소통과 각 직원의 직무 수행에 대한 평가, 직원에 대한 권한 위임, 고객관리 그리고 고객의 불평과 불만을 처리한다.

또한 각 영업장의 자재 및 장비의 구매, 메뉴 관리, 각종 보고서 결재, 예산 집행, 서비스 질을 높이기 위해 지휘 감독한다.

2) 식음료 차장(Assistant Manager of Food & Beverage)

식음료 차장은 부장의 직무를 도와주고, 부서의 모든 업무를 확인하고 감독하는 일을 수행하며, 부장의 업무 분담과 부장 부재 시 업무를 대행한다.

주로 각 부서의 지배인을 감독하며, 그들에게 목표를 설정해 주고 관리하는 역할 및 타 부서와의 업무 협조는 물론, 부서 직원들과의 원활한 관계 유지를 위해 노력한다.

▲ 업장 지배인은 식당 운영 및 직원들을 지휘 · 감독한다.

3) 업장 지배인(Restaurant Outlet Manager)

업장 지배인은 식당의 운영상태 및 문제점을 파악하고, 운영에 관한 책임을 지며, 직원의 인사관리 및 서비스 교육 담당과 주어진 목표를 효과적으로 달성할 수 있도록 직원들을 지휘 · 감독한다. 또한 원가관리, 재고 조사 및 확인, 메뉴 작성, 불평불만 해소, 교육훈련 등에 충분한 경험이 있어야 한다.

4) 영업장 부매니저(Assistant Outlet Manager)

영업장의 부매니저는 영업장 매니저를 보좌하고, 매니저 부재 시 업무를 대행한다. 주 업무는 대고객 서비스, 위생 및 안전 관리, 기물과 시설관리, 근태관리와 중간관리자로서 책임의식을 갖고, 일선 직원들에 대한 교육을 책임져야 한다.

5) 캡틴(Captain)

캡틴은 영업장 현장에서 모든 업무를 처리할 수 있는 가장 중요한 직책이라 할 수 있다. 캡틴의 업무는 지배인의 업무를 보좌하고, 영업 전 서비스 준비상황 점검과 고객접점에서 직원들과 함께 서비스를 진행한다.

또한 고객 영접 및 안내, 작업지시, 비품 및 기물 관리, 불평불만 처리 등의 업무를 담당하고, 직원들의 작업 및 근무태도를 수시로 점검하여 서비스에 차질이 없도록 해야 한다.

6) 웨이터(Waiter)[1]

▲ 테이블 세팅 모습

웨이터는 영업장에서 고객 서비스를 위해 모든 일을 담당하는 실무 담당자이다. 매니저와 캡틴을 보좌하기도 하지만, 실습생이나 인턴들의 교육을 통해 원활한 서비스가 이루어지게 한다.

특히 캡틴을 보좌하여 고객으로부터 주문을 받고, 주문한 요리가 신속하고 정확하게 제공되도록 해야 하며, 서비스를 위한 제반 사항 준비와 예약상황 점검 및 테이블 세팅(table setting) 등을 한다.

7) 리셉션니스트/그리트리스(Receptionist or Greetress)

▲ 리셉셔니스트(Receptionist)

그리트리스(greetress) 또는 리셉셔니스트(receptionist)는 고객 예약과 좌석 배치 그리고 도착한 고객을 좌석으로 안내하는 업무를 담당한다. 최근에는 cashier 업무, 즉 식사 요금의 수납, 전표 기입 및 계산, 신용카드 전표 정리, 보고서 작성 등의 업무를 수행하고 있다.

---

1) 최근 호텔에서는 서버(server)로 불림

8) 버스 보이(Bus Boy)

웨이터의 서비스를 지원하는 보조 웨이터로, 대개 근무 경험이 짧은 초보 웨이터를 말한다. 주로 서버와 마찬가지로 특정 스테이션을 배정받고, 그 스테이션에서 일하는 서버들을 지원하며, 테이블을 치우고, 다시 세팅하는 업무를 맡는다.

세부적인 업무로는 주방에서 주문된 식사를 가져오고, 식사 후 기물 치우기, 테이블 및 의자 정돈, 물컵에 물 따르기, 버터나 빵의 서브 및 사용한 접시나 기물들을 세척실로 옮기고, 필요한 기물을 닦고 준비한다.

9) 소믈리에(Sommelier)

소믈리에는 호텔 내 모든 영업장에서 와인류를 관리하는 담당자로서, 와인에 대해 많은 지식을 갖고 있으며, 고객의 음식 주문에 따라 그에 맞는 와인을 추천하고 판매하는 직원을 말한다.

고객에게 직접 와인을 서브하는 직원으로서, 주문받은 요리와 잘 어울리는 와인과 식전주(aperitif) 등을 주문받아 제공하며, 식당의 음료 매출 증진에 큰 영향을 미친다. 특히 요리의 성격과 와인의 성격, 또한 추천할 수 있는 와인에 대한 풍부한 지식과 고객의 와인 선호도를 파악할 수 있는 능력을 지니고 있어야 한다.

▲ 소믈리에(Sommelier)

10) 바텐더(Bartender)

바텐더는 자신감과 활력이 넘치며 알코올 음료에 대한 해박한 지식을 가지고 있어야 하며, 친절하고 체계적이며 기억력이 좋고, 다양한 고객층과 효율적이고 효과적인 커뮤니케이션을 할 수 있어야 한다.

11) 기물관리(Steward)

사용한 주방 및 식당 기물을 세척하고 준비하며 비품 정리를 담당한다.

3. 식음료 서비스의 형태별 조직 구성

식음료 서비스 조직은 업종·업태·메뉴·가격·서비스 방법 및 서비스 수용 능력에 따라, 고객 만족 및 수익증대를 위해 서비스 조직이 편성된다. 기본적인 식음료 서비스 형태는 다음과 같다.

1) 셰프 드 랑 시스템(Chef de Rang System)

Chef de rang은 식당 섹션의 책임자인 웨이터를 일컫는 프랑스어 용어로서, 셰프 드 랑 시스템은 가장 정중한 서비스를 제공하는 고급식당에 적합한 조직편성이다.

식당 지배인 아래에 메트르 도텔(maitre d'hotel or head waiter)이 있고, 일정 테이블 또는 스테이션을 담당하는 서비스 조장인 셰프 드 랑(chef de rang : station waiter)과 그 밑에 데미 셰프 드 랑(demichef de rang : asst' station waiter), 꼬미 드 랑(commis de rang : waiter), 꼬미 드 드바라쉬르(commis de debarrasseur : bus boy)가 한 팀이 되어 서비스를 수행한다.

헤드 웨이터가 음식을 담당하는 셰프 드 랑과 와인의 추천 및 서비스를 담당하는 셰프 드 뱅(chef de vin 또는 sommelier)을 두고, 다시 그 밑에 서너 명의 직원을 거느리고 업무를 수행하는 방식이다.

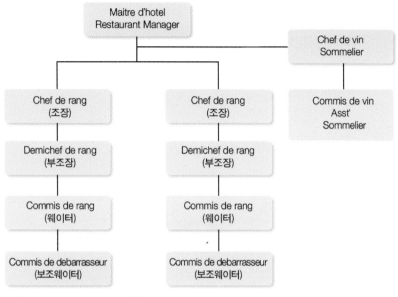

▲ Chef de Rang System 조직도

2) 헤드 웨이터 시스템(Head Waiter System)

헤드 웨이터 시스템은 일반식당에서 가장 적합한 영업방식이라고 할 수 있다. 이 방식은 헤드 웨이터 아래에 식사 담당(meals waiter: food service)과 음료 담당(beverage waiter)을 두고, 그 밑에 훈련생(trainee)인 견습생(apprentice)을 두어 테이블 서비스를 하는 제도이다.

본 시스템은 셰프 드 랑 시스템의 정해진 테이블이나 스테이션에 국한되지 않고, 해당 서버가 식당 내의 모든 고객에게 서비스할 수 있는 것이 특징이다.

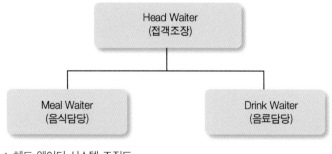

▲ 헤드 웨이터 시스템 조직도

3) 스테이션 웨이터 시스템(Station Waiter System)

스테이션 웨이터 시스템은 헤드 웨이터 밑에 여러 명의 웨이터들이 각각의 테이블 또는 스테이션을 배정받아, 고객의 주문을 받고 식사와 음료 등 일체의 서비스를 제공한다. 즉 스테이션별로 한 웨이터가 전체의 서비스를 담당하는 시스템이라 할 수 있다.

규모가 있는 패밀리 레스토랑, 나이트클럽, 극장식 식당에서 많이 운영되는 서비스 조직으로, 팁 시스템(tipping system)에서 적합하다.

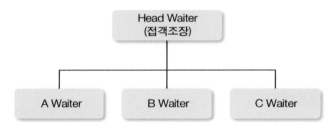

▲ 스테이션 웨이터 시스템 조직도

논 | 의 | 과 | 제 |

1. 호텔에서 식음료부 조직의 중요성을 토론해 보세요.

2 식음료 업장을 구분하고 각 업장의 특성을 설명하시오.

3. 호텔 식음료 조직의 구성 원칙을 설명하시오.

4. 호텔 식음료 구성원의 직무별 역할을 설명하시오.

5. 식음료 서비스의 형태별 조직 구성과 이의 특성을 토론해 보세요.

PART

II

메뉴 관리

CHAPTER

3

메뉴 관리

제1절 | 메뉴의 정의와 중요성
제2절 | 메뉴의 형태 및 종류
제3절 | 메뉴 계획

학·습·목·표

이 장을 학습한 후, 다음 내용들을 이해할 수 있어야 한다.

– 메뉴의 정의와 중요성을 설명할 수 있다.
– 메뉴의 형태 및 종류와 나라별 조식을 설명할 수 있다.
– 조식에 제공되는 달걀요리의 종류와 차이를 설명할 수 있다.
– 시간대별 메뉴의 특성을 설명할 수 있다.
– 메뉴 디자인의 중요성과 메뉴에서 고객 시선 패턴을 설명할 수 있다.
– 메뉴 엔지니어링과 매트릭스에 대하여 설명할 수 있다.

3 | 메뉴 관리

개요

본 장에서는 메뉴가 레스토랑 운영에 미치는 영향과 중요성을 이해하고, 메뉴의 형
태 및 종류 등을 살펴본다. 또한 시간대별 메뉴를 살펴보고, 각각의 메뉴를 자세히
설명하였다. 또한 메뉴 디자인이 중요한 이유와 메뉴 엔지니어링의 역할 및 분석 이유
를 설명하는 것이 본 장의 내용이다.

제 1 절 > 메뉴의 정의와 중요성

1. 메뉴의 유래와 정의

출처 : https://en.wikipedia.org/wiki/Menu

▲ 시티 호텔, 뉴올리언스 레스토랑 메뉴(1857.12.8)

메뉴는 식당의 얼굴이며, 모든 콘셉트와 운영전략
은 메뉴의 결정에서 시작된다. 메뉴는 결국 식당의 제
품에 대한 설명서이며, 어떤 메뉴를 제공할 것인가에
따라 식당의 인테리어나 가격 그리고 마케팅과 홍보
활동을 하게 된다.

이와 같이 메뉴는 레스토랑의 얼굴이며, 생산 및 원
가관리 등의 내부적 통제는 물론 고객과 레스토랑을
연결하는 판매촉진의 도구로서, 궁극적으로 매출과 이
윤에 직결된다.

메뉴(menu)의 어원은 라틴어 'Minutus'에서 온 말로
영어의 'Minute'에 해당되며, 그 내용은 "상세히 기록하

다"라는 의미이다.

원래는 주방에서 요리의 조리 방법을 설명하는 것이었는데, 주방에서 식탁으로 나오게 된 것은 서기 1541년 프랑스 앙리 8세, 브랑위그 공작이 베푼 만찬회 때부터였다고 한다. 주인공인 공작은 요리명과 순서를 기입한 리스트(list)를 작성하여, 그 리스트에 의해 음식을 차례로 제공하게 하였으며, 그 후 19세기에 이르러 프랑스의 파리에 있는 팰리스 로열(Palace Royal)에서 메뉴의 명칭이 일반화되어 사용되었다고 한다.

2. 메뉴의 중요성과 역할

메뉴표는 문구로 표현된 레스토랑 경영의 핵심 요소이며, 고객에게 상품을 제공하기 위한 경영활동을 조정하며 통제한다.

메뉴의 주요 역할을 살펴보면 다음과 같다.

1) 최초의 판매 수단

고객이 레스토랑에 방문했을 때 메뉴표는 고객이 첫 번째로 만나는 상품이다. 고객이 메뉴를 봄으로써, 레스토랑이 제공하고자 하는 상품과 고객이 선택하려는 상품 사이에서 레스토랑과 고객이 상호 커뮤니케이션 작용을 하게 되고, 이때 메뉴는 고객의 선택을 돕는 판매 도구이며, 최초의 판매 수단이 된다.

2) 마케팅 도구

메뉴표의 기본적인 역할은 상품을 고객에게 설명하는 것이다. 즉 고객들에게 레스토랑에서 판매하는 음식·맛·가격을 전달하고, 나아가 레스토랑의 콘셉트를 고객에게 인지시킨다.

이처럼 메뉴표는 단순히 품목과 가격을 기록한 것이 아니라, 고객과 레스토랑을 연결해 주는 무언의 판매자이며, 판매를 촉진시키는 마케팅 도구이다.

3) 고객과의 커뮤니케이션의 기능

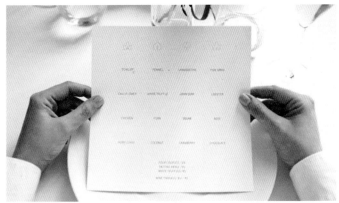

▲ 메뉴는 고객과의 약속이다.

음식 품목에 대한 조리방법과 가격 그리고 음식을 구성하는 식재료를 고객들은 메뉴를 통해 가치를 확인하고 주문한다. 따라서 메뉴를 통하여 레스토랑에서 추구하는 음식의 특색이나 영업 정책을 알 수 있으며, 판매하는 상품의 가치를 보장한다는 고객과의 약속이다.

4) 원가관리 수단

메뉴는 효율적으로 원가 통제 지향적이어야 한다. 메뉴 계획 시 재정적 부담을 고려해야 하며, 식재료 원가가 목표 원가를 넘지 않게 조정함으로써, 원가 통제를 통해 원하는 수익을 낼 수 있다. 특히 식재료의 구매·저장·재고 등의 식재료 관리와 가격정책, 그에 따른 원가관리 등이 메뉴를 통해 조절된다고 할 수 있다.

5) 식당 이미지 형성

메뉴에 표현되는 다양한 형태의 글꼴 스타일, 디자인, 색상, 메뉴 커버 품질, 제공되는 다양한 요리, 메뉴 프레젠테이션 형태 등이 레스토랑의 성격과 스타일을 나타낸다.

또한 메뉴를 통해 조리 및 서비스 분야 직원의 자질, 사용되는 장비의 종류, 레스토랑의 시설과 이용하는 고객들의 프로필 등을 평가할 수 있다.

▲ 메뉴의 형태는 식당의 이미지를 나타낸다.

6) 식당의 운영 근거

메뉴의 결정은 이를 생산하기 위한 장비 및 재료 구매, 직원 모집, 생산 프로세스, 서비스 범위의 설정, 가격 책정, 인테리어 디자인, 서비스 절차 등과 같은 활동을 수반하게 된다. 이와 같이 메뉴는 레스토랑과 식음료부서 전체에서 수행되는 모든 활동의 기초를 형성하게 된다.

제2절 > 메뉴의 형태 및 종류

1. 메뉴의 형태에 의한 구분

1) 알라카르트 메뉴(일품요리 메뉴)

알라카르트 메뉴(a la carte menus)는 일품요리(一品料理) 메뉴를 말하며, 메뉴에서 고객이 원하는 음식을 선택하고 이를 고객에게 제공하는 요리이다.

즉 각 코스별로 다양한 음식을 나열해 놓고, 고객의 기호에 맞추어 음식을 선택할 수 있게 만든 메뉴로서, 각 품목의 수요를 정확하게 예측할 수 없기 때문에, 수급량 관리와 원가관리가 따블도트 메뉴(table d'hote menu)보다 훨씬 어렵다.

일품요리는 일반적으로 오랜 전통을 가지고 있는 고급스러운 식당에서 주로 제공되며, 식음료 매출을 높이는 대표적인 메뉴라고 할 수 있다.

2) 따블도트 메뉴(정식요리 메뉴)

따블도트 메뉴(table d'hote menu, full course menu)는 정식 또는 세트 메뉴(set menu)라고 하며, 음식이 코스 형태로 제공되는 메뉴이다. 음식 코스는 일반적으로 애피타이저(appetizer) · 수프(soup) · 생선(fish) · 주요리(main dish) · 샐러드(salad) · 후식(dessert) · 차(coffee or tea) 등의 순서로 구성되어 있다.

Menu

| 2 COURSES | £17.00 |
| 3 COURSES | £20.00 |

choose any starter, pizza or pasta Monday to Friday from 12/ 6pm Excludes any dishes marked ✳

APPETIZERS

OLIVES	£4
FOCACCIA & OILS	£4
FOCACCIA & OLIVES	£5
CROSTINI & OILS	£5

STARTERS

SOUP OF THE DAY £5.95
Served with focaccia

SMOKED SALMON & PRAWN £7.95
SALAD
Smoked salmon & prawns in Marie Rose sauce with lettuce, tomatoes, avocado

CAPRESE SALAD £6.95
Sliced vine tomatoes topped with rocket pesto & mozzarella

SMOKED MACKEREL PATE £7.50
Homemade mackerel pate on crostini's topped with pea shoots

GOATS CHEESE FRITTERS £7.50
Fried goats cheese served with red onion chutney & drizzled with honey

BRUSHETTA £6.50
Focaccia topped with marinated tomatoes, balsamic glaze

FUNGI ALLA CREMA £6.95
Pan fried mushrooms in garlic & cream sauce served on focaccia bread

CALAMARI £7.95
Crispy fried squid rings served with aioli, peashoots

MAINS

SIRLOIN STEAK £23.95
Served with mushrooms, vine tomatoes, fries & peppercorn sauce

POLLO PARMIGIANA £17.95
Breaded chicken breast topped with tomato & basil sauce, mozzarella, parmesan with a side of fries

SEABASS CIAMBOTTA £15.95
Oven roasted seabass served on a hearty Mediterranean vegetable stew

LASAGNE £12.95/£11.95
Choose from freshly baked homemade meat or vegetable lasagne

GNOCCHI CACIO E PEPE £15.95
Served in a classic parmesan & pepper sauce

SALADS

MOZZARELLA & FIG SALAD £12.95
Mixed leaf lettuce, red onion, cherry tomatoes, mozzarella, roasted figs dressed with a olive oil & balsamic glaze

CHICKEN CEASER SALAD £14.95
Grilled chicken, lettuce , anchovies, croutons, parmesan dressed in Caesar dressing

PIZZA

All of our pizza's are handmade and fresh to order in our authentic pizza oven

MARGHERITA £12.00
Tomato base, mozzarella , Italian herbs

QUATTRO FORMAGGI £14.00
Tomato base, mozzarella, cheddar, parmesan & gorgonzola

CARNI £15.00
Tomato base, salami Napoli, salami calabrese, prosciutto, mozzarella

ROMANA £13.00
Tomato base, mozzarella, anchovies

SALSICCIA £14.00
Tomato base, spicy nduja, sausage, mozzarella

RICOTTA E SPINACI £14.00
Tomato base, ricotta, spinach

PARMA £14.00
Tomato base, Parma ham, mozzarella

POLLO E FUNGHI £14.00
Tomato base, chicken, mushroom, mozzarella, rocket

PASTA

Choose any pasta with the sauce of your choice
SPAGHETTI | TAGLIATELLE | RIGATONI

CARBONARA £13.00
Guanciale, black pepper, creamy pecorino & egg sauce

PUTTANESCA £13.00
Black olives, capers & anchovies in a spicy tomato sauce

BOLOGNAISE £14.00
Classic beef & pork Ragu

SALSICCIA £13.00
Spicy nduja sausage Ragu

GAMBERI £15.00
King prawns, shallots, marinated tomatoes in a chilli & tomato sauce

POLLO PESTO £15.00
Pan fried chicken in pesto topped with pine nuts and pecorino cheese

FRUTTI DE MARE £15.00
Mixed seafood in a creamy garlic sauce

Due to the nature of products from our suppliers and those made in-house, we cannot guarantee that they are completely free from allergens. We use shell fish in our kitchen. Please ask your server for a full list of allergens in each dish.

SIDE DISHES

ROCKET SALAD	£4.95	GARLIC PIZZA	£6.95	GARLIC CHEESE CIABATTA	£5.95
PEAS & PANCETTA	£5.95	GARLIC CHEESE PIZZA	£8.50	SKIN ON FRIES	£4.95
SEASONAL GREENS	£4.95	GARLIC CIABATTA	£4.95	TRUFFLE & PARM FRIES	£5.95

출처 : https://nonnaschesterfield.co.uk/a-la-carte-menu/

▲ 알라카르트 메뉴

WESTERN
WEDDING MENU

WESTERN MENU A   KRW 155,000
천천히 조리한 활 랍스터 , 포치니 버섯 수프
수비드 전복 , 미국산 프라임 안심 스테이크
피스타치오 바닐라 무스 , 갓 내린 커피 또는 유기농 티

WESTERN MENU B (토요일 점심 기준)   KRW 165,000
유자향 게살과 레드피망 소스 , 아스파라거스 크림 수프 ,
파프리카퓨레 애플펜넬 소스의 폴렌타 관자 ,
망고서벗 , 미국산 프라임 안심과 수비드 전복 ,
티라미수 , 갓 내린 커피 또는 유기농 티

WESTERN MENU C   KRW 180,000
국내산 한우 타르타르, 클램 차우더 수프,
 JW`s 시저 샐러드, 레몬 셔벗, 한우++ 안심 스테이크,
말차 코코넛 치즈케이크, 갓 내린 커피 또는 유기농 티

WESTERN MENU D   KRW 220,000
시푸드가든 , 팝도우를 올려 구운 랍스터 비스큐 수프
팬에 구운 농어 , 라임 셔벗 ,
프리미엄 국내산 한우 ++ 안심 스테이크
T 125 크림 에클레어 , 갓 내린 커피 또는 유기농 티

* 상기 메뉴는 양질의 미국산 쇠고기와 국내산 쌀로 준비됩니다.

식, 음료에는 10%의 부가세와 10%의 봉사료가 포함되어 있습니다.
(10% service charge and 10% V.A.T is included)

▲ JW 메리어트 서울: 서양식 웨딩 세트 메뉴(Western Wedding Set Menu)

정식 메뉴는 고객이 각각의 메뉴를 선택하는 번거로움을 줄일 수 있는 반면에, 개인적 취향을 충족시키는 데 한계가 있을 수 있다.

특히 수요예측에 의한 구매관리로 원가를 절감할 수 있고, 메뉴 작성이 쉬운 편이며 객단가가 높다.

3) 콤비네이션 메뉴

콤비네이션 메뉴는 정식요리 메뉴와 일품요리 메뉴의 장점만을 혼합하여 만든 것으로, 최근에 많이 선호되는 메뉴이다.

고객의 식사유형 변화에 유연하게 대처할 수 있고, 다양성을 제공할 수 있으며, 고객의 식습관과 트렌드의 변화를 적절하게 반영할 수 있다.

2. 메뉴의 시간대별 구분

• BREAKFAST	7:00~10:00 A.M.
• BRUNCH	10:00~12:00 midday
• LUNCH	12:00~3:00 P.M.
• AFTERNOON TEA	3:30~5:00 P.M.
• DINNER	6:00~11:00 P.M.
• SUPPER	10:00~12:00 midnight

1) 조식 및 브런치

(1) 조식(Breakfast)

① 영국식 조식(English Breakfast)

영국식 조식은 때때로 프라이 업(fry up)이라고도 불리며, 영국과 아일랜드에서 제공되는 아침 식사이다. 주로 소시지(sausage), 베이컨(bacon), 달걀(egg dish : 프라이드 또는 스크램블), 프라이드 토마토와 버섯, 토스트나 구운 빵, 감자튀김(hash brown)과 구운 콩 등이 제공된다.

② 유럽식 조식(Continental Breakfast)

콘티넨탈 브렉퍼스트란 유럽 대륙을 의미하며, 유럽 문화권에서 즐기는 아침 식사 스타일을 의미한다. 유럽식 아침 식사라는 용어는 19세기 중반 영국에서 유래되었다. 영국인에게 '대륙'은 유럽 본토 국가를 의미하는 것으로 '유럽식 아침 식사'는 프랑스나 지중해 같은 곳에서 접할 수 있는 아침 식사의 유형을 말한다.

출처 : https://unpeeledjournal.com
▲ 영국식 조식(English Breakfast)

유럽식 아침 식사는 손님에게 편리하고 비용 효율적인 아침 식사를 제공하려는 호텔, 콘퍼런스 센터 및 기타 상업 시설에서 인기 있는 메뉴이며, 간단하고 편리한 방법으로 빠르고 쉬운 아침 식사를 즐기는 사람들이 선호하는 메뉴이다.

주요 메뉴로는 주스, 시리얼, 빵, 커피 혹은 차 음료 등으로 대체로 간단하게 구성되어 있는데, 미국식 조찬에 비하여 달걀요리가 제공되지 않는 것이 특징이다. 또한 대부분의 유럽 호텔에서는 숙박 객실료에 대륙식 조찬이 포함되어 있어, 이러한 가격정책을 적용하는 호텔을 콘티넨탈 플랜 호텔이라고 한다.

유럽식 아침 식사의 메뉴 구성은 다음과 같다.

〈유럽식 조식 메뉴 구성〉

• 과일 또는 주스
• 빵, 크루아상, 토스트 등
• 버터, 마가린
• 잼, 마멀레이드, 꿀 혹은 베지마이트(vegemite)
• 커피, 차, 우유 혹은 뜨거운 초콜릿

▲ Continental Breakfast

JW MARRIOTT
SEOUL

BREAKFAST WESTERN MENU
KRW 65,000

<생과일 주스 1가지 통일 선택>
CHOICE OF FRESH JUICE
ORANGE / GRAPEFRUIT / CARROT
생과일주스
오렌지 / 자몽 / 당근

BAKERY 3 KINDS
CROUSSANT / DANISH / BREAD ROLLS / SEASONAL JAM / BUTTER
브레드 3종류
크로와상 / 데니쉬 / 브레드 롤 / 잼 / 버터

BIRCHER MUESLI
BERRY 2 KINDS
버처 뮤즐리
베리 2종류

VEGETABLE SALAD
TOFU / TOMATO / ASPARAGUS / CARROT
채소 샐러드 (두부: 콩-외국산)
두부 / 토마토 / 아스파라거스 / 당근

ORGANIC EGG WHITE FRITTATA
SPINACH / BROCCOLI / TOMATO / ASPARAGUS / DRIED TOMATO / MUSHROOM / AVOCADO
계란 흰자를 이용한 프라타타
시금치 / 브로콜리 / 토마토 / 아스파라거스 / 말린 토마토 / 버섯 / 아보카도

FRESH SEASONAL FRUIT
신선한 계절과일

FRESHLY BREWED COFFEE OR TEA
갓 내린 커피 또는 차

▲ 조식 메뉴의 예

③ 미국식 아침 식사(American Breakfast)

미국식 아침 식사는 지나치게 가볍지도, 지나치게 무겁지도 않은 아침 식사이다. 호텔이나 식당에 따라 제공되는 정도에 다소 차이가 있기는 하나, 두 알의 달걀요리를 위주로 베이컨, 소시지, 토스트(옆에 잼과 버터 포함), 때로는 해시 브라운(또는 기타 감자요리), 팬케이크, 시리얼, 커피 및 일반적으로 오렌지 주스(또는 기타 과일 주스)를 포함한다.

달걀요리는 두 알의 달걀을 이용하여 프라이드(fried), 스크램블드(scrambled), 포치드(poached) 및 보일드(boiled) 그리고 오믈렛(omelet) 요리가 있다.

〈아메리칸 조식 메뉴의 구성〉

- 신선한 주스 또는 계절 과일 중 선택
- 다양한 방식의 달걀요리와 감자, 베이컨, 햄 또는 소시지
- 여러 가지 빵과 버터와 잼
- 커피, 디카페인 커피, 홍차, 핫초콜릿 또는 우유
- 시리얼

▲ American Breakfast

Sunny Side Up : 태양이 뜨는 모습을 표현한 것으로 달걀의 한쪽만 익힌 것

Over Easy : 달걀을 뒤집어서 양쪽을 살짝 익힌 것

Over Medium : 달걀을 뒤집어서 양쪽을 중간 정도 익힌 것

Over Hard : 달걀을 뒤집어서 노른자까지 익도록 양쪽을 완전히 익힌 것

▲ 프라이드 에그(Fried Egg)의 종류

종류	형태	내용
Boiled Egg (삶은 달걀)		흰자만 살짝 삶은 상태를 2분 보일드(2-minute boiled), 노른자 바깥 부분까지 살짝 삶은 상태를 3분 보일드(3-minute boiled), 노른자의 중간 정도까지 삶은 상태를 4분 보일드(4-minute boiled)라고 하며, 일반적으로 5분 이상 7분 보일드의 정도를 웰던(well-done)으로 인식하고 있다.
Poached Egg (수란)		서서히 끓는(simmering) 물 또는 기타 용액에서 3~5분간 달걀의 껍질을 깨어, 익히는 조리 방법으로 수란이라고 한다. 달걀이 다 익으면, 국자로 건져낸 후 paper towel로 물기를 제거한 후, 토스트(toast) 위에 얹어 서브한다.
Scrambled Egg (스크램블드 에그)		달걀을 깨어 밀크, 크림, 물을 섞어 가끔 휘저어가며 익힌다. 이때 너무 자주 휘저으면 너무 작은 조각으로 되고, 건조하고 부스러지게 된다. 밀크와 크림을 넣으므로 보송보송하고 더욱 부드러운 요리가 된다.
Omelette Egg (오믈렛 에그)		달걀을 깨어서 우유, 양파, 버섯 등 기타 양념을 넣고 잘 섞어서, omelette pan에서 적당히 낮은 온도로 조리해야 한다. Omelette은 고객이 원하는 재료를 첨가해서 조리한다.
Eggs Benedict (에그 베네딕트)		일반적인 아침 식사 또는 브런치에 제공되는 요리로, 잉글리쉬 머핀 두 개에 베이컨, 수란, 홀랜다이즈 소스를 얹어 조리하는 것으로, 풍성한 아침 식사를 원하는 사람들에게 가장 인기 있는 달걀요리 중 하나이다.

▲ 조식에 제공되는 달걀요리의 종류

④ 조식 뷔페(Buffet Breakfast)

출처 : https://www.escape.com.au

▲ 조식 뷔페의 모습

호텔의 아침 식사는 주로 뷔페의 형태로 운영되고 있다. 뷔페는 모든 음식(뜨겁고, 차가운)을 진열해 놓으면, 고객이 취향에 따라 고객 자신이 직접 갖다 먹을 수 있도록 준비된 것이다. 이른 아침 조찬 모임이나 단체관광객(group tourist)의 식사 시간을 고려해 많이 선택되는 메뉴이다.

⑤ 인 룸 다이닝 조식

인 룸 다이닝(in room dining)은 숙박 고객이 음식과 음료를 선택하여 주문하면, 직원이 객실로 배달하여 식사할 수 있도록 하는 서비스이다. 고급 호텔 및 리조트 등에서 24시간 제공되거나 심야시간에만 제공된다.

출처 : https://www.whitleyhall.com

▲ 룸서비스 조식 메뉴의 예

▲ 룸서비스 도어놉(Door Knob) 메뉴

팬케이크 (Pan Cake)	프렌치 토스트 (French Toast)	시나몬 롤 (Cinnamon Rolls)
잉글리쉬 머핀 (English Muffin)	베이글 (Bagel)	해쉬 브라운 (Hash Browns)
브렉퍼스트 샌드위치 (Breakfast Sandwich)	오트밀 (Oatmeal)	크루아상 (Croissants)

출처 : https://recipes.net

▲ 조식에 제공되는 다양한 메뉴

(2) 브런치(Brunch)

아침(breakfast)과 점심(lunch)이 합쳐진 용어로, 공휴일에 늦게 일어난 고객들을 위한 메뉴이다. 아침 겸 점심 메뉴가 혼합된 것으로 보통 10~12시까지 뷔페식으로 제공되는 요리를 말한다.

출처 : https://thatsup.co.uk
▲ 브런치 메뉴

브런치에는 식사 전에 입맛을 자극해 주는 고급 샴페인과 생과일주스, 즉석에서 요리해 주는 스크램블드에그와 팬케이크, 생선과 육류요리, 다양한 애피타이저, 깔끔한 마무리를 위한 디저트까지 다양한 음식을 즐길 수 있는 것이 특징이다.

2) 점심(Lunch)

런천(luncheon)의 의미에서 줄인 말로 아침과 저녁 사이에 먹는 음식을 말한다. 미국에서는 낮 동안(during the day time)에 먹는 음식을 점심 식사라고 하였는데, "Light lunch, Heavy dinner"라는 말처럼 점심은 가볍게, 저녁은 다소 무겁게 먹는다고 하였다. 일반적으로 수프(soup), 앙트레(entree), 디저트(dessert), 음료(beverage) 정도로 구성되며, 적게는 2~3코스 많게는 4~5코스 정도가 보통이다.

한국에서의 점심(點心)이란 "마음에 점 하나를 찍고 지나가는 정도의 식사"라고 할 정도로 아침보다 가벼운 식사를 일컫는다.

3) 애프터눈 티(Afternoon Tea)

▲ Afternoon Tea 메뉴

티 타임(tea time)이라고도 하며 이는 영국의 전통적인 식사 습관으로, 차(tea)에 우유(milk)를 섞어 마시는 밀크 티(milk tea)를 비롯한 여러 가지 차와 멜바 토스트(melba-toast), 스콘(scone) 그리고 케이크와 페이스트리(cake & pastry)를 점심과 저녁 사이에 먹는 간식을 말한다.

이는 영국뿐만 아니라 전 세계적으로 오후에 티 타임(tea time)을 즐기고 있다.

4) 정찬(Dinner)

동서양을 막론하고 하루의 식사 중 저녁은 충분한 시간을 갖고 풍성하게 메뉴를 구성한다. 양식에 있어서 정찬은 보통 5~6코스로 구성된다.

프랑스와 이탈리아인들은 적게는 2시간 많게는 3시간 이상 저녁 시간을 즐기기도 하며, 고급 레스토랑이나 호텔의 식당에서는 메뉴판에 매우 다양한 요리를 내놓고, 잘 훈련된 서비스 직원과 풍부한 경험을 가진 조리사들에 의해 음식이 준비된다.

5) 심야 메뉴(Supper Menu)

본래 만찬과 별도로 격식 있는 늦은 저녁의 정찬을 의미하였으나, 오늘날에는 심야 정찬 혹은 밤참 정도로 활용되고 있다. 일반적으로 2~3코스 정도의 요리를 제공하거나 셀프서비스의 리프레시먼트 바(refreshment bar)를 설치하여 운영하기도 한다.

3. 변화 정도에 따른 메뉴 분류

메뉴의 변화 정도, 내용, 시간, 장소에 따라 분류기준이 바뀐다. 일정 기간 메뉴의 내용이 고정된 고정메뉴(fixed menu)와 주기적으로 교체되는 순환메뉴(cycle menu)로 구분된다.

1) 고정메뉴(Fixed Menu)

고정메뉴는 일정기간 동안 메뉴 품목이 변하지 않고, 새로운 메뉴가 등장하기 전까지 몇 개월 또는 그 이상이 사용되는 메뉴로서, 오랜 기간 메뉴를 일관되게 유지하려는 레스토랑에 적합한 선택이다.

반면에 메뉴가 오랫동안 고정되어 있어 고객 선택이 제한적일 수 있다.

2) 순환메뉴(Cycle Menu)

순환 메뉴란 시간이 지남에 따라 메뉴를 변경하고, 새로운 메뉴를 선보이는 것이다. 즉 사계절을 고려하여, 계절별로 메뉴에 변화를 주면서 다양하게 구성할 수 있다.

레스토랑에서는 새롭고 흥미로운 요리를 정기적으로 제공하여, 고객의 재방문을 유도하게 된다.

◇ 오늘의 메뉴(Today's Special)

오늘의 메뉴(일일 특선)는 매일 만들어지는 일회성 요리이다. 이 메뉴를 사용하면 장기적인 메뉴 계획에 얽매이지 않고도 제철 재료를 사용하여 고객들에게 좋은 평가를 받을 수 있다.

▲ 오늘의 메뉴(Today's Special)의 예

제3절 > 메뉴 계획

메뉴 계획(menu planning)은 레스토랑의 영업 형태나 입지 조건, 고객의 욕구 등 고려해야 할 다양한 요인과 변수들을 분석, 반영하여, 고객이 원하는 아이템을 선정하고, 이를 통한 영업의 목표와 수익을 실현하는 전략적 개념이다.

1. 메뉴 디자인

1) 메뉴 디자인(Menu Design)의 개념

메뉴 디자인은 레스토랑 마케팅 계획의 핵심이다. 제공되는 아이템을 가장 경제적이고 효과적으로 고객에게 알리기 위해서는 메뉴가 레스토랑에서 제공하는 식음료를 기록하는 단순한 리스트가 아닌 마케팅과 광고의 도구로써 디자인되어야 한다.

메뉴를 디자인할 때 식당의 개성을 표현하고, 전반적인 운영 측면과 수익성의 촉진 그리고 고객의 마음속에 식당 브랜드를 신선하고 오랫동안 유지할 수 있게 해야 한다. 즉 메뉴기획자가 의도한 내용이 메뉴북에 나타나, 그 메뉴를 접한 고객이 그 의도를 해석할 수 있고, 의도한 방향으로 결정을 유도할 수 있으면 성공한 메뉴북이다.

따라서 메뉴를 디자인할 때 목표설정이 매우 중요하다.

먼저 메뉴는 고객에게 전달하고자 하는 내용의 주요 표현 수단이다. 메뉴는 방문한 식당이 어떤 식당인지, 콘셉트(concept) 측면에서 무엇을 전달하고 싶은지 정확하게 알려준다. 고객이 식사를 끝낸 후에도, 오랫동안 고객이 기억할 수 있도록 충분한 인상을 남겨야 한다. 또한, 고객이 그곳에 가고 싶고, 다시 가고 싶고, 가족과 친구에게 추천하고 싶게 만드는 방식으로 레스토랑의 브랜드를 전달해야 한다.

▲ 다양한 메뉴 형태의 예 : 메뉴 항목의 정렬은 식사의 순서에 따라 애피타이저, 샐러드, 수프를 먼저, 메인요리, 디저트의 순서로 배열하는 것이 좋다.

2) 단계별 메뉴 디자인

올바른 메뉴를 디자인하려면 충분한 조사 없이는 적절한 결과를 얻을 수 없다. 단계별 메뉴 디자인 절차는 먼저, 레스토랑의 재무상태 및 마케팅 상황, 매출 구성 등 해당 레스토랑의 수치를 먼저 조사한다. 둘째, 경쟁사를 확인한다. 그들의 웹사이트, 메뉴 및 마케팅 노력을 조사하고, 영업 상황은 어떠한지, 그리고 어떠한 전략을 가지고 어떻게 성공적으로 경쟁할 수 있는지 알아보아야 한다. 셋째, 공급업체를 살펴보고 설계된 메뉴의 생산이 가능한지를 살펴본다. 넷째, 경쟁 호텔이나 주변 레스토랑에서 제공하는 메뉴를 비교 분석한다. 즉 우리가 공통적으로 가지고 있는 메뉴 항목은 무엇이고, 가격은 얼마나 차이가 나는지 그리고 얼마나 다양한지를 비교 평가하는 것이다.

3) 메뉴 디자인과 시선

메뉴 디자인에는 옳고 그름이 없다. 레스토랑의 메뉴는 해당 레스토랑의 개성을 표현할 수 있어야 하며, 이때 사용하는 머천다이징(merchandising)[2] 기술은 메뉴를 디자인할 때 특산품과 시그니처 아이템을 쉽게 강조하고, 새로운 선택 항목을 소개하고, 적절한 개성을 불러일으킬 수 있도록 함으로써, 고객의 선택에 많은 도움을 줄 수 있다.

또한 가장 잘 팔리는 품목이나 가장 많은 관심을 받고 싶은 품목을 고객의 첫 번째 시선이 머무는 곳(prime sweet spots)에 배치한다. 이러한 영역은 고객이 자신의 눈을 통해 가장 먼저 주목하고 관심을 받는 첫 번째 지점을 나타낸다.

〈그림 1〉과 같이 단일 페이지 메뉴는 중앙 상단이 prime sweet spots에 해당되며, 양면 메뉴(two-panel menu)의 경우 우측 상단에 수익성 높은 메뉴 품목을 배치한다. 이 위치는 고객의 시선이 가장 많이 집중되는 곳이기 때문에, 레스토랑에서 가장 많이 팔기를 원하는 아이템, 전략적인 아이템, 스페셜 또는 대표메뉴(signature menu) 아이템을 배열해야 한다는 것이다. 삼면 메뉴(tri-panel menu)의 경우도 우측 패널의 상단이 중심점이라고 할 수 있다.

---

2) 머천다이징(merchandising) : 시장조사와 같은 과학적 방법에 의거하여 수요 내용에 적합한 상품 또는 서비스를 알맞은 시기와 장소에 적정가격으로 유통시키기 위한 일련의 시책

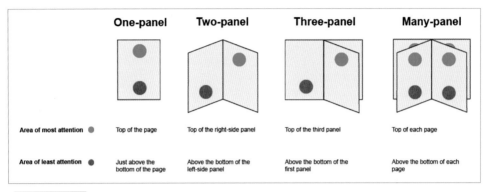

🔍 **그림 1** 메뉴의 시선 패턴

2. 메뉴가격(Menu Pricing) 결정

레스토랑에서 제공하는 메뉴에 대한 가격의 결정은 호텔의 경영수익과 직접적으로 연결되기 때문에, 메뉴가격(menu pricing) 결정은 식음료 경영에 있어서 가장 중요한 부분이므로, 식음료 원가관리 개념이 반드시 포함되어야 한다.

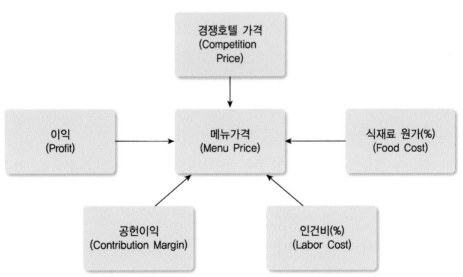

주 : 공헌이익(contribution-margin)-고정비를 충당하고 영업이익을 창출하는 데 공헌한 이익
출처 : John R. Walker, Introduction to Hospitality Management, p.216

▲ 레스토랑 메뉴가격 결정 요소(factor)

가격의 결정은 고객의 기대 가치(expected value)와 지각된 가치(perceived value)에 대한 만족과 직접적으로 연결되기 때문에, 제공 메뉴에 대한 가격 결정은 고객가격 만족과 더불어 레스토랑의 수익성 사이에서 균형을 이루기 위한 최상의 판단이 요구된다. 레스토랑의 콘셉트와 추구하는 경영전략에 따라, 가격의 고저와 음식량의 다소, 그리고 식사 시간의 장단에 따라 가격이 연동되어 나타난다.

경쟁사의 메뉴와 가격을 비교하는 것도 도움이 된다. 이는 메뉴가격 책정에 더 많은 근거를 제공할 뿐만 아니라, 수익을 측정하는 객관적인 방법이 된다.

3. 메뉴 엔지니어링

메뉴 엔지니어링이란 고객들이 선호하는 메뉴 품목의 인기도(popularity)를 나타내는 메뉴믹스(menu mix)와 수익성(contribution margin)을 평가하여, 메뉴에 관한 의사결정을 하는 방법으로, 현재의 메뉴에서 수익성이 높고 인기 있는 품목을 식별하고, 가격을 조정하여, 고객 선택에 영향을 미칠 수 있는 요리를 전략적으로 조정하고 배치하는 작업을 포함한다.

1) 메뉴 엔지니어링 계산방법

〈표 1〉 메뉴 엔지니어링 분석표   Date : 2023.05.20

A	B	C	D	E	F	G	H	I	J	K	L
메뉴 품목	판매량	메뉴믹스 (%)	원가	판매 가격	수익 (E-D)	총원가 (D×B)	총판매액 (E×B)	총수익 (H-G)	총공헌 이익믹스	인기도 분석	메뉴 품목
연어 구이	160	13	4,800	9,000	4,200	768,000	1,440,000	672,000	저(11%)	저(13%)	Dog
등심 스테이크	240	19	5,600	11,000	5,400	1,344,000	2,640,000	1,296,000	고(20%)	고(19%)	Star
안심 스테이크	300	24	6,000	12,000	6,000	1,800,000	3,600,000	1,800,000	고(28%)	고(24%)	Star
치킨 데리야끼	400	32	4,500	9,000	4,500	1,800,000	3,600,000	1,800,000	저(28%)	고(32%)	Plow-horse
스파 게티	150	12	4,000	10,000	6,000	600,000	1,500,000	900,000	고(14%)	저(12%)	Puzzle
합계	1,250	100			평균수익 5,220	6,312,000	12,780,000	6,468,000	100	평균 14% (175개)	

Restaurant: Bistro   Meal Period : 2023.4.15~5.15

〈표 1〉은 레스토랑에서 일정 기간 판매된 메뉴 분석표이다. 이를 바탕으로 현재 또는 미래의 메뉴 가격이나 구성, 메뉴의 결정 등을 평가하는 메뉴 엔지니어링이 실시된다.

- 원가는 식자재 비용
- 메뉴믹스비율(menu mix) = (해당 품목 수 ÷ 전체 판매 수) × 100

  계산 예) 연어구이 메뉴믹스 = (160 ÷ 1,250개) × 100 = 13%
- 공헌이익믹스(contribution margin) = (해당품목공헌이익 ÷ 전체공헌이익) × 100

  계산 예) 연어구이 공헌이익믹스 = (672,000 ÷ 6,468,000) × 100 = 11.4%
- 공헌도 = 메뉴믹스비율(%) − 공헌이익믹스(%)

  메뉴믹스보다 공헌이익믹스가 작으면 공헌도는 낮고, 크면 공헌도는 높다.
- 평균 식자재 원가(%) = $\dfrac{총원가}{총판매액}$ × 100 = 49%
- 연어구이의 총판매액 = 연어구이 판매량 × 연어구이의 판매가격

  = 160 × 9,000 = 1,440,000원
- 평균 인기도 : 평균 인기도는 메뉴 품목 수에 따라 다르게 측정된다. 예를 들어 10개의 메뉴 품목으로 구성된 메뉴가 동일한 판매량을 가지고 있다고 할 때의 평균 인기도는 100% ÷ 10 = 10%로 나타난다. 상기의 메뉴 엔지니어링 분석표에 나타난 5개의 메뉴 품목에 대해서는 100% ÷ 5 = 20%의 평균 인기도를 갖는다. 그러나 실제로 판매의 정도가 20%에 이르기는 어렵기 때문에, 일반적으로 업계의 추정과 경험에 의해, 평균 인기도의 70% 선으로 잡고 있으며, 메뉴 품목마다 70%는 넘어야 선호도가 있다고 판단할 수 있다.

따라서 5개의 메뉴 품목일 때 70%에 해당하는 평균 인기도 기준수치는 20% × 70% = 14%는 175개가 된다. 연어구이의 경우 메뉴믹스 비율이 13%(160개)로 평균인기도 14%보다 낮기 때문에, 인기 분석에 의하면 인기가 낮은 품목으로 평가된다.

2) 메뉴 엔지니어링 매트릭스에 의한 메뉴관리

메뉴 엔지니어링 분석표를 〈표 1〉과 같이 작성한 후, 수익성과 메뉴믹스 비율 등을 바탕으로 〈그림 2〉와 같이 메뉴 엔지니어링 매트릭스를 만든다. 그리고 메뉴 품목을 특상품(star) · 상상품(plowhorse) · 중상품(puzzle) · 하상품(dog) 등으로 분류하고, 평가된 자료를 바탕으로 메뉴 품목의 삭제, 메뉴표에서의 위치조정, 가격의 인상 또는 인하 등의 메뉴 관리를 하게 된다.

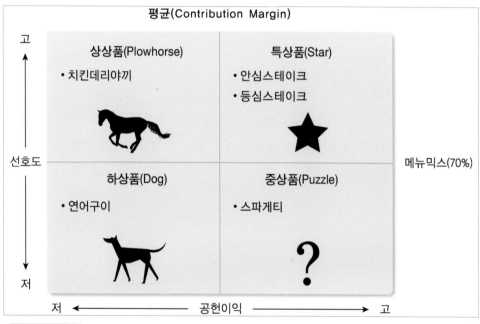

🔍 그림 2 메뉴 엔지니어링 매트릭스

〈그림 2〉의 메뉴 엔지니어링 매트릭스를 설명하면 다음과 같다.

(1) 특상품(Star)

특상품(star)은 인기도와 수익성이 모두 높은 메뉴 품목으로 음식의 품질, 양(portion), 프레젠테이션(presentation) 등 기존의 수준을 엄격히 유지 관리해야 한다. 메뉴는 가장 잘 보이는 곳에 위치시키고, 가격을 탄력적으로 조절한다.

(2) 상상품(Plowhorse)

상상품(plowhorse)은 수익성은 낮으나, 인기도가 높은 메뉴 품목으로 고객을 유인하는데, 중요한 역할을 하는 리더 메뉴라고 한다. 식재료 원가가 높은 품목과 낮은 품목을 묶어 수익을 높이며, 구매 욕구를 위한 특징을 철저히 유지해야 한다.

(3) 중상품(Puzzle)

중상품(puzzle)은 수익은 높으나 인기도가 낮은 품목으로, 메뉴표의 가장 잘 보이는 곳에 위치시킨다. 품질·일관성·생산관리·재고관리 등에 문제가 있으므로 메뉴 품목 수를 제한하며, 메뉴 프레젠테이션을 향상시키거나 특별요리로서, 권유 판매를 통해 판매 수량을 높인다.

(4) 하상품(Dog)

하상품(dog)은 인기가 없고, 수익성이 낮아 손실을 가져오는 품목으로, 삭제하고 대체메뉴를 개발한다. 일부 품목에 대해 새로운 메뉴로 개발하여 중상품 수준으로의 변화를 시도한다.

논 | 의 | 과 | 제

1. 메뉴의 정의와 중요성을 설명하시오.

2. 알라카르트 메뉴와 따블도트 메뉴를 비교 설명하시오.

3. 시간대별 메뉴와 각각의 특성을 설명하시오.

4. 조식에서 달걀요리의 종류와 차이점을 설명하시오.

5. 메뉴 디자인과 고객 시선에 따른 전략을 설명하시오.

6. 메뉴 엔지니어링의 역할과 매트릭스 분석 이유를 설명하시오.

양식 메뉴의 이해

제1절 | 코스 메뉴의 이해
제2절 | 양식코스의 이해

학·습·목·표

이 장을 학습한 후, 다음 내용들을 이해할 수 있어야 한다.

- 클래식 풀코스와 현대식 풀코스를 설명할 수 있다.
- 코스별 메뉴의 특성을 설명하고, 각각의 메뉴를 설명할 수 있다.
- 메인요리에서 쇠고기의 부위별 특징을 설명할 수 있다.
- 소스(Sauce)와 드레싱(Dressing)의 종류와 기능을 설명할 수 있다.

4 양식 메뉴의 이해

개요

본 장에서는 클래식 풀코스와 현대식 풀코스를 비교 설명하고, 메뉴의 변화를 살펴본다. 또한 코스별 메뉴를 중심으로 각 메뉴의 특성과 종류를 설명한다. 특히 대표적 메인요리인 쇠고기 스테이크를 부위별 명칭과 등급 그리고 굽는 정도를 자세히 설명한다. 마지막으로 소스와 드레싱의 종류 및 역할 그리고 셔벗과 디저트의 기능을 이해하는 것이 본 장의 내용이다.

제1절 코스 메뉴(Course Menu)의 이해

1. 클래식 풀코스 메뉴(Classic Full Course Menu)

많은 문화권에서 다양한 음식과 관습에 따라, 여러 코스로 이루어진 풀코스 식사를 즐기고 있다. 가장 기본적인 풀코스는 애피타이저, 메인, 디저트의 2~3코스부터, 최대 12개 이상의 코스로 구성될 수 있다.

18세기, 19세기에는 한 끼에 12코스 혹은 15코스까지 제공되는 사치스런 식사가 일상적이었다.

풀코스 식사를 제공하는 방식은 예쁘고 가벼운 메뉴로 시작하여, 맛과 양이 풍부한 요리를 제공하고, 작고 섬세한 항목으로 마무리하는 것이다. 이 코스의 전통적인 순서는 다음과 같다.

◆ 클래식 풀코스 메뉴(Classic Full Course Menu) : 12가지 코스

순서	12코스	내용
1코스	소품요리 Hors-d'oeuvres	일반적으로 칵테일 시간이나 손님이 도착할 때 제공되기 때문에 전채요리는 일반적으로 손에 잡을 수 있는 핑거 푸드
2코스	아뮤즈 부슈 Amuse-bouche	프랑스어로 "입을 즐겁게 하다"라는 의미로, 식욕을 자극하거나 다음 식사 코스에 나올 맛을 암시하는 것으로, 셰프가 특별히 선택한 무료 품목
3코스	전채요리 Appetizer	식욕을 돋우기 위해, 식사 전에 제공되는 작은 음식을 가리키는 것으로, 전 세계적으로 공통된 단어임
4코스	수프 Soup	모든 코스와 마찬가지로 수프 제철 재료를 사용하는 것이 좋으며, 양이 너무 많지 않도록 함
5코스	생선 Fish	메인 식사 전에 맛있게 먹는 가벼운 단백질을 제공
6코스	샐러드 Salad	드레싱을 곁들인 다양한 생채소로 구성되며, 메인코스 전 또는 후에 샐러드를 제공
7코스	첫 번째 메인코스 First Main Dish	첫 번째 메인코스는 일반적으로 닭고기, 오리, 칠면조 같은 흰 살코기가 제공됨
8코스	셔벗 Palate Cleanser	다음 식사로 넘어가기 전 입안에 남아 있는 음식의 맛을 제거하는 것이 목적
9코스	두 번째 메인코스 Second Main Dish	두 번째 메인 식사는 일반적으로 프리미엄 쇠고기, 양고기, 사슴고기 같은 붉은 고기
10코스	치즈 Cheese Plate	숙성치즈, 소프트치즈, 블루치즈 등 다양한 치즈 질감과 맛을 높이는 치즈 플레이트
11코스	디저트 Dessert	일반적으로 식후에 디저트 와인, 커피 또는 차 한 잔과 같은 음료가 함께 제공되는 달콤한 마무리 코스
12코스	미냐르디스 Mignardise	식사를 마치면 차, 커피, 포트와인, 브랜디 또는 스카치와 함께 한입 크기의 디저트 또는 페이스트리를 제공

2. 현대식 풀코스 메뉴(Modern Full Course Menu)

전통적 클래식 메뉴의 경우 와인이나 음료를 제외한 음식만으로 12개 이상의 코스로 짜여 있었으나, 현대에는 빠른 서비스와 간소화된 메뉴를 선호하게 되었다.

특히 현대의 풀코스 메뉴는 클래식 메뉴에 비해 매우 간소화되었으며, 합리적 비용과 시간 그리고 건강과 영양적 요소를 강조하는 트렌드로 변화를 추구하고 있다.

또한 채식주의자(vegetarian)와 플렉시테리언(flexitarian) 식당이 늘어나면서, 코스

출처 : https://tuscanytonight.com

▲ 코스별 메뉴 서비스

에 채소를 바탕으로 한 메뉴가 늘어나고 있으며, 채소를 기본으로 하는 메뉴가 계속해서 인기를 얻을 것이다.

나아가 고객들은 이제 음식물 쓰레기를 줄이기 위해, 식재료와 자원을 현명하게 활용하고, 탄소 배출량 감소를 위한 식재료의 현지조달에도 관심을 기울이고 있다.

현대적 풀코스는 식사 상황에 맞게 식사 코스를 조정할 수 있다. 결혼식이나 비즈니스 모임, 학회나 축하 행사 등 모임의 성격에 따라, 짧게는 3~4코스, 길게는 12코스까지 메뉴를 준비하게 되며, 다양한 종류의 와인과 맥주 또는 주류 등이 포함된다.

이러한 메뉴의 설정은 식사하는 사람을 중심으로, 편안하고 미식적으로 서로 보완하는 것이 중요하며, 메뉴에 알맞은 와인 페어링(pairing)은 전체적인 식사 경험을 풍부하게 해준다.

일반적인 코스는 애피타이저, 메인요리, 디저트이며, 풀코스의 주요 예는 다음과 같다.

• 단일 코스 : 메인요리만 포함된다.
• 2코스 식사 : 수프 또는 샐러드에 이어 메인요리가 제공된다.
• 3코스 식사 : 애피타이저, 메인요리, 디저트가 포함된다.
• 4코스 식사 : 수프, 샐러드, 메인요리, 디저트가 포함된다.
• 5코스 식사 : 전채요리, 수프, 메인요리, 치즈, 디저트가 제공된다.
• 6코스 식사 : 전채요리, 수프, 생선, 메인요리, 샐러드, 디저트가 제공된다.
• 7코스 식사 : 전채요리, 수프, 생선, 메인요리, 샐러드, 치즈, 디저트가 제공된다.

제2절 > 양식코스의 이해

1. 전채요리(Appetizer : Hors D'oeuvre)

1) 의의와 유래

양식코스에서 흔히 혼동하는 메뉴 코스는 애피타이저(appetizer)와 오르되브르 (hors d'oeuvre)인데, 일반적으로 같은 의미로 사용되지만, 실제로는 서로 다른 목적 과 의미가 있다.

애피타이저(appetizer)는 "appetite(식욕, 성향, 기호)"에서 발생되어, "식욕을 돋우 는 것"이라는 뜻을 가지며, 본격적으로 음식이 제공되기 전에, 고객에게 식욕 촉 진제로 제공되는 소품 요리이다. 주요 요리를 보완하는 것이며, 다음 코스가 제 공되기 전에 식욕을 돋우기 위한 것으로, 여러 코스 식사 중 첫 번째 코스에 해당 한다.

반면 오르되브르(hors d'oeuvre)는 식사 전 또는 식사와 별도로 제공되는 작은 음 식으로, 종종 칵테일과 함께 제공되는데, 칵테일 파티나 리셉션 또는 파티 모임에서 "핑거 푸드"로 제공되며, 서서 함께 어울리면서 먹는 것을 말한다.

오르(hors)는 "예외"를 의미하고 "외브르(oeuvre)"는 식사(혹은 작품)를 의미한다. 즉, 일반적인 코스에 포함되지 않는 것을 총칭하여 'hors d'oeuvre'라고 부른다.

그러나 현대의 메뉴에서는 애피타이저(appetizer)와 오르되브르(hors d'oeuvre)를 보통 하나의 개념으로 통일하여 사용한다. 보통 찬 음식이며, 메뉴의 첫 코스에 제공되는 작은 양의 요리로, 짠맛과 신맛이 적절히 가미되어, 타액 분비를 촉진 시키고, 주요리를 더욱 맛있게 먹을 수 있도록 도와주는 식욕촉진제 역할을 한 다. 식사에 가벼운 식전주(aperitif)가 있는 경우에는 안주의 성격으로 제공되기도 한다.

◈ 애피타이저(Appetizer)와 오르되브르(Hors D'oeuvre)의 차이

코스	Appetizer	Hors D'oeuvre
먹는 시간	식사 시작을 나타내는 코스로, 다음 코스를 보완하기 위해 특별히 선택	일반적으로 식사가 시작되기 전에, 별도의 행사나 공간에서 제공
음식 크기	일반적으로 3~4 bites	일반적으로 1~2 bites
제공되는 양	1인당 하나씩 제공	다양한 요리를 제공
제공 범위	고객 테이블에 직접 제공	다양한 종류의 음식을 준비하여, 다양한 모임에 제공. 고객이 직접 선택
먹는 방법	기물 즉, 포크와 나이프를 사용	손으로 먹는 핑거 푸드(finger food)
이미지		

2) 전채요리의 특징

- 색채의 대조를 이루어 식욕을 자극할 수 있어야 한다.
- 맛과 풍미를 갖추고 주요리와 균형이 잡히도록 고려한다.
- 침의 분비를 촉진시켜, 소화를 돕도록 짠맛, 신맛이 곁들여져야 한다.
- 다음 코스의 메뉴에 부담을 주지 않도록 분량이 적어야 한다.
- 계절감이나 지방색이 풍부하여, 고객에게 특별한 풍미를 느끼게 해야 한다.
- 시각적인 면에서 색감이나 모양이 아름다우면 좋다.

3) 전채요리의 종류

전채요리는 제공되는 요리의 온도에 따라, 냉전채와 온전채로 나눌 수 있다. 대표적인 냉전채는 caviar(철갑상어알), smoked salmon(훈제 연어), oyster(생굴) 등이 있

으며, 온전채는 구운 굴요리(baked oyster), 달팽이 요리(escargot), 송로버섯(truffle) 등이 있다.

대표적인 전채요리는 다음과 같다.

(1) 푸아그라(Foie Gras)

거위의 간으로 만든 전채요리는 세계적으로 유명한데, 이는 각종 향신료와 채소, 와인과 브랜디 등을 넣어 묵과 비슷한 빠떼(pate) 형식으로 제공된다.

▲ 푸아그라[Foie Gras; 거위 간(Goose Liver) 요리]

(2) 캐비아(Caviar)

세계적으로 희귀한 철갑상어의 알로 만든 것으로, 다진 양파(chopped onion), 다진 달걀(chopped whole egg), 레몬(lemon chip), 토스트(melba toast) 등과 같이 제공되며, 차갑게 냉각된 화이트 와인(white wine)이나 보드카(vodka)가 잘 어울린다.

▲ 캐비아(Caviar) 요리

(3) 훈제 연어(Smoked Salmon)

훈제 연어는 색깔도 아름다울 뿐 아니라 맛도 뛰어나고 영양가도 높아 매우 인기 있는 전채요리 중 하나이다. 시각적인 면이나 짜고 새콤한 맛 등이 식욕을 돋우며, 화이트 와인(white wine)과도 잘 어울린다.

▲ 훈제 연어(Smoked Salmon) 요리

(4) 식용 달팽이 구이(Escargots de Bourgogne)

에스카르고(escargot)란 프랑스어로 달팽이라는 의미로, 이 요리가 부르고뉴 지방에서 유래했기 때문에 '부르고뉴식 달팽이' 요리라고 한다.

보통은 껍질째 뜨겁게 요리하므로, 달팽이를 고정시키는 작은 원형 홈이 파인 전용 접시에 담아 제공되며, 집게와 포크를 이용해서 먹는다.

▲ 식용 달팽이 구이(Escargots) 요리

▲ 송로버섯(Truffle)

(5) 송로버섯(Truffle)

흑진주라는 애칭을 가진 송로버섯(truffle)은 떡갈나무나 참나무 근처 땅속 30cm 정도에서 자라는 진한 향을 내뿜는 버섯으로, 향에 의하여 그 가치가 결정된다. 검은색과 흰색의 송로버섯이 있으며 인공 재배가 거의 불가능하기 때문에, 그 희귀성으로 값이 상당히 높다.

출처 : https://www.cookingexpert.co.uk
▲ 각종 카나페

◇ 카나페(Canapé : Canapes)
프랑스에서 호화로운 연회의 식탁에 착석하기 전에, 별실에서 긴 의자에 걸터앉아 한 손으로 술잔을 들고, 한 손으로 안주(canape)를 집어 먹는 데서 유래된 것으로, 빵에 여러 가지 재료를 얹어서 먹는 요리이다. 재료로는 생선, 채소, 육류, 햄, 치즈, 살라미, 소시지 등을 준비하며, 빵을 얇게 잘라서 굽거나 기름에 튀겨 버터를 바르고 한입에 먹을 수 있도록 제공된다.

2. 수프(Soup ; Potage)

수프(soup)는 뜨겁거나 차갑게 제공되는 메뉴로, 일반적으로 육류, 생선, 닭 등의 고기나 뼈에 채소나 향료를 섞어서 장시간 끓여낸 국물, 즉 스톡(stock ; fond)에 각종 재료를 가미하여 만든다.

전통적인 프랑스 요리에서 수프는 맑은 수프(clear soup)와 진한 수프(thick soup)로 분류된다. 맑은 수프는 콩소메(consomme)라고 하며 가미한 재료에 따라 명칭이 달라진다. 진한 수프에는 퓌레(puree : 채소 수프), 크렘(creme : 크림수프), 차우더

(chowder : 조개 종류를 넣은 수프) 등이 있다.

수프를 이해하기 위해서는 진한 수프의 기초 재료가 되는 스톡과 맑은 수프의 재료가 되는 부용을 먼저 이해해야 한다.

1) 스톡(Stock)과 부용(Bouillon)의 비교

부용(bouillon)은 브로스(broth)의 프랑스식 표현으로, 뼈 없는 쇠고기, 닭고기 또는 채소와 허브 그리고 기타 조미료를 추가하여 짧은 시간 끓여 만든 맑고 향긋한 국물이다.

- Bouquet Garni Stock이나 sauce의 향을 내기 위해 사용하는 것으로, herbs(thyme, bay leaves, parsley, rosemary)와 채소(부추, 셀러리, 파슬리, 당근, 양파 등)를 천에 싸서 실로 묶은 것이다. 요리에 따라 사용하는 향신료와 채소가 달라진다.
- Mire Poix Stock이나 sauce의 향을 내기 위해 사용하는 것으로, 여러 가지 채소(당근, 셀러리, 양파, 부추, 파슬리 등)와 각종 향신료를 잘게 또는 brunoise(채소를 주사위 모양으로 자르는 것)로 썰어서, 기름과 함께 볶은(saute) 것이다.

단독으로 먹을 수 있지만, 일반적으로 수프나 소스와 같은 다른 요리를 만드는 데 기초가 되는 재료로 사용된다.

스톡(stock)은 육수로 표현되며, 고기가 많은 뼈, 고기 조각 및 미르포아(mire poix

: 양파, 당근, 셀러리의 조합)를 물에 넣고, 2~6시간 동안 끓여 졸여낸 육수이다. 뼈가 익으면서 뼈에서 젤라틴이 방출되어, 바디감과 풍부한 풍미 및 식감을 만들어낸다. 육수는 수프, 스튜, 소스를 만드는 핵심 재료이다.

2) 수프의 종류

수프는 온도에 따라 뜨거운 수프와 찬 수프로 분류하나, 보통 수프의 농도에 따라 맑은 수프(clear soup : consomme)와 진한 수프(thick soup : potage)의 두 가지로 나눈다.

(1) 맑은 수프

① 콩소메(Consomme)

콩소메는 부용(bouillon)을 조린 것이 아니라 맑게 한 것이다. 향이 풍부한 육수나 맑은 국물로 만든 맑은 수프의 일종으로, 달걀 흰자를 사용하여 지방과 침전물을 제거하는 과정을 거쳐, 1~2시간 동안 천천히 끓인(simmering) 후 걸러낸 것이다.

조리된 콩소메는 가미한 재료, 즉 가니쉬에 따라 명칭이 다른데, 잘 알려진 것은 다음과 같다.

▲ 콩소메 쥘리엔(Consome Julienne)

- 콩소메 쥘리엔(consomme julienne) : 당근, 무, 양파, 파, 셀러리, 양배추 등을 가늘게 썰어 버터에 볶은 것을, 쇠고기 콩소메에 띄운 것이다.
- 콩소메 브뤼누아즈(consomme brunoise) : 당근, 무, 파슬리를 주사위 모양으로 잘게 썰어, 버터에 살짝 볶은 후 쇠고기 콩소메에 띄운 것이다.

(2) 진한 수프(Thick Soup : Potage Lie)

리에종(liaison)을 사용하여 탁하고 농도가 진하게 만든 수프이다. 진한 수프는 스톡에 주재료를 넣어 익힌 다음, 걸러낸 국물에 루(roux)를 타서 걸쭉하게 하고, 우유, 크림 등을 첨가하여 묽게 만든 수프이다.

- Liaison

별개의 두 물질을 결합시켜 새로운 하나의 물질을 만드는 역할을 하는 것으로, 수프나 소스를 풍성하게 만드는 데 사용되는 달걀 노른자와 헤비 크림의 혼합물이다. 사용 목적은 맛, 색깔, 농도를 조절하는 데 있다.

- Roux

밀가루와 버터(반고체 상태)를 1:1의 비율로 배합하여, pan이나 oven을 이용하여 볶거나 구운 것이다. 일반적으로 stock과 결합하여 소스를 만드는 데 이용된다.

- 퓌레 수프(potages puree ; puree soup) : 각종 채소를 넣고 끓인 다음, 잘게 분쇄한 것을 퓌레(puree)라고 하며, 이것을 부용(bouillon)과 혼합하여, 진하게 만든 채소수프(vegetable soup)를 말한다.

- 크림수프(potages creme ; cream soup) : 크림수프는 크림, 라이트 크림, 우유를 주재료로 하여 만든 수프이다.

대표적인 수프로는 생선 크림수프(fish cream soup), 치킨 크림수프(chicken cream soup), 채소 크림수프(vegetable cream soup) 등이 있다.

출처 : https://www.bonappetit.com
▲ 토마토 수프(Tomato Soup)

3. 생선요리

1) 특징

생선요리는 수프 다음에 제공되는 요리로, 오늘날에는 생략되거나 육류를 대신하여, 메인요리(main dish)로 제공되는 경우도 많다. 생선은 육류보다 섬유질이 연하고 맛이 담백하여 열량이 적다. 또 지방이 적고 단백질이 풍부하여, 건강식으로도 선호된다.

생선은 크게 바다 생선(sea fish), 민물 생선(fresh water fish), 조개류(shell fish), 갑각류(crustacean) 등으로 구분할 수 있다.

2) 대표적인 생선요리

- 해수어(sea fish) : 바다 생선요리로는 대구(cod), 멸치(anchovy), 적도미(red snapper), 혀가자미(sole), 넙치(halibut) 등이 대표적이다.
- 담수어(freshwater fish) : 민물 생선요리로는 뱀장어(eel), 농어(perch), 연어(salmon) 등이 대표적이다.
- 조개류(shell fish) : 굴(oyster), 홍합(mussels), 관자(scallop) 등이 대표적이다.
- 갑각류(crustacean) : 새우(shrimp), 게(crab), 랍스터(lobster) 등이 대표적이다.

출처 : https://www.greatbritishchefs.com
▲ 포치드(Poached)한 대구요리

▲ 구운 바닷가재 요리

4. 소르베(Sorbet ; Sherbet)

소르베[프랑스어 ; 셔벗(영어)]는 얼린 과일 간식으로, 같은 의미로 사용된다.

소르베는 셰리용 술잔(sherry glass)이나 샴페인 잔(champagne flute)에 담아 제공하며, 입안을 씻어주고 중화시킨 다음, 요리를 더욱 맛있고 새롭게 하기 위한 것이다. 오늘날에는 식후 입가심용으로도 쓰인다.

▲ 수박 소르베

5. 메인요리(Main Dish)

모든 코스메뉴나 일품요리를 선별해서 식사할 때, 식사의 중심이 되는 요리가 메인요리이다. 이러한 메인요리는 단독으로 먹어도 좋고, 사이드 메뉴와 함께 먹어도 좋다.

메인요리는 육류가 대표적이며 높은 칼로리, 특히 단백질·탄수화물·지방·무기질·비타민 등이 풍부하여 가장 선호하는 품목이다.

1) 육류 요리의 종류

(1) 쇠고기(Beef Steak)

비프스테이크는 쇠고기를 두껍게 잘라 요리한 것을 말하며, 고기의 부위에 따라 명칭이 다양하다.

① 갈비 중심 스테이크(Rib Steak)

갈비 중심 스테이크는 갈비뼈 부위의 두텁고 마블링이 많은 부분으로, 소의 갈비뼈와 등뼈에

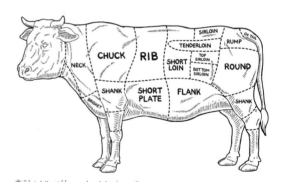

출처 : https://www.beststopinscott.com
▲ 쇠고기의 부위별 명칭

서 자른 고기를 말한다. 소의 갈비뼈 13쌍 중 마지막 6번에서 12번 갈비뼈까지가 해당된다.

갈비 부위 살은 마블링이 풍부하고 기름진 맛이 난다.

▲ 뼈 없는 립아이(Ribeye Steak)*

▲ 뼈 있는 립아이(Tomahawk Ribeye/Cowboy Ribeye)

* "립아이(ribeye)"는 이 스테이크가 뼈를 제거한 립 스테이크의 가장 좋은 부분이기 때문에 '눈'이란 표현이 붙여진 것으로 보인다.

② 허리부위 스테이크(Loin Steak)

허리부위 스테이크는 갈비뼈 바로 뒤쪽 근처에 위치하며, 근육을 많이 사용하지 않기 때문에 매우 부드러운 부위이다.

▲ 서로인 스테이크(Sirloin Steak)

- 서로인 스테이크(sirloin steak) : 영국 왕 찰스 2세가 좋아하여, 스테이크에 남작의 작위를 수여했다는 뜻으로 명명된 대표적인 등심 스테이크이다. 소의 뒤쪽 근처 엉덩이에서 자른 스테이크로 풍미가 있고 가장 부드럽다.

- 포터하우스 스테이크(porterhouse steak) : 쇼트로인(short loin : 갈비 근처의 허리고기)의 안심과 뼈를 함께 자른 크기가 큰 스테이크이다.

- 티본 스테이크(T-bone steak) : 허리부분의 안심과 등심 사이, T자형의 뼈에 붙어 있는 부위를 익힌 스테이크이다. 350g 정도로 요리되어, 안심과 등심을 동시에 맛볼 수 있다.

▲ T-bone Steak

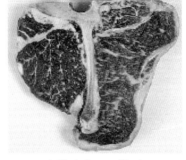
▲ Porterhouse Steak

▲ Filet Mignon Steak

* T-bone과 porterhouse의 차이점은 특히 안심 쪽의 크기이다. 왼쪽 T-bone 스테이크는 오른쪽의 포터하우스(porterhouse) 보다 안심부위가 훨씬 큰 것을 알 수 있다. 안심을 뼈에서 분리하면 필레미뇽(filet mignon) 스테이크이고, 반대쪽은 등심부위가 된다.

③ 안심스테이크

안심스테이크는 등뼈 안쪽으로 콩팥에서 허리 부분까지 이르는 가느다란 양쪽 부위를 말한다. 좌우로 하나씩 모두 2개가 있는데, 무게는 각각 평균 4~5kg 정도이다. 영어로는 tenderloin(미국식), filet(유럽식)으로 불리며 지방이 거의 없고, 부드러운 육질을 갖고 있어 쇠고기 부위 중 가장 인기가 높다. 부위를 세분화하면 다음과 같다.

• 샤또브리앙(chateaubriand) : 프랑스의 귀족 작가(샤또브리앙)가 즐겨 먹던 것으로 그의 주방장인 몽미레이유(Montmireil)에 의해 고안된 것이라 한다. 일반적으로 안심의 큰 쪽에서 가운데 부분을 두껍게 4~5cm씩 잘라서 제공하는 스테이크이다.

▲ 샤또브리앙(Chateaubriand) 안심부위

▲ 로스트한 샤또브리앙(Roasted Chateaubriand)

- 또르느도(tournedos) : fillet의 앞쪽 끝을 잘라내어 베이컨에 감아서 구워내는 요리로, 1885년 파리에서 처음으로 시작되었다. 또르느도란 '눈 깜박할 사이에 요리가 된다'는 의미이다.

▲ Tournedos 안심 부위

▲ 베이컨을 감은 **또르느도**(Tournedos with Bacon)

- 필레미뇽 스테이크(filet mignon steak) : fillet 고기의 '예쁜 소형 스테이크'를 의미한다. 안심 끝부분을 둥글게 자른 것으로, 다른 부위의 고기보다 맛이 더 부드럽기 때문에, 소스(sauce)로 장식하거나 베이컨으로 감아 구워내는 요리이다.

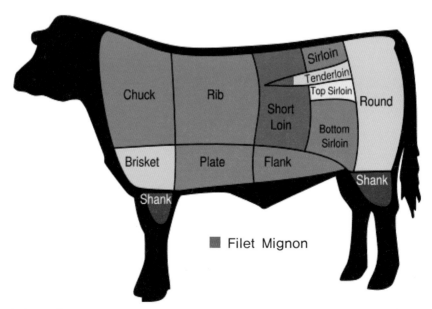

출처 : https://en.wikipedia.org

▲ 필레미뇽 스테이크(Filet Mignon Steak) 부위

◇ 소고기 등급

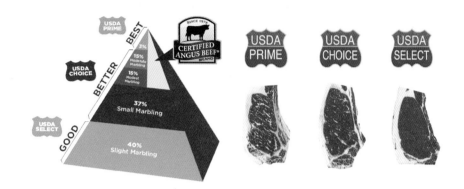

미국에서는 소비자 · 축산업자 · 판매업자의 이익을 보호하기 위하여, 고기의 완성도(지방질의 양과 색), 조직(쇠고기 몸통에서 고기의 일반적인 비율), 품질(고기와 뼈의 색과 구조)을 분류하여 종합적으로 판단한 후 쇠고기의 등급을 나누고 있다.

- USDA Prime : 최상급의 등급으로 잘 사육된 어린 송아지로부터 얻는 매우 맛있는 쇠고기로 전체 쇠고기 중 약 3% 정도만 생산되며, 육질은 맛과 육즙을 높여주는 그물조직으로 되어 있고, 단단하고 하얀 크림색의 지방으로 두껍게 덮여 있으며, 성숙시키기도 좋다.
- USDA Choice : 가장 인기 있는 등급으로 전체 쇠고기의 50% 이상을 차지한다. 육질이 연하고 육즙이 풍부하며, 프라임급보다 지방질은 적으나 고급의 지방질을 함유하고 있다. 구조가 치밀하고, 좋은 그물조직으로 되어 있다.
- USDA Select : 마블링이 매우 적은 편이다. 3번째 등급이므로 8개의 등급 중에서는 상위에 속하지만, 셀렉트 미만의 등급은 일반인에게는 인지도가 거의 없기 때문에, 셀렉트가 가장 낮은 등급처럼 취급된다.
- USDA Standard : 등급 검사를 받지 않은 쇠고기이며, 사육기간은 30개월 미만이다. 최소한도의 마블링(marbling) 때문에 즙이 적고, 살코기의 비율이 높아 연한 맛이 떨어진다.
- USDA Commercial : 등급 검사를 받지 않은 쇠고기이며, 사육기간은 30개월 이상인 늙은 암소 등 성숙한 소에서 생산되며, 맛은 풍부하지만 질기기 때문에 연해지도록 천천히 요리하거나 오래 익혀야 한다.
- USDA Utility : 커머셜급과 같으며, 거세한 황소, 황소, 늙은 암소에서 생산되는 다소 나이가 든 소의 고기로 질이 다소 떨어지므로, 가공육으로 사용되거나 매우 저렴하게 판매된다.
- USDA Cutter : 나이 든 소의 고기로 매우 질기기 때문에, 잘게 잘라서(=다져서) 먹어야 한다고 하여 커터라는 이름이 붙었다. 다짐육 등 가공육으로만 사용된다.
- USDA Canner : 나이가 매우 많은 소의 고기로 질이 가장 떨어진다. 워낙 질겨서 먹기 힘들 정도인지라 캔(통조림) 등 가공용으로만 쓰인다는 뜻으로 캐너라는 이름이 붙었다.

(2) 송아지고기(Veal)

Veal은 3개월 미만의 송아지고기를 말한다. 일반적으로 우유로 사육하기 때문에, 지방층이 적고 수분이 많아 연한 맛이 있으며, 밝은 회색의 핑크빛을 띤다.

일반적으로 송아지고기는 연하고 얇기 때문에, 쇠고기 스테이크처럼 굽기 정도를 주문하지 않는다.

• 스캘로핀(scaloppine) : 작은 고기 조각을 의미하는 것으로, 다리나 허리 부위에서 잘라낸 작고 얇은 고기로, 소금, 후추로 양념하여 밀가루를 바르고 튀긴 후, 와인이나 레몬이 들어간 소스로 요리한다.

▲ 스캘로핀(Scaloppine) 요리

▲ 송아지고기

▲ 스위트브레드(Sweetbread) 요리

• 스위트브레드(sweetbread) : 1살 이하의 송아지, 돼지의 췌장(위 근처)이나 흉선(목에 있는)을 얇게 저민 다음, 소금과 후추로 간을 해서 밀가루를 묻힌 후, 달걀이나 빵가루를 입혀 기름에 튀긴 요리이다.

(3) 양고기(Lamb)

1년 이하의 어린 양고기(lamb)는 육질이 부드럽고 맛이 담백한 반면, 1년 이상 자란 양고기(mutton)는 섬유질이 많아 약간 질기다. 양고기 요리는 중동지역의 사람이나 유대

인들이 즐겨 찾는 요리로서, 제공 시에는 박
하소스(mint-sauce)를 따로 제공한다.

▲ 랙 오브 램(Rack of Lamb)

- 랙 오브 램(rack of lamb) : 양고기를 갈
  빗대가 포함되게 자른 모양으로, 로즈마
  리(rosemary), 타임(thyme), 마늘로 간을
  한 다음, 올리브 오일을 듬뿍 바르고 오
  븐에서 굽는다.
- 램 찹(lamb chop) : 1년 이하의 로스구이
  용 양고기를 얇게 잘라, 적포도주, 양파,
  셀러리, 올리브 오일로 잰 후, 고기를 볶
  은(saute) 다음, 백포도주로 조리해서 둥
  글게 썰어 놓는다.

2) 스테이크의 굽는 정도

스테이크는 굽는 정도에 따라 대체로 적게 구울수록 육즙이 많아지며, 스테이크
의 진미를 느낄 수 있다. 반면에 굽는 시간이 길어지면 육즙이 증발하여, 맛이 떨어
지고 씹을 때 육질이 다소 질기게 느껴진다. 또 스테이크를 전부 잘라놓고 먹으면
육즙이 흘러내려 스테이크의 맛이 떨어질 뿐 아니라, 식게 되어 스테이크 본래의 맛
이 줄어든다. 스테이크의 굽는 정도는 다음과 같다.

◈ 스테이크 굽기 정도

굽기 정도	굽기 용어	요리 상태
	레어(Rare, Bleu)	스테이크 속이 따뜻할 정도로 겉부분만 살짝 익히며, 잘랐을 때 붉은 즙이 흐를 정도로 굽는다. 조리시간은 약 2~3분 정도, 고기의 내부 온도는 52℃ 정도이다.
	미디엄 레어 (Medium Rare, Saignant)	레어보다는 좀 더 익히고, 미디엄보다는 조금 덜 익힌 것으로, 핑크 부분과 붉은 부분이 섞여 있는 상태. 조리시간은 5~6분 정도, 고기의 내부 온도는 57℃ 정도이다.
	미디엄(Medium)	레어와 웰던을 절반 정도 익힌 것으로, 고기의 속이 붉은색이 된 상태. 고기의 내부 온도는 63℃ 정도이다.
	미디엄 웰던 (Medium Well Done)	고기를 거의 익혀 잘랐을 때, 가운데 부분만 약간 붉은색이 있도록 굽는다. 조리 시간은 약 8~9분 정도, 고기의 내부 온도는 66℃ 정도이다.
	웰던 (Well Done, Bone Cuit)	표면이 완전히 구워지고, 중심부도 충분히 구워져 갈색을 띤 상태. 조리 시간은 약 11~12분 정도, 고기의 내부 온도는 71℃ 정도이다.

3) 소스(Sauce)

(1) 소스의 개요

소스(sauce)는 원래 식품 본래의 맛과 향기를 유지하면서 음식의 맛을 돋우어주는 것으로, 음식의 맛이나 빛깔을 더 좋게 하기 위해 식품에 넣거나, 위에 끼얹는 액체 또는 농후제(thickening agents) 역할을 한다.

소스의 어원은 소금을 기본 양념으로 한다는 라틴어의 'Salsus'에서 유래하였으며, 기본적으로 데미글라스 소스, 벨루테 소스, 베샤멜 소스, 홀랜다이즈 소스, 토마토 소스 등 다섯 가지 모체소스로 나눌 수 있으며, 모체소스를 바탕으로 여러 가지 부재료를 첨가하여 파생소스를 개발하게 된다.

(2) 소스의 종류

서양요리는 소스(sauce)에 의해 음식의 가치와 질이 결정된다고 할 정도로, 소스의 역할은 중요하며, 음식의 질감, 풍미 및 미적 매력 그리고 수분을 공급하기 위해, 양식요리에서는 필수적으로 사용된다.

소스를 색에 의해 분류하면 다음과 같다.

◈ 모체소스의 색에 의한 분류

소스(sauce)	내용
	• 흰색 베샤멜 소스(Bechamel Sauce) Bechamel은 오리지널 크림소스이며, 우유와 화이트 루의 조합으로 만들어진다. 루이 14세의 요리장 베샤멜이 창안해 낸 것으로, 각종의 흰색 소스나 수프의 기본이기도 하다.
	• 데미글라스 소스(Demi Glace Sauce) 붉은 육류와 함께 제공되는 데미글라스(Demi glace)라고 하는 풍부하고 깊은 맛이 나는 소스의 기초가 된다. 갈색 스톡에 갈색 루(Brown Roux)를 넣어 만든 갈색 소스이다.
	• 블론드색 벨루테 소스(Veloute Sauce) 채소를 버터에 볶은 후 화이트 루(white roux)를 넣고, 흰색 육수(white stock)를 넣어 끓인 소스이다. 스톡에 따라 벨루테 소스의 명칭도 달라진다.

- 노란색 홀랜다이즈 소스(Hollandaise Sauce)
  달걀과 레몬을 곁들인 버터를 이용하여, 생선과 채소에 주로 사용하는 소스이다. 이 소스는 식초, 부추, 달걀 노른자, 양파 등을 넣고 혼합하여, 레몬 주스와 소금 등을 가미한 것이다.

- 적색 토마토 소스(Tomato Sauce)
  토마토 소스는 적색 소스로 주로 파스타와 피자 등 밀가루 음식에 많이 쓰이는데, 흰 육수에 토마토 페이스트와 각종 채소, 베이컨 등을 브라운 루와 함께 넣고 끓여 만든 소스이다.

6. 샐러드(Salad)

1) 샐러드의 의의

샐러드는 고대 로마시대에 처음 등장하였으며, 샐러드의 어원은 라틴어의 '소금'을 의미하는 'sal'이라는 단어에서 유래되었다. 즉, 샐러드란 신선한 채소나 향초 등을 소금만으로 간을 맞추어 먹던 것으로, 이것이 발전하여 다양한 드레싱(dressing)과 기름 및 식초(oil & vinegar) 등을 첨가하여 먹게 되었다.

샐러드는 메인코스 다음에 제공되는 것이 원칙이나, 요즈음에는 메인요리 전에 제공되기도 하고 때로는 메인요리와 같이 곁들여지기도 한다.

2) 샐러드의 분류

샐러드를 크게 분류하면 순수 샐러드(simple salad : 순수하게 채소로만 구성)와 여러 가지 채소와 함께 과일류, 생선류, 조류 등의 재료를 혼합한 혼성 샐러드로 나눠진다.

(1) 순수 샐러드(Simple Salad)는 주로 메인요리에 따라 나간다.

- 그린 샐러드(green salad) : 식재료의 색을 나타내는 그린, 즉 초록색으로 구성된 것으로, 양상추, 시금치, 그린 피멘토, 오이, 아스파라거스 등의 채소 샐러드를 말한다.

- 가든 샐러드(garden salad) : 가든의 뜻은 정원으로, 마치 녹색의 정원에 덮여 있
  는 느낌을 주는 가든 샐러드는 신선한 녹황색 채소(순무, 당근, 셀러리, 버섯
  등)로 구성되어 있다.

▲ 가든 샐러드(Garden Salad)　　　　　▲ 시저 샐러드(Caesar Salad)

(2) 혼성 샐러드(Combined Salad)

- 시저 샐러드(caesar salad) : 잎채소 샐러드의 일종으로, 로메인상추와 크루통, 파
  마산 치즈, 삶은 달걀, 올리브유, 레몬즙, 마늘, 우스터 소스, 후추를 사용하여
  만든 드레싱을 곁들여 만든다. 이탈리아인인 율리우스 카이사르(Julius Caesar)
  의 이름을 따서 시저 샐러드(Caesar Salad)라고 불렀다고 하나, 일반적으로 1924
  년 멕시코에서 로메인에 들어가는 시저드레싱을 만든, '시저 카디니(Caesar
  Cardini, 1896~1956)'라는 요리사가 만들어서 이름이 시저 샐러드가 된 것으로 알
  려져 있다.
- 시푸드 샐러드(seafood salad) : 주재료로 새우와 홍합 등의 다양한 해산물이 들
  어가며, 채소로는 토마토, 상추, 블랙 올리브, 양파 등을 곁들인다.
  그 외 여러 가지 채소와 함께 과일, 생선 등이 혼합되어 제공된다.

3) 드레싱(Dressing)

(1) 드레싱의 역사

약 2000년 전 바빌로니아인들은 채소 드레싱에 기름과 식초를 사용했으며, 이집트

인들은 기름, 식초, 아시아 향신료를 곁들인 샐러드를 선호했다. 마요네즈는 200여 년 전 프랑스 귀족의 식탁에 처음 등장했다고 한다.

'옷을 입는다'는 뜻의 '드레스(dress)'에서 파생된 '드레싱(dressing)'이다. 다양한 색상의 채소 위에 소스가 입혀져 맛있는 요리로 만들어지는 모습이, 마치 옷 입는 모습을 연상케 하여 유래되었다.

드레싱(dressing)은 샐러드를 제공하는 데 있어 가장 중요한 것으로, 풍미와 맛을 더하고 가치를 돋보이게 하며, 소화를 돕는 소화 촉진제의 역할을 한다.

(2) 드레싱의 종류

드레싱은 크게 마요네즈(mayonnaise) 계열과 오일 앤 비니거(oil & vinegar) 계열의 두 종류로 구분되며, 프렌치 드레싱(French dressing) · 이탈리안 드레싱(Italian dressing) · 사우전 아일랜드 드레싱(thousand Island dressing) 등이 많이 사용된다.

◈ 드레싱의 종류

사진	내용
	• 프렌치 드레싱(French dressing) 식초와 식용유에 소금, 후추, 레몬즙, 프렌치 머스터드(French mustard), 양파 다진 것 등을 넣어 만든다. 식초소스라고 불릴 만큼, 신맛이 강한 드레싱으로, 우리나라에서 가장 많이 사용되는 드레싱이다.
	• 이탈리안 드레싱(Italian dressing) 오일과 식초의 조합으로 만들어지며 식초, 마늘, 레몬주스, 오레가노(oregano), 바질(basil), 딜(dill)을 주재료로 활용하여, 깔끔하면서도 상큼한 맛을 주며, 약간의 오렌지빛이 감도는 투명한 드레싱이다.
	• 사우전 아일랜드 드레싱(Thousand Island dressing) 마요네즈, 파프리카, 삶은 달걀, 토마토케첩, 양파, 피클, 소금, 후추 등을 잘게 썬 뒤 혼합해서 만든 마요네즈성 드레싱이다. 실제로 보면 샐러드 위에 얹힌 피클과 양파가 마치 뉴욕의 작은 리조트 마을인 Clayton의 사우전 아일랜드(수천 개의 섬)처럼 보인다 하여 붙여진 이름이다.

	• 발사믹 드레싱(Balsamic dressing) 발사믹은 이탈리아어로 '향기가 좋다'는 의미를 가진 것으로, 검은색을 지닌 최고급 포도 식초이다. 올리브유에 발사믹 식초를 섞어서 빵을 찍어 먹는 경우가 많으며, 식초와 달리 걸쭉하고 단맛이 난다.
	• 시저 드레싱(Caesar dressing) 잎채소와 어울리도록 만든 시저 드레싱은 달걀, 올리브유, 레몬즙, 마늘, 우스터 소스, 후추를 사용해 만든다. 1924년 멕시코에서 요리사 시저 카디니(Caesar Cardini)가 개발한 것이 시작이라고 전해진다.

7. 치즈(Cheese)

우유나 산양유 등을 레닛[Rennet : 치즈 제조에 쓰이는 제4위(胃)의 내막]에 유산균을 작용시켜, 지방, 유당 및 무기물과 함께 응고시킨 후 발효시킨 것을 치즈라고 한다.

치즈는 제조상태에 따라 자연치즈(natural cheese)와 가공치즈(processed cheese)로 분류할 수 있으며, 치즈의 강도에 따라 연질치즈, 반경질치즈, 경질치즈로 구분된다.

1) 제조상태에 따른 분류

(1) 자연치즈(Natural Cheese)

자연치즈는 치즈를 숙성시킨 미생물이 온도 또는 습도의 영향으로 계속 숙성되므로, 같은 종류라도 먹는 시기에 따라 독특한 맛이나 향취가 다르다. 유통되는 대부분의 치즈는 자연치즈이다.

▲ 치즈 코스 메뉴

(2) 가공치즈(Processed Cheese)

자연치즈에서 강하게 느껴지는 특유의 향취를 약하게 유화시켜, 사람의 기호에 맞도록 가공한 치즈이다. 가공치즈는 품질이 안정되어 있기 때문에 보존성이 높으며, 소비자가 용도에 맞는 제품을 선택할 수 있는 장점이 있다.

2) 강도에 따른 분류

(1) 연질 생치즈(Soft Fresh Cheese)

숙성되지 않은 연질 생치즈는 신선하고 깨끗한 크림 같은 향이 난다. 이 치즈는 일반적으로 부패되기 쉬워 때로는 소금물에 보관한다. 연질 생치즈의 종류로는 리코타(ricotta) 치즈와 마스카포네(mascarpone) 치즈가 있다.

▲ 리코타(Ricotta) 치즈   ▲ 마스카포네(Mascarpone) 치즈

(2) 연질 숙성치즈(Soft Ripened Cheese)

연질치즈는 수분함량이 45~75% 정도이며, 맛이 순하고 조직이 부드럽기 때문에, 습도가 높고 건조한 곳에 보관해야 한다.

연질치즈 종류로는 모짜렐라(mozzarella), 까망베르(camembert), 브리(brie), 고르곤졸라(gorgonzola), 크림치즈(cream cheese) 등이 있다.

(3) 반경질치즈(Semi-hard Cheese)

반경질치즈는 수분함량이 40~45% 정도로, 대부분 응고된 우유를 익히지 않고 압착해서 만든다. 숙성방법에 따라 곰팡이 숙성, 세균 숙성으로 분류한다. 반경질치즈의 종류로는 에멘탈(emental), 에담(edam), 고다(gouda) 그리고 체다(cheddar) 치즈가 있다.

▲ 에멘탈(Emental) 치즈

▲ 고다(Gouda) 치즈

(4) 경질치즈(Hard Cheese)

경질치즈는 수분함량이 30~40%로 대부분 산악지대에서 생산되며, 운반과정을 쉽게 하기 위해 일반적으로 큰 바퀴형태로 만들어진다. 제조과정에서 우유를 끓여 익힌 다음, 세균을 첨가하여 3개월 이상 숙성시켜 만든다. 경질치즈의 종류로는 파마산(parmesan) 치즈 등이 있다.

▲ 파마산(Parmesan) 치즈

8. 후식(Dessert)

1) 디저트의 역할

디저트(dessert)란 프랑스어로 '식사를 끝마치다' 또는 '식탁 위를 치우다'의 뜻으로, 식사의 마지막 단계에서 먹는 메뉴를 말한다.

코스메뉴는 전채요리로 입맛을 돋우고, 본 요리로 식욕을 채우고, 후식으로 입맛을 정리한다는 기본 원칙이 있다. 후식(dessert)은 식사의 마지막을 장식하는 감미요리로서 시각적으로 구미가 당기게 화려한 모양으로 만들어지며, 지나치게 달거나 기름지지 않게 산뜻한 맛을 주는 것이 특성이다.

디저트(dessert)는 일반적으로 단맛, 풍미, 과일의 3요소가 모두 포함되어야 디저트라고 할 수 있으며, 식사 후 당분 섭취가 소화에 도움을 준다고 보고 있다.

▲ 초코 아이스크림(Choco Ice Cream)

▲ 딸기무스

2) 디저트의 종류

디저트의 종류로는 찬 것(cold dessert), 더운 것(hot dessert), 치즈류(cheese), 과실류(fruits) 등이 있다.

주요 디저트의 종류는 다음과 같다.

(1) 아이스크림(Ice Cream)

우유, 설탕, 향료를 첨가하여 미세한 거품을 만들어 냉각시켜서 그 맛이 매우 부드럽다.

(2) 무스(Mousse)

달걀과 휘핑크림(whipping cream)을 혼합해서 만든 것으로, 차갑게 하여 제공한다. 사용한 재료에 따라 초콜릿 무스, 망고무스 등이 있다.

(3) 푸딩(Pudding)

밀가루, 설탕, 달걀 등을 넣어 만든 반유동체의 과자로 부드럽고 달콤한 맛이다. 수플레와 젤리 등이 있다.

▲ 푸딩(Pudding)

▲ 크레페 수제트(Crepes Suzette)

(4) 크레페 수제트(Crepes Suzette)

보리, 설탕, 달걀, 우유 등을 넣어 구워낸 케이크로, 고객 식탁 앞에서 오렌지 리큐어(orange liqueur)로 플람베(flambe)하여 제공하는 것이다.

그 외 과일이나 케이크, 과자류나 초콜릿 등이 있다.

(5) 과일(Fruits)

껍질을 벗겨 먹어야 하는 과일(fruit)은 과일 나이프(fruit knife)와 과일 포크(fruit fork)를 세팅하고, 멜론에는 테이블 스푼(table spoon)을 세팅한다. 또한 익히거나 잘게 썰어서 차가운 디저트나 뜨거운 디저트에 곁들여 내기도 한다.

▲ 과일(Fruits) 디저트

9. 음료(Beverage)

음료(beverage)는 식사의 마지막 코스임과 동시에 식사의 종결을 의미한다. 음료 서비스는 식사 전체의 인상을 마무리하기 때문에 주의를 기울여야 한다.

보통 커피와 홍차가 제공되며, 가끔 민트(mints), 비스킷(biscuits) 또는 프티 푸르(fetit-fours)와 함께 제공되기도 한다.

▲ 허벌 티(Herbal Tea)

▲ 프티 푸르(Fetit-fours)

논 의 과 제

1. 클래식 풀코스와 현대식 풀코스의 변화 과정을 토론해 보세요.

2. 애피타이저(appetizer)의 기능과 소르베(sorbet)의 역할을 토론해 보세요.

3. 쇠고기의 부위별 특징과 종류 그리고 등급에 대하여 논의해 보세요.

4. 소스(sauce)와 드레싱(dressing)의 종류와 역할을 설명하시오.

5. 풀코스의 순서를 바탕으로 여러분도 메뉴 코스를 작성하고 토론해 보세요.

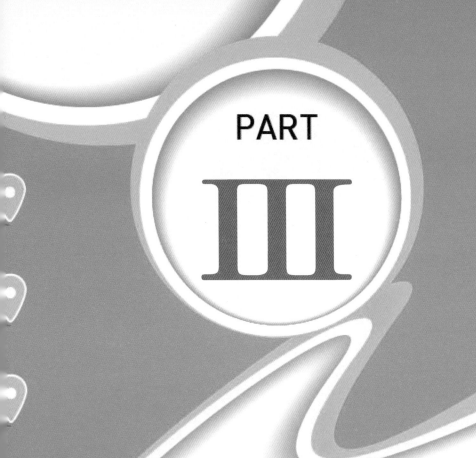

PART

III

식음료
서비스 실제

5

식음료 서비스
기물과 비품

제1절 | 식당 기물과 취급법
제2절 | 식당의 비품 종류 및 취급법
제3절 | 린넨류

학·습·목·표

이 장을 학습한 후, 다음 내용들을 이해할 수 있어야 한다.

– 식당에서 필요한 기물 종류에 대하여 설명할 수 있다.
– 식당 기물의 취급 방법을 설명할 수 있다.
– 식당 기물의 종류와 사용 방법을 설명할 수 있다.
– 식당의 비품 종류 및 취급법을 설명할 수 있다.
– 린넨류의 종류와 냅킨 접는 방법을 설명할 수 있다.

5 │ 식음료 서비스 기물과 비품

개요

본 장에서는 레스토랑 운영에 필요한 기물과 비품의 종류 및 취급법에 대하여 살펴본다. 먼저 실버웨어의 종류와 취급법, 차이나웨어의 종류와 취급법, 글라스웨어의 종류와 취급법 그리고 린넨류의 종류와 이의 용도를 다양한 사진 자료를 통해 설명한다. 마지막으로 냅킨을 모양에 따라 접는 방법을 이해하는 것이 본 장의 내용이다.

제1절 > 식당 기물 및 취급법

레스토랑의 기물과 장비는 음식의 준비와 요리 그리고 고객에게 제공하는 데 사용되는 도구 및 기구로, 제공하는 음식 메뉴와 서비스 유형에 따라 각기 다르게 활용된다.

▲ 주방 기물

▲ 서비스 기물

식음료의 서비스 기물은 식사하거나 음료를 마시는 데 직접적으로 필요한 기물류와 서비스를 보조해 주는 기타 비품류로 구분할 수 있다. 또한 기물류에는 크게 은기물류(silverware), 도자기류(chinaware), 글라스류(glassware), 린넨류(linen)가 있으며, 비품류에는 서비스 스테이션(service station)과 트롤리(trolley) 등이 있다.

본 장에서는 레스토랑에서 서비스 제공을 위해 사용되는 기물과 비품을 중심으로 살펴본다.

1. 은기물류(Silverware) 관리

은기물은 기물에 은도금을 한 것으로 호텔의 고급 레스토랑에서 많이 사용하나, 대부분의 레스토랑에서는 스테인리스 제품을 주로 사용하고 있으며, 이러한 스테인리스 집기류 등을 일반적으로 실버웨어라고 부른다.

1) 은기물의 종류

(1) 나이프(Knife)

테이블 나이프(table knife), 생선 나이프(fish knife), 버터나이프(butter knife), 카빙 나이프(carving knife : meat & fish), 애피타이저 나이프(appetizer knife) 등이 있다.

(2) 포크(Fork)

테이블 포크(table fork), 생선 포크(fish fork), 샐러드 포크(salad fork), 디저트 포크(dessert fork), 서비스 포크(service fork), 카빙 포크(carving fork : meat & fish), 오이스터 포크(oyster fork), 랍스터 포크(lobster fork) 등이 있다.

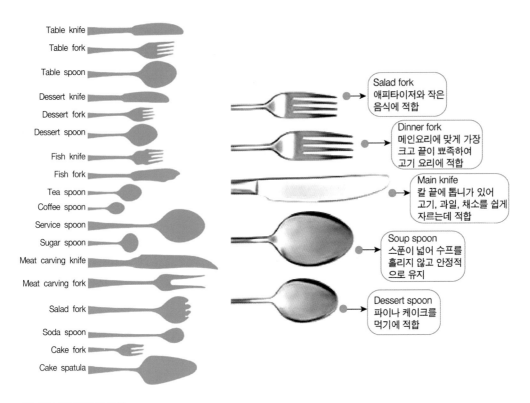

▲ 실버웨어의 종류와 모양

(3) 스푼(Spoon)

티와 커피 스푼(tea & coffee spoon), 수프 스푼(soup spoon), 디저트 스푼(dessert spoon), 서비스 스푼(service spoon), 수프 래들(soup ladle) 등이 있다.

그 외에 커피 포트(coffee pot)와 서비스 트레이(service tray) 등이 있다.

2) 은기물류 취급법

포크와 나이프를 포함하는 실버웨어는 테이블에서 직접 사용하기 때문에, 항상 깨끗하고 위생적으로 관리되어야 한다.

은기물류 취급법은 다음과 같다.

① 사용된 은기물은 한군데로 모으고, 서로 부딪쳐 흠이 생기기 쉬우므로, 던져 넣거나 한꺼번에 쏟아 넣지 않도록 하고, 일정한 곳에 모아 놓는다.

② 은기물 종류와 스테인리스 종류는 반드시 따로 구분하여, 기물의 손상을 방지한다.

③ 모인 기물은 세척기(dish washer)에서 뜨거운 물로 세척액을 사용하여 충분히 씻어낸다.

④ 세척 후 기물을 종류별로 가지런히 분류한다.

⑤ 뜨거운 물을 용기에 따로 준비한다.

▲ 기물이 분류된 모습

▲ 기물을 뜨거운 물에 담근 모습

⑥ 왼손으로 적당량의 은기물 손잡이를 쥐고 용기를 뜨거운 물에 담갔다 건조한 핸드타월로 기물의 손잡이를 감싸 쥐고, 오른손으로 음식이 닿는 부분에서부터 손잡이 쪽으로 닦는다.

⑦ 나이프는 칼날이 바깥쪽을 향하도록 하고, 핸드타월이 칼날에 찢어지지 않도록 닦는다.

⑧ 여러 종류의 은기물을 닦을 시 큰 기물부터 같은 종류끼리 닦고, 변색된 기물은 광택제로 윤을 낸다.

⑨ 닦은 기물은 종류별로 가지런히 모아 기물함 또는 규정된 보관장소에 비치한다.

⑩ 운반할 때는 소음이 나지 않도록 트레이(tray)를 사용하며, 손으로 잡고 이동하지 않는다.

⑪ 잘 닦은 후 테이블 세팅을 하거나, 다음 영업을 위하여 스테이션에 종류별로 보관한다.

⑫ 깨끗하게 준비된 기물로 테이블 세팅을 할 때는, 음식이 닿는 부분을 잡지 않고 손잡이 옆부분을 잡는다.

▲ 기물 닦는 모습

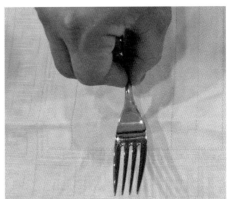

▲ 기물 잡는 모습

2. 글라스류(Glassware) 관리

글라스류는 다양한 모양과 크기로 제공되며, 일부 제품은 특정 유형의 음료를 제공하도록 설계되었다. 주류 및 칵테일 잔에는 위스키, 마티니 및 마가리타와 같은 특정 유형의 알코올음료를 제공하기 위해 최적화되어 있다. 음료를 제공하기 위한 글라스의 모양은 제공되는 알코올의 향과 풍미를 향상시킨다. 텀블러와 고블릿, 주스 잔은 다른 알코올음료 잔과 마찬가지로 음료의 특성을 고려해야 하며, 와인 잔은 음료의 향, 풍미 및 프레젠테이션을 개선하는 데 도움이 된다.

1) 글라스의 종류

글라스는 크게 손잡이가 없는 긴 모양의 텀블러 잔류(tumbler glass)와 손잡이 부분이 있는 스템 잔류(stemmed glass)로 구분된다. 대부분의 음료 잔에는 음료에 맞는 잔의 규격이 정해져 있다.

(1) 텀블러 글라스(Tumbler Glass)

손잡이가 없이 원형으로 되어 있는 글라스로 올드패션드(old-fashioned), 하이볼(highball), 콜린스(collins), 스트레이트(straight) 글라스 등이 있다.

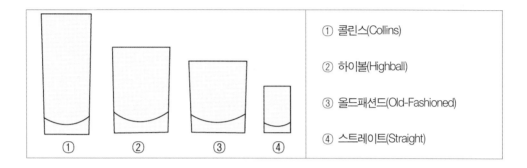

① 콜린스(Collins)

② 하이볼(Highball)

③ 올드패션드(Old-Fashioned)

④ 스트레이트(Straight)

(2) 스템드 글라스(Stemmed Glass)

손잡이(잔목 : stemmed glass) 부분이 있는 잔의 종류로, 와인 글라스(wine glass), 칵테일 글라스(cocktail glass), 리큐어 글라스(liqueur glass), 브랜디 글라스(brandy glass), 워터 고블릿(water goblet), 샴페인 글라스(champagne glass) 등이 있다.

Wine Glass   Water Goblet   Brandy Glass   Cocktail Glass

Old–Fashioned Glass   Highball Glass   Shot Glass   Sherry & Cordial Glass

▲ 글라스의 종류

2) 글라스류(Glassware) 취급법

차이나웨어나 실버웨어 등과 마찬가지로 글라스 종류도 고가의 기물이기 때문에, 파손되지 않도록 보관하기 위해서는 많은 주의가 필요하다.

따라서 적절한 취급 방법을 사용하면, 글라스 제품의 파손 예방을 통해 오랜 기간 사용함으로써, 생산성을 높일 뿐만 아니라, 파손을 통해 발생할 수 있는 부상 사례를 낮출 수가 있다.

올바른 글라스류(glassware) 취급법은 다음과 같다.

① 일시에 많은 양의 글라스를 운반하거나 세척할 때는, 용도에 맞는 글라스 랙 (glass rack)을 사용한다.

② 금이 갔거나 깨진 것이 있는지 확인한 후, 용기에 담긴 뜨거운 물의 수증기에 한 개씩 쏘여 닦는다.

③ 수증기를 쏘여 닦아도 얼룩이나 물자국 등이 닦이지 않을 때는, 뜨거운 물에 담갔다 닦는다.

▲ 글라스 랙에 보관하는 모습

▲ 글라스를 수증기에 쏘이는 모습

④ 냅킨을 펼쳐 잡은 후, 한쪽 엄지손가락과 냅킨을 글라스 안쪽에 넣고, 나머지 손가락은 글라스 바깥 부분을 쥐며, 다른 한쪽은 글라스 밑바닥을 냅킨으로 감싸 쥐고, 무리한 힘을 가하지 않으면서, 가볍게 시계방향으로 돌려 닦는다. 윗부분 안팎을 닦은 후, 손잡이 부분과 밑바닥 순으로 닦는다.

▲ 글라스를 닦는 모습

▲ 글라스의 얼룩을 점검하는 모습

⑤ 마지막으로 얼룩이 남아 있지 않고 선명하게 닦였는지 점검한 후, 닦은 유리잔
은 트레이에 거꾸로 놓는다.

⑥ 원통형 글라스는 밑부분을 잡고, 손잡이(stem)가 있는 글라스는 손잡이 부분을
잡으며, 윗부분이나 글라스 안에 손가락을 넣어 잡지 않는다.

⑦ 원통형 글라스는 트레이로 운반하며, 미끄러지지 않도록 트레이에 매트 또는
냅킨을 깔고 무게가 한쪽으로 쏠리지 않도록 중심자리부터 글라스를 붙여 놓
는다.

⑧ 손잡이가 있는 글라스를 손으로 운반할 때는, 손잡이 부분을 손가락 사이에
끼워서 윗부분이 아래쪽으로 향하도록 거꾸로 들고 운반하며, 놓을 때는 맨
마지막에 끼운 글라스부터 역순으로 놓는다.

▲ 글라스를 잡는 잘못된 예

▲ 글라스를 잡는 잘된 예

⑨ 식기 세척기에서 꺼낸 유리 제품은 바로 사용하지 말고, 사용하기 전에 열을 식힌 뒤 건조시켜야 한다. 따뜻한 유리잔에 얼음을 넣으면 급격한 온도 변화로 인해 유리가 깨질 수 있다.

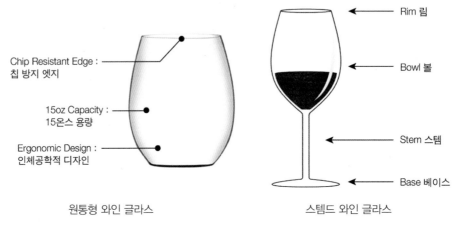

원통형 와인 글라스   스템드 와인 글라스

▲ 글라스의 부위별 명칭

3. 도자기류(Chinaware) 관리

1) 차이나웨어 종류

식기류는 식사 서비스에 세련된 느낌을 더하고, 고객의 식사 경험을 향상시킬 뿐만 아니라, 식공간을 화려하게 꾸며주는 역할을 한다.

▲ 테이블 세팅 장면

차이나웨어에는 디너접시(dinner plate), 빵접시(bread plate), 생선접시(fish plate), 디저트접시(dessert plate)와 수프 제공에 사용하는 수프 볼(soup bowl) 그리고 음식을 담아 서비스하는 서빙 접시(serving dishes) 등 다양한 종류가 있으며, 크기 혹은 용도에 따라 구분된다.

(1) 레스토랑 플레이트(Restaurant Plates)

레스토랑에서 사용하는 접시(Plate)는 애피타이저, 생선, 스테이크 그리고 디저트를 제공할 때 주로 사용한다.

접시의 종류는 다음과 같다.

▲ 디너 플레이트(Dinner Plate)　　▲ 타원형 플래터(Oval Platter)　　▲ 다양한 플레이트(Plate)

(2) 레스토랑의 컵과 볼(Restaurant Cup & Bowls)

플레이트의 형식과 컵의 형식이 가미된 것을 볼(bowl)이라고 한다. 종류로는 수프 볼(soup bowl), 샐러드 볼(salad bowl), 시리얼 볼(cereal bowl) 등이 있으며, 컵은 일반적으로 컵에 손잡이가 달린 형태로서, 너비보다 키가 크고 모양과 크기가 다양하며, 소량의 음식을 제공하는 데 사용한다.

컵을 제공할 때는 반드시 밑받침(saucer & under liner)을 받쳐야 한다.

▲ 파스타 볼(Pasta Bowl)　　　　▲ 수프 볼(Soup Bowl)　　　　▲ 커피 컵과 받침(Coffee Cup & Saucer)

(3) 서빙 접시(Serving Dishes)

서빙 접시는 음식을 담아 고객에게 제공하는 데 활용하는 것으로, 음식을 담아 세팅하거나, 고객의 접시에 제공할 때 사용한다.

▲ 서빙 플래터(Serving Platter)

▲ 타원형 플래터(Oval Platter)

▲ 서빙 접시를 활용한 서비스

2) 도자기류 취급법

차이나웨어(chinaware)는 테이블웨어 중 고가의 기물로서, 더욱 각별한 관리가 필요하며, 취급과 운반 시에 깨지지 않도록 상당한 주의가 필요하다. 특히 금이 가거나 깨졌거나 오점이 없는지를 확인한 후, 폐품 처리해야 한다.

차이나웨어는 기물의 파손 또는 칩핑 그리고 멜라민 식기 등의 긁힘이나 변색이 관리상의 주요 내용이며, 단계별 취급법은 다음과 같다.

- 1단계 : 정리

  식기를 올바르게 정리하는 것은 식기의 수명을 유지하고, 기계적 충격과 스크래치 및 금속 긁힘을 방지하는 데 필수적인 요소이다. 컵(cup) 등은 올바른 랙(rack)에 보관하고, 플레이트를 지나치게 높게 쌓는 것은 피해야 한다.

- 2단계 : 즉시 세척

  사용한 식기는 즉시 세척하여 얼룩과 변색을 방지한다. 사전 헹굼장치를 사용하여 음식물 찌꺼기를 제거한 다음, 스펀지 등으로 남은 얼룩을 제거한다.

- 3단계 : 주기적으로 광택 유지

  음식물 찌꺼기를 제거한 후에는 레스토랑 식기를 주기적으로 미리 담가 두어 얼룩을 방지하고, 광택을 유지하는 것이 좋다.

▲ 차이나웨어를 랙에 보관한 모습

▲ 차이나웨어를 닦는 모습

– 4단계 : 세척기 사용

식기 세척기에 식기를 넣을 때 다른 유형의 식기류를 섞지 말고, 플레이트, 그
릇, 컵을 다른 유사한 품목과 함께 넣어 긁히거나 부딪혀 부서지는 것을 방지하
는 것이 중요하다.

– 5단계 : 식기 보관

레스토랑 식기 플레이트는 스택(stack)에, 컵은 컵 랙에 보관하는 것이 식기의
수명 연장에 적절하며, 플레이트와 그릇은 주방이나 서빙 장소 옆이나 아래에
보관하는 것이 플레이팅(plating)에 편리하다.

– 6단계 : 파손 기물 제거

금이 가거나 깨진 식기류는 즉시 제거하여, 손님에게 제공되지 않도록 한다.

3) 차이나웨어 닦는 방법

플레이트(plates)를 닦을 때는 작업대로 운반해 놓고 순서에 의하여 실시한다. 먼
저 양손을 이용하여 마른 헝겊으로 플레이트를 감싼다. 플레이트를 회전시키면서
플레이트의 가장자리와 가운데 부분을 광이 나도록 닦는다. 앞부분을 먼저 닦고 뒷
부분을 닦는다. 더운 요리 플레이트는 더운 캐비닛(hot cabinet)에 넣고, 차가운 요리
플레이트는 차가운 캐비닛(cold cabinet)에 보관 사용한다.

▲ 닦는 모습

▲ 준비된 플레이트

4) 플레이트 드는 법과 정리하는 요령

(1) 플레이트 드는 법

① 음식이 담긴 플레이트를 서비스하는 방법에는 2, 3, 4, 5개 드는 법과 여러 개를 한꺼번에 운반하는 방법이 있는데, 2개의 플레이트를 운반할 때는 플레이트를 왼쪽 몸에 밀착시키고, 왼손으로 플레이트 바깥 부분을 잡은 다음, 플레이트의 오른쪽 밑부분을 오른손으로 잡고 운반한다.

② 플레이트를 들고 운반할 때는 몸 바깥으로 벌어지지 않도록, 몸 안쪽으로 플레이트를 밀착해서 들어야 하고, 주위 사람들과 부딪치지 않도록 주의를 기울여야 한다.

③ 다음은 음식 담긴 플레이트 드는 법을 알아본다. 플레이트를 운반할 때는 플레이트 테두리(rim) 안쪽으로 손가락이 절대 들어가지 않게 잡아야 한다.

◆ 플레이트 드는 법

(가) 플레이트 한 장 쥐는 법 ① 왼손 또는 오른손 엄지손가락이 플레이트 테두리 안으로 들어가지 않도록 가볍게 쥔다. ② 검지손가락은 플레이트 아래의 굽부분을 받친다.	

(나) 플레이트 두 장 쥐는 법 　▶ 평행법 　　① 왼손 엄지손가락이 플레이트 테두리 안으로 들어가지 　　　않도록 가볍게 쥔다. 　　② 두 번째 플레이트를 첫 번째 플레이트 아래에 끼고, 　　　나머지 손가락으로 밑부분을 자연스럽게 받친다. 이 　　　때 검지는 첫 번째와 두 번째 플레이트 사이에 고정 　　　하여 균형을 맞춘다.	
▶ 상하 고정법 　　① 왼손 엄지와 새끼손가락 사이에 플레이트를 끼우고, 　　　나머지 손가락은 밑부분을 자연스럽게 받친다. 　　② 엄지와 새끼손가락, 손목 위에 균형있게, 두 번째 플 　　　레이트를 자연스럽게 얹는다.	
(다) 플레이트 세 장 쥐는 법 　　① 왼손 엄지와 검지로 첫 번째 플레이트를 가볍게 쥔다. 　　② 두 번째 플레이트를 첫 번째 플레이트의 밑 테두리에 　　　끼우면서, 나머지 손가락으로 균형 있게 받친다. 　　③ 플레이트가 평행을 이루도록 손목으로 살짝 꺾으면 　　　서, 두 번째 플레이트와 손목 위를 중심으로, 세 번째 　　　플레이트를 가볍게 얹는다.	

◈ 플레이트 정리하는 법

(가) 2개의 플레이트를 이용하는 법 　　① 첫 번째 플레이트는 왼손 엄지와 새끼 손가락을 　　　플레이트 위로 올리고, 나머지 손가락으로 플레이 　　　트 밑을 받친다. 　　② 엄지손가락으로 fork를 고정시키면서 그 밑에 knife 　　　를 끼운다. 엄지와 새끼 손가락, 손목을 중심으로 　　　두 번째 플레이트를 얹고, fork로 음식 찌꺼기를 　　　첫 번째 플레이트로 쓸어내린 후, fork를 knife 위 　　　에 X형으로 놓는다.	

(나) 3개의 플레이트 이용하는 법

① 왼손 엄지와 검지로 첫 번째 플레이트를 쥐고, fork를 엄지로 고정시키면서, knife를 그 밑으로 X형이 되도록 끼운다.

② fork와 knife는 첫 번째 플레이트에 모으고, 세 번째 플레이트의 음식 찌꺼기는 두 번째 플레이트에 fork로 쓸어내리며, 네 번째 플레이트도 같은 요령으로 정리한다.

③ 플레이트는 고객의 오른쪽에서 정리하며, 시계방향으로 진행한다. 절대 소음이 나지 않도록 한다.

제2절 > 식당의 비품 종류 및 취급법

1. 비품의 종류

비품은 식음료를 운반하거나 진열, 전시할 때, 또는 음식을 제공하거나 취급할 때 사용되는 특수한 장비를 말한다. 레스토랑에서 고객서비스를 위해 사용하는 비품의 종류는 사용 목적에 따라 다양한 편이나, 일반적으로 많이 사용되는 것은 다음과 같다.

1) 트롤리(Trolley)

(1) 인 룸 다이닝 서비스 트롤리(In Room Dining Service Trolley)

객실의 투숙객이 식사할 수 있도록 기본적인 세팅을 하여, 고객용 식탁으로 사용되는 룸서비스 전용 트롤리이다.

(2) 플람베 트롤리(Flambe Trolley)

게리동 트롤리 또는 플람베 트롤리는 손님의 테이블 옆에 놓인 플람베 요리를 제공하기 위해, 레쇼(réchaud)라고 불리는 이동식 가열 장치를 탑재한 일종의 작은 이동식 트롤리이다. 플람베(flambe) 음식은 손님의 식탁 앞에서 요리하는 것을 의미한다.

(3) 와인 트롤리(Wine Trolley)

와인 서비스는 레스토랑의 수익성에 큰 영
향을 미친다. 와인 트롤리는 일반적으로 와인
과 글라스 와인(glass wine)을 갖추고, 손님에
게 주류 판매를 촉진하기 위해 손님 테이블로
이동하여 판매한다.

▲ In Room Dining Service하는 모습

(4) 바 트롤리(Bar Trolley)

각종 주류를 진열하고 글라스와 바(bar) 기물을 함께 준비한다. 고객 앞에서 주문
받아 각종 리커(liquor)를 제공한다.

(5) 디저트 트롤리(Dessert Trolley)

디저트 트롤리는 여러 가지 후식을 진열하여 고객 앞에서 제공하는 것으로, 디저
트 판매 시 시각적 보조 역할을 한다. 따라서 고객들이 어떤 디저트가 있는지 볼
수 있거나 디저트가 잘 진열되어 있을 때, 디저트를 주문할 확률이 더욱 높아진다.

▲ 플람베 트롤리(Flambe Trolley)

▲ 와인 서비스 트롤리(Wine Service Trolley)

▲ 디저트 트롤리(Dessert Trolley)

2) 디쉬 워머(Dish Warmer)

플레이트를 뜨겁게 데우기 위해 만들어진 전열기구이며, 이동하기 쉽도록 바퀴가 부착되어 있다. 음식을 뜨겁게 제공하기 위한 코너에서 주로 사용된다.

2. 비품의 취급법

모든 트롤리는 항상 청결하게 관리하고, 서비스에 필요한 준비물을 완벽하게 갖추어야 한다. 또한 고객 앞에서 사용하는 목적 외에 다른 용도로 사용해서는 안 되며, 사용 시에 직원들은 다음과 같은 안전 관리사항을 준수해야 한다.

① 무리하게 이동하는 것을 금지한다.
② 무리하게 많은 짐을 싣지 말아야 한다.
③ 벽 또는 table에 부딪히지 말아야 한다.
④ 절대 끌고 다녀서는 안 되며 두 손으로 안전하게 밀고 다닌다.
⑤ 요리는 반드시 상단에 싣고, 그 밖에 다른 준비물은 아래의 공간에 싣도록 한다.
⑥ 사용 후에는 반드시 정해진 위치에 원위치시킨다.
⑦ 특히 알코올램프나 가스 등은 안전관리에 유의해야 하며, 카트 이동 시 넘치지 않도록 한다.

제3절 〉 린넨류(Linen)

린넨류는 식당에서 사용되는 면직이나 마직류로 만들어진 천 종류를 일컬으며, 식음료 서비스에서는 고급 식당이나 분위기 연출이 중요시되는 연회 서비스 등에서 많이 사용된다. 식당 서비스에서 일반적으로 사용되는 린넨류에는 테이블 클로스(table cloth), 탑 클로스(top cloth), 언더 클로스(under cloth), 펠트(felt) 천 및 식탁용 냅킨 (table napkin) 등이 있다.

1. 린넨의 종류

1) 테이블 클로스

▲ 테이블 클로스

테이블 클로스(table cloth)는 식탁의 청결함을 돋보이게 하기 위해, 일반적으로 흰색 천을 사용하지만, 최근에는 각 레스토랑의 콘셉트에 맞게 다양한 소재와 색상의 클로스를 사용하고 있다.

테이블 클로스는 식탁의 윗면을 덮어줌으로써 식사하는 사람에게 편안함을 제공함과 동시에, 식음료 서비스 과정에서 소음을 방지하여 주기도 한다. 또한 식탁과 의자 사이 및 식탁의 하단부를 가려줌으로써, 고객의 손과 발의 움직임을 다소 자유롭게 할 수 있도록 해준다.

2) 언더 클로스

언더 클로스(under cloth)는 일명 사일런스 클로스(silence cloth)라고도 하며, 테이블에서의 소음을 방지하기 위해 사용되는 것으로, 테이블 클로스보다 작게 제작되어, 테이블 상단부를 덮을 수 있으면 된다. 식탁의 촉감을 좋게 해주며, 테이블 클로스의 수명을 연장해 준다.

3) 탑 클로스

▲ 테이블 클로스 위에 탑 클로스 세팅

탑 클로스는 테이블 클로스 위에 덮는 것으로 테이블의 제일 위에 세팅한다. 테이블 세팅에서 테이블 클로스와 언더 클로스만으로도 충분한 품위를 유지할 수 있으나, 보조 장식의 개념으로 다양한 색깔을 이용하는 경우가 많다.

탑 클로스의 장점으로는 장식의 기능과 함께 테이블 클로스를 보호해 주고, 테이블 세팅 시

탑 클로스만 교체해 주면 되므로 작업이 쉬워진다.

4) 미팅 클로스

▲ 미팅 클로스 세팅 모습

미팅 클로스(meeting cloth)는 회의·세미나 등의 행사 때 테이블에 덮는 천으로, 무늬가 없는 단일 색상의 촉감이 부드러운 털로 다져 만든 클로스를 말한다. 주로 모직물로 만들어져 있어서 펠트(felt)라고도 한다. 관리의 용이성과 쉽게 더러워지는 것을 방지하기 위해, 주로 초록색이나 브라운색의 천을 많이 사용한다.

5) 냅킨

냅킨은 세련된 식탁의 언어이다. 그만큼 냅킨은 적절하게 사용하면 우아한 식탁 분위기와 식사예절을 보여줄 수 있는 데 비해, 경솔한 사용 태도나 서투른 사용은 자칫 오해를 일으킬 수 있다.

▲ 테이블 냅킨 세팅 모습

냅킨은 옷에 음식물이 묻지 않도록 하거나, 음식물이 묻은 입술 등을 조심스럽게 닦기 위한 것이다. 따라서 땀 또는 안경을 닦거나 코를 푸는 행위는 잘못된 것이다.

다양한 색깔과 모양의 냅킨은 식당의 구조나 분위기, 테이블 클로스와의 색깔 조화, 연회행사의 성격 등에 따라 분위기를 조성하는 역할을 톡톡히 해낸다.

6) 글라스 타월

글라스 타월(glass towel)은 기물이나 집기류 등을 닦을 때 사용하는 면직류로 냅킨이나 기타 클로스와 색상이나 모양을 달리하여, 구별하기 쉽고 사용하기 편리하게 만든 것이다.

2. 린넨류의 취급방법

① 린넨류는 위생과 밀접한 관련이 있으므로, 청결한 사용과 보관이 필요하다.
② 종류에 따라 용도가 다르므로, 그 외에 다른 목적으로 사용되지 않도록 한다.
③ 흠집, 얼룩 또는 찢어진 린넨은 사용하지 않는다.
④ 주로 흰색을 사용해서 색이 쉽게 오염되므로, 음식물이나 립스틱 자극 등이 남아 있지 않은지 세팅 전에 확인해야 한다.
⑤ 사용한 린넨은 세탁을 위해 린넨 카트(cart)로 수거한다.
⑥ 세탁된 린넨은 보관실에 종류별로 구분하고, 구겨지거나 먼지가 묻지 않도록 깨끗하게 보관한다.

3. 냅킨(Napkin) 접는 법

냅킨은 테이블 세팅에서 가장 포인트를 살릴 수 있는 것으로, 시각적으로 식당의 전체적인 분위기를 바꿀 수 있으며, 항상 고객에게 새로운 인상을 주기 위해, 다양한 형태의 냅킨을 준비하도록 한다.

1) 주교 모자형(The Bishop's Hat)

① 냅킨을 반으로 접는다.
② A에서 B로, C에서 D로 가운데를 향하여 반씩 접는다.
③ 뒤집는다.
④ 아랫부분을 윗부분과 만나도록 접어 올린다.
⑤ 윗부분을 잡고 뒤집는다. 오른쪽 삼각 부분이 나타난다.
⑥ 오른쪽 부분을 반으로 접어서 안쪽으로 넣는다.
⑦ 뒤집어서 나머지 반도 ⑥번과 같이 반복한 다음 둥글게 손질하여 곧게 세운다.

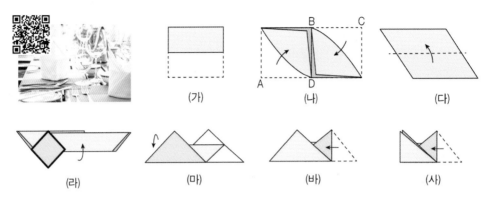

출처 : https://www.youtube.com/watch?v=mhA8L_FoMtI
▲ 주교 모자형 냅킨 접는 순서

2) 서 있는 부채형(Standing Fan)

① 냅킨을 반으로 접고 열린 끝이 자신을 향하도록 놓는다.

② 위로 주름지게 접으면서 위쪽은 10cm 정도 남겨 둔다.

③ 냅킨을 반으로 접고 열린 끝이 자신을 향하도록 놓는다.

④ 주름을 접지 않는 부분을 아래로 접어 넣는다.

⑤ 플레이트의 중앙 또는 옆에 부채모양이 되도록 펼쳐서 세운다.

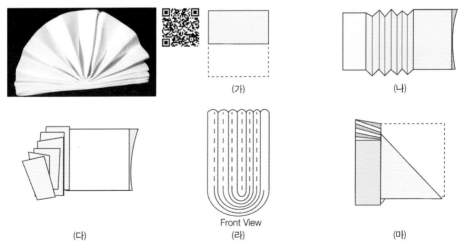

출처 : https://www.youtube.com/watch?v=NHQWjy41YrA
▲ 서 있는 부채형 냅킨 접는 순서

3) 장미형(Rose)

① 네 귀퉁이 부분을 가운데로 향하여 접는다.

② 다이아몬드형으로 놓은 뒤 ①을 똑같이 반복한다.

③ 한번 뒤집은 후, 중앙을 고정시키고 가운데를 향하여 또다시 접는다.

④ 접힌 부분을 한 손으로 고정시키고 밑으로부터 각각의 귀퉁이를 당겨서 올려 세운다.

⑤ 꽃잎 모양이 되도록 가운데로 모인 모서리 부분도 당겨서 세운다.

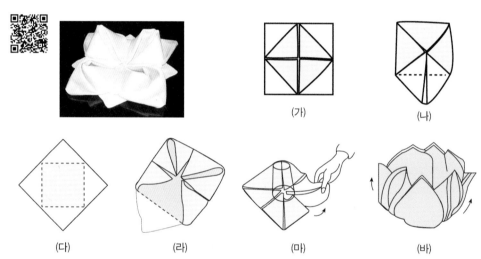

출처 : https://www.youtube.com/watch?v=PleE2adKxrQ

▲ 장미형 냅킨 접는 순서

4) 왕관형(Crown)

① 냅킨을 다이아몬드형으로 펼친 다음 반으로 접는다.

② 좌우 끝부분을 위 모서리와 만나도록 각각 접어 올려 다이아몬드형이 되게 한다.

③ 위에서 3cm 정도 아래까지 아랫부분을 접어 올린다.

④ ③에서 접어 올렸던 부분을 아래 끝부분까지 집어 내린다.

⑤ 뒤집어 양쪽 모서리 부분을 서로 집어넣는다.

⑥ 돌려서 둥글게 손질하여 곧게 세운 다음, 양쪽 모서리 부분을 날개 모양으로 펼친다.

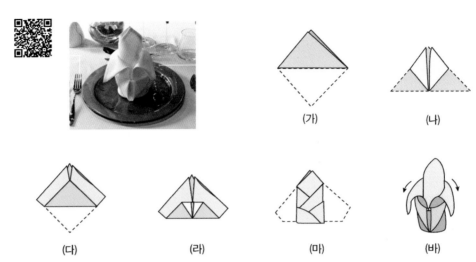

(가)   (나)

(다)   (라)   (마)   (바)

출처 : https://www.youtube.com/watch?v=J_gcDxLmz80

▲ 왕관형 냅킨 접는 순서

5) 별형(Star)

① B를 중심으로 아래위 A부분을 가운데로 접는다.

② 다시 반으로 접는다.

③ 일정한 간격으로 주름지게 접는다.

④ 한 손으로 밑부분을 움켜잡아 고정시킨다.

⑤ 접힌 주름을 한 꺼풀씩 꺾어서 접어 내린다.

⑥ 냅킨을 돌려서 (마)처럼 똑같이 반복한다.

⑦ 부채모양이 되도록 펼쳐서 세운다.

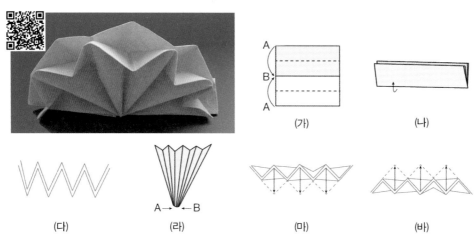

(가)　　　(나)

(다)　　　(라)　　　(마)　　　(바)

출처 : https://www.youtube.com/watch?v=WyylRQPLoHE

▲ 별형 냅킨 접는 순서

논 | 의 | 과 | 제

1. 식당에서 필요한 기물의 종류에 대하여 토론해 보세요.

2. 식당 기물의 취급방법을 설명하고 실버웨어 닦는 법을 실습해 보세요.

3. 음식 서비스를 위한 플레이트 드는 법을 실습해 보세요.

4. 글라스 닦는 법을 실습해 보고, 이를 정리해 보세요.

5. 각 모양에 따라 냅킨 접는 법을 실습해 보세요.

식음료 서비스의 실제

제1절 | 식음료 서비스의 흐름
제2절 | 식음료 서비스 방법과 원칙
제3절 | 테이블 세팅

학·습·목·표

이 장을 학습한 후, 다음 내용들을 이해할 수 있어야 한다.

– 식음료 서비스의 절차를 설명할 수 있다.
– 영업 준비업무(Mise-en-Place)의 원칙을 설명할 수 있다.
– 고객 불평·불만이 왜 중요한가를 알아보고, 이에 대처할 수 있다.
– 식음료 서비스 방법과 원칙 그리고 절차를 설명할 수 있다.
– 테이블 세팅의 기본 원칙과 방법을 설명할 수 있다.

6 │ 식음료 서비스의 실제

개요

본 장에서는 레스토랑 서비스의 절차와 방법 그리고 서비스 규칙에 관한 전반적인 내용을 살펴본다. 또한 서비스 방법의 차이와 특색을 비교 설명하고, 서비스 방법의 장단점을 설명한다. 마지막으로 테이블 세팅을 기본 원칙에 따라 설명하고, 각 메뉴에 적합한 세팅 방법을 이해하는 것이 본 장의 내용이다.

제1절 │ 식음료 서비스의 흐름

1. 고품질 고객서비스

고품질 고객서비스는 모든 상호작용에서 고객의 기대를 충족하고, 그 이상을 제공하겠다는 고객에 대한 약속이다.

올바른 서비스 에티켓 보여주기, 고객을 기다리게 하지 않기, 고객 불만과 문제를 효과적으로 처리할 수 있는 능력, 고객의 피드백과 제안을 장려함으로써 레스토랑이 고객의 의견을 소중히 여긴다는 것을 보여주며, 레스토랑 운영에 기술을 통합하여 직원의 효율성을 높이는 동시에, 고객에게 레스토랑 서비스와 편리하게 상호작용할 수 있는 방법을 제공할 수 있어야 한다.

레스토랑마다 직원들 각각의 직무에 관한 규정이 있지만, 모든 직원들의 공통된 역할로서, 제공되는 메뉴에 대한 다양한 지식은 물론 고품질의 식음료 상품을 제안할 뿐만 아니라, 뛰어난 고객서비스를 제공하기 위해 직원들의 고객서비스 품질에 대한 기대치와 목표에 대한 인지가 우선시되어야 한다.

2. 식음료 서비스의 흐름

1) 영업 준비업무(Mise-en-Place)

Mise-en-Place(미장 플라스)[3]란 서비스를 위하여 작업에 필요한 도구 및 재료를 사전에 준비하는 것으로, 우리 말로는 "사전 준비 및 배치"라고 할 수 있는데, 구체적으로 서비스를 위해 사용되는 기물, 장비, 비품, 소모품 등을 점검하고 확인하여,

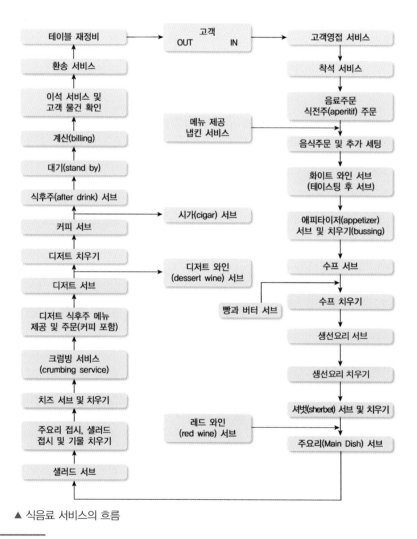

▲ 식음료 서비스의 흐름

―――――――

3) 프랑스어로 'Mise en Place'는 'Everything in its place(모든 것이 제자리에 있다)' 혹은 'Putting in place (제자리에 놓다)'를 뜻한다.

정위치에 비치하고, 아울러 청소상태와 환경정리 및 시설물 등의 정비와 테이블을 세팅하여, 고객 맞을 준비를 하는 일련의 행동을 말한다.(영어로는 preparation 혹은 side work에 해당한다.)

영업 전의 철저한 준비는 고객에게 신속하고 효율적인 서비스를 제공할 수 있게 한다. 즉 곳곳에 세팅을 확실하게 함으로써 최고의 서비스를 수행할 수 있다.

레스토랑에 따라 다르지만 일반적으로 ① 영업장의 상태 점검 → ② 기물 및 비품 확보 → ③ 테이블 세팅 장비 점검 → ④ 최종 준비상태 확인과 지배인의 주의사항 등의 순서로 진행된다.

2) 고객 영접 서비스

고객을 맞이하는 따뜻한 자세는 고객의 호텔에 대한 긍정적인 이미지를 갖게 하는 가장 중요한 요소이므로, 형식적이거나 기계적이라는 느낌이 들지 않도록 마음을 담아 정중하게 인사해야 한다.

고객 영접 서비스는 테이블의 배정과 안내, 착석업무 순으로 진행된다.

(1) 좌석 배정 요령

식당은 손님들의 예약을 통해 인원수나 식사 목적, 원하는 테이블을 사전에 파악할 수 있기 때문에, 고객의 특성에 따라 적절한 장소에 테이블을 배정한다.

▲ 레스토랑 리셉셔니스트의 모습

만약 고객의 특별한 요구가 있을 때에는, 고객의 요구에 따라 좌석을 배정하고, 특별한 요구가 없을 경우는 참석자 수, 행사 및 모임의 목적, 장소의 규모 등 여러 가지 요소를 고려하여 좌석 배정을 한다.

특히 단체 손님은 식당 분위기가 산만해지고, 다른 고객에게 불편을 초래할 수 있기 때문에, 코너나 분리된 장소로 배정한다.

(2) 좌석 안내 서비스

지정된 장소로 모실 때는 손바닥은 펴고, 손등이 아래로 오도록 하여 방향을 제시한다. "손님, 제가 안내하겠습니다. 이쪽으로 오십시오." 하고 손님의 오른쪽 앞에서 안내하고, 손님의 걷는 속도를 주시하면서 자리로 안내한다.

(3) 착석 업무 서비스

리셉셔니스트는 미소 띤 얼굴로 고객을 안내한 후, 고객의 착석을 효율적이고 정중하게 도와야 한다. 착석이 끝나면 테이블 담당자에게 인계하고, "○○○ 고객님, 즐거운 시간 되시기 바랍니다!"라는 인사를 한 후, 제 위치로 돌아온다.

(4) 고객물품 보관업무

고객의 개인 물품이 있을 경우, 보관해 드릴지를 물어본다. "손님, 모자(또는 우산, 코트 등)는 저희가 보관해 드리겠습니다."

고객의 물건을 보관할 때는 지정된 보관표(tag)를 이용하여, 다른 보관 물품과 바뀌지 않도록 주의한다.

3) 식음료 서비스

(1) 식음료 상품의 추천 및 주문

① 추천하기(Up Selling)

고객 주문에 대한 추천은 고객의 기호와 취향에 맞는 상품을 제공하기 위한 것으로 레스토랑과 고객 상호 간의 약속이다. 서비스 직원은 주문받는 데 필요한 상품지식과 세련된 판매기법을 습득하여, 효과적이고 적극적인 판매 활동을 수행해야 한다.

식음료의 매출은 상품의 질 · 가격뿐만 아니라, 식음료 서비스 직원의 서비스 활동과 마음 자세에 따라서도 달라진다.

따라서 상품 추천 시, 상품의 가치와 더불어 부가적인 서비스를 함께 판매한다는 자세로 임한다.

② 주문받기

우선 고객이 테이블로 안내되면 스테이션 담당자인 캡틴이나 서버가 고객에게 메뉴를 제시하고, 고객이 메뉴를 충분히 숙지할 수 있는 시간적 여유를 준다. 최근에는 QR 주문이나 키오스크, 전자기기를 활용한 테이블 오더 등도 활발히 도입하고 있다.

▲ QR 주문

▲ 테이블 오더

 ◇ 주문받는 요령

- 상황에 따라 다르나 일반적으로 메뉴는 고객의 오른쪽에서 보여주며, 주문받기는 고객의 좌측에서 한다. (호텔에 따라 왼쪽에서 메뉴를 제공하고 왼쪽에서 주문을 받기도 한다.)
- 양발을 모으고 양팔은 겨드랑이에 자연스럽게 붙이며, 허리를 15° 정도 숙이고, 고객의 좌측에서 얼굴을 주시하면서 공손하게 주문을 받는다.
- 오픈 핸드 서비스(open hand service) 시 서버의 팔이 손님에게 닿는 것을 방지해야 한다. 손님의 오른쪽에서 서빙하는 경우 오른팔을 사용하고, 왼쪽에서 서브할 때는 왼쪽 팔을 사용한다.
- 주문은 시계방향으로 여자 → 남자 → 호스티스 → 호스트의 순으로 받거나, 최초로 주문한 고객을 기준으로 시계방향으로 돌아가면서 차례로 받는다.
- 주문을 적을 때는 통일된 약자(abbreviation)를 사용하며, 모든 직원이 알아보기 쉽게 단정하게 기재하고, 손님에게 주문사항을 재차 확인한다.
- 음식에 특별한 요구를 할 때는, 주방에 가능 여부를 확인한 후 결정한다.
- 시간이 오래 걸리는 음식을 주문받으면 반드시 소요시간을 알려준다.
- 음식 주문이 끝나면 고객의 오른쪽에서 와인 리스트(wine list)를 제시하고, 식전주와 식사에 어울리는 와인을 추천한다. 와인의 전문적인 추천은 소믈리에 또는 와인 웨이터가 한다.
- 디저트와 음료는 때에 따라 주요리(main dish) 식사를 마친 후에 주문받기도 한다.
- 주문이 끝나면 감사의 표시로 정중히 인사한 후 물러난다.

(2) 식음료 서비스 규칙

식음료 서비스 동작의 순서 및 규칙은 영업장의 메뉴 및 상황에 따라 모두 다르지만, 일반적으로 통용되는 서비스 규칙은 다음과 같다.

① 아메리칸 서비스에서 이미 접시에 담긴 요리는 왼손으로 들고, 고객의 오른쪽에서 오른손으로 서비스한다. 음식을 치울 때는 고객의 오른쪽에서 오른손으로 치운다.

② 만약 음식을 플래터(platter), 볼(bowl), 또는 튜린(tureen : 뚜껑 달린 움푹한 접시)에 담아서 서비스할 때는, 고객의 왼쪽에서 오른손으로 서브한다.

③ 모든 음료는 트레이(tray)를 이용하여, 오른손으로 고객의 오른쪽에서 서비스한다.

④ 식사가 끝난 빈 접시나 글라스류는 모두 오른쪽에서 오른손으로 치우고, 샐러드 · 빵 · 버터는 왼쪽에서 오른손으로 치운다.

⑤ 차가운 음식이 서브될 때는 접시를 미리 차갑게 냉장실에 보관하고, 뜨거운 음식이 서브될 때는 접시를 미리 뜨겁게 온장고에 보관했다가 사용한다.

⑥ 디저트는 사용될 기물과 글라스류를 제외하고, 사용했던 모든 기물을 완전히 치운 다음, 테이블을 깨끗이 정돈한 후에 서브한다.

⑦ 고객이 세팅된 기물을 혼동하여 잘못 사용했을 때는 사용될 기물을 즉시 보충해 주며, 떨어뜨렸을 때는 먼저 해당되는 기물을 세팅하고, 떨어진 기물은 암타월(arm towel)을 사용하여 집어 올린다.

⑧ 고객이 일어나면 의자를 뒤로 당겨 도와주고, 식탁과 주위에 놓고 간 물건이 없는지 확인한다.

◈ 기물을 통한 비언어적 에티켓(Cutlery Etiquette)

비언어적 의사	비언어적 에티켓	소통방법
다음 요리 준비 (Ready for the Next Dish)	손님이 식사를 마치고 다음 요리를 먹을 준비가 되었음을 알리는 방법으로, 나이프와 포크를 접시 위에 십자가 모양으로 놓는다.	
식사 중 (Pause)	손님이 테이블에서 일어나거나 아직 식사 중임을 알리는 방법으로 나이프와 포크는 역V자 형태로 접시 위에 놓는다.	
음식에 대한 찬사 (Food was Excellent)	손님이 요리에 대한 감사를 표시하고 싶다면, 나이프와 포크의 손잡이가 왼쪽을 향하도록 접시 위에 수평으로 놓는다.	
식사 완료 (Finished with Meal)	식사가 끝났음을 표시하기 위해 손님은 나이프와 포크를 접시 위에 수직이나 대각선으로 비스듬히 놓는다.	
식사에 불만 (Unhappy with Dish)	손님들이 요리에 만족하지 못하는 경우, 나이프와 포크를 거꾸로 된 V자 모양으로 배치하고 나이프를 포크에 끼운다.	

주 : 상기 에티켓은 일반적으로 통용되는 것으로 절대적인 규칙은 아니다.

(3) 불평, 불만 관리

좋은 음식과 행복한 고객은 모든 레스토랑 성공의 열쇠이다. 따라서 고객 불만과 화난 고객을 처리하는 방법을 아는 것은 성공적인 레스토랑을 운영하는 데 필수적이다.

식음료 서비스는 단지 음식만으로 평가되는 것이 아니라, 고객 경험은 다양한 서비스 접점으로 구성되며, 친절한 서비스는 고객의 경험을 통해 "나쁨 – 좋음 – 매우 좋음"으로 평가된다.

따라서 고객 접점에 있는 직원들은 레스토랑의 얼굴이기 때문에, 나쁜 태도는 레스토랑의 이미지에 좋지 않은 영향을 미치게 된다.

레스토랑은 훌륭한 고객서비스가 어떤 모습인지 정의하고, 모든 직원이 이러한 기대를 충족하거나 초과할 수 있도록 교육하는 것이 중요하다.

① 고객 불평·불만의 효과

고객의 불평과 불만은 레스토랑의 입장에서 다음과 같은 긍정적 요소를 찾을 수 있다.

- 서비스 실패의 고지 : 고객이 불평을 하면 서비스의 실패 원인이 무엇인지, 무엇을 고쳐야 할지를 알려준다.
- 서비스의 문제점 제시 : 회사에 직접 불평한 고객은 회사의 서비스에 무엇이 잘못되었는지를 알려주는 소중한 정보를 제공한다.
- 서비스 복구의 기회 제공 : 서비스를 복구하기 위해서는 고객의 불평에 귀를 기울이고, 미리 감지하여 빠르게 문제를 해결할 수 있는 기회를 제공해 준다.

② 불평의 긍정적·부정적 효과

▶ 불평의 긍정적 효과
  - 고객 불평을 통해 서비스의 평가에 대한 정보를 수집할 수 있다.
  - 레스토랑에서 제공하는 서비스에 대한 자극이 될 수 있다.
  - 고객의 불평은 외식업체와 서비스 직원을 자극하여, 새로운 마음가짐으로 고객서비스에 임할 수 있게 한다.

▶ 불평의 부정적 효과

- 불만족한 고객은 만족한 고객보다 자신의 불만족 경험을 주변에 더욱 적극적으로 알린다.

- 서비스 실패에 따른 비용 및 손실이 발생하고, 고객의 불평을 해결하는 데는 많은 비용이 수반된다.

1단계	무조건 경청과 반복 그리고 확인하기
2단계	고객의 항의에 공감하고, 감사의 인사하기
3단계	진심어린 사과하기
4단계	설명하고 해결을 약속하기
5단계	불만을 제기한 고객에게 감사한 마음을 가져야 한다

▲ 단계별 불만고객 응대방법

(4) 고객의 만족도 점검

고객의 만족도 점검은 호텔 시설을 이용한 고객의 경험을 파악하고, 이를 서비스에 반영해 불만족 사항을 개선할 수 있도록 한다.

고객의 불만족 사항은 주로 고객을 직접 상대하는 직원들을 통해 쉽게 얻을 수 있으므로, 항상 세심하게 고객의 소리에 귀 기울이며, 지속적인 서비스 개선을 위해 노력해야 한다.

특히 Google 마이 비즈니스, Tripadvisor, Naver 등 주요 리뷰 플랫폼을 항상 주시해야 하고, 좋은 리뷰를 남긴 사람들에게 감사를 표하며, 비방 리뷰에 대한 대책이 필요하다.

왜냐하면 고객이 온라인에 남기는 댓글은 항상 공개되며, 많은 사람들이 만족하거나 불만족한 경험을 공유하기 때문이다.

• 이메일, 소셜 미디어, 전화 등 다양한 방법으로 설문조사를 통해 고객만족도를 측정한다.

- Guest comment card를 활용하여 고객 의견을 모니터링하고 이를 자료화한다.
- 레스토랑에서 제어할 수 있는 인터넷 플랫폼에서, 고객에게 자신의 의견을 표현할 수 있는 기회를 제공하고, 이를 통해 서비스 문제를 파악하는 귀중한 정보를 얻는다.
- 고객의 제안이나 요구사항을 지속적으로 모니터하고, 이를 레스토랑 운영에 적극 활용한다.

제2절 │ 식음료 서비스 방법과 원칙

1. 식음료 서비스 방법의 중요성

식음료 운영에서 서비스 기법이나 방식은 식당의 운영 측면에서 매우 중요한 부분이라 할 수 있다.

왜냐하면 격식을 갖춘 식사에서 사용되는 서빙 스타일은 최고 수준의 환대와 더불어 훌륭한 식사에 대한 고객 경험을 향상시키기 때문이다.

서비스 기법이나 방식을 결정하기 위해서는 다음과 같은 특정 요소를 염두에 두어야 한다. 먼저 식당의 콘셉트, 메뉴의 종류와 가격의 결정, 영업시간, 주요 이용고객층의 분석, 좌석 회전율(turnover of seats), 그리고 서비스 제공에 필요한 식당의 시설 등이다.

식음료 서비스는 주로 테이블 서비스(table service), 카운터 서비스(counter service), 셀프서비스(self service)와 최근에는 레스토랑에서 애피타이저(appetizer)를 포함하는 샐러드 바(bar)와 같이, 셀프서비스를 혼용하여 운영하는 경우도 있다.

2. 식음료 서비스 방법

1) 테이블 서비스(Table Service)

테이블 서비스 레스토랑은 고객이 메뉴를 살펴보고, 고객의 주문에 따라 서비스 직원이 식음료를 제공하는 레스토랑을 말한다.

특히 숙련된 전문조리사와 직원에 의한 직접 서비스로 고객 만족도가 높으며, 정중한 서비스 제공으로 좌석 회전율이 낮다.

테이블 서비스는 크게 러시안 서비스(Russian service), 프렌치 서비스(French service), 그리고 아메리칸 서비스(American service)로 분류된다.

(1) 러시안 서비스(Russian Service)

▲ 러시안 서비스로 연어요리를 제공하는 모습

1800년도 중반에 유행된 서비스로 러시안 서비스는 가끔 프렌치 서비스(French service)와 혼동되기도 하지만, 호텔이나 고급 레스토랑에서 사용되는 서비스 형태이다. 러시안 서비스는 음식이 주방에서 준비되고, 요리사에 의해 큰 접시에 올려지면, 서버가 쟁반 위에 멋있게 꾸며진 음식을 고객에게 보여주면서, 고객이 직접 덜어 먹거나, 서비스 직원이 고객의 왼쪽에서 서비스하는 전형적인 연회 서비스(banquet service)이다.

(2) 프렌치 서비스(French Service)

프렌치 서비스는 고급식당에서 제공되는 세련되고 정중한 서비스로서, 고객의 테이블 옆에서 음식을 준비하여 제공한다.

즉 주방에서 부분적으로 조리된 각 코스의 주문요리를 서비스 직원이 게리동(gueridon : 사이드 테이블)에 있는 레쇼(rechaud : 가스레인지)를 이용하여 뜨거운 음식을 준비하거나, 시저샐러드와 같은 찬 음식은 게리동 위에서 만들어서 제공한다.

이때 서비스 직원은 부분적으로 요리사의 역할을 수행해야 하며, 음식을 조리할 수 있는 능력이 있어야 한다. 프렌치 서비스는 셰프 드 랑(chef de rang) 시스템을 활용하여 서비스를 제공한다.

특히 알라카르트(a la carte) 메뉴를 전문으로 제공하는 레스토랑에 적합한 서비스이며, 조리와 서비스를 겸비한 숙련된 직원이 요구되므로 인건비 지출이 높다.

최근에는 프렌치 레스토랑에서도 전통적인 프렌치 서비스 대신, 점진적으로 간편한 아메리칸 서비스로 변화하고 있다.

출처 : https://www.departures-international.com

▲ 플람베(Flambe: 고온에서 요리 중인 음식에 술을 부어 큰 불을 일으키고 빠르게 알코올을 날려버리는 요리기술로 프랑스에서 시작됨) 서비스

◇ 셰프 드 랑 시스템(Chef de Rang System)

불어의 'chef'는 영어의 chief를 뜻하며, 불어의 'rang'은 영어의 rank와 같은 뜻이다. 프랑스의 고급식당에서 팀을 이루어 서비스하는 식당 조직에서 사용되는 말로, 주로 식탁에서 음식 주문을 받고, 까다로운 식탁요리, 플람베(flambe) 요리 등을 담당한다. Commis de rang의 'commis'는 영어의 assistant 혹은 점원, 보조원 등의 뜻으로 chef de rang을 보조한다. Commis de suite는 주방에서 준비된 더운 음식 혹은 주요리를 테이블까지 운반하거나 서브를 담당하는 웨이터이다. Commis de debarrasser의 'debarrasser'는 불어의 '~을 치우다'라는 뜻으로 주로 식사가 끝난 테이블을 치우거나, 서비스 스테이션에서 영업준비를 위하여, 각종 서비스 기물들을 채우는 서비스 초심자나 실습생이 하는 역할을 말한다.

(3) 아메리칸 서비스(American Service)

아메리칸 서비스는 일명 플레이트 서비스라고 부르며, 전채요리와 디저트를 포함한 모든 코스 메뉴가 주방에서 미리 접시에 준비되어(pre-plating) 제공하는 것으로, 오늘날 일반적으로 이루어지는 서비스 스타일이다.

▲ 아메리칸 서비스로 음식 제공

주방에서 준비된 음식은 tray나 cart를 이용하거나, 손으로 들고 가서 직접 제공하기도 한다. 이 서비스의 가장 큰 특징은 주문받은 요리를 빠른 시간에 제공할 수 있다는 것이며, 고급식당보다는 고객 회전이 빠른 식당 또는 연회 서비스에 적합한 방법이다.

그러나 주방에서 음식을 준비하고, 미리 분배해서 접시에 담아 제공하기 때문에, 음식의 양(量)을 선택할 수 없고, 음식의 적정온도 유지가 어렵다.

(4) 카운터 서비스(Counter Service)

▲ 스시 카운터(Sushi Counter)

카운터 서비스(counter service)는 주방이 개방된 상태에서 이루어지는 서비스 방식으로, 고객은 주방의 조리과정을 볼 수 있어서, 기다리는 지루함 없이 빠르게 식사를 제공받을 수 있어 고객의 불평이 적다.

카운터가 테이블로 사용되어 서비스 직원 한 사람이 약 8명에서 많게는 20명까지 서비스할 수 있는데, 테이블 서비스 방식에 비하여 적은 서비스 인원을 필요로 하며, 좌석 회전율이 높고 빠른 서비스를 제공하는 것이 장점이다.

2) 셀프서비스(Self-Service)

셀프서비스 레스토랑은 고객이 직접 운반하고, 식사 후 남은 음식도 처리하는 레스토랑을 말한다. 셀프서비스 형태에는 테이크아웃 서비스, 카페테리아 서비스, 뷔페 서비스, 픽업(pick up)서비스 등이 있으며, 패스트푸드 레스토랑, 푸드 코트(food court), 카페테리아, 단체급식 등이 여기에 속한다.

▲ 푸드 코트(Food Court)

따라서 고객이 쉽게 접근하고 짧은 시간에 식사를 제공할 수 있는 간편한 메뉴로 한정되어 있으며, 가격이 저렴하고 짧은 시간으로 좌석 회전율(turnover rate)이 높다. 또한 고객 스스로 서비스에 참여하기 때문에 인건비가 절약되고, 기술을 겸비한 조리사 없이 단순화·자동화·표준화를 통한 대량의 효율적 생산이 가능하다.

3) 뷔페 서비스(Buffet Service)

뷔페 서비스는 뷔페 테이블에서 취향에 따라 음식을 가져와 식사하는 것으로, 식당의 입장에서는 적은 인원으로 레스토랑 운영이 가능하고, 고객의 입장에서는 다양한 메뉴를 접할 수 있어 인기가 많다. 특히 호텔의 여러 식음료 업장 중에서 고객이 가장 쉽고 부담 없이 경험할 수 있어 인기가 높으며, 소수의 서비스 직원으로 많은 고객을 서비스할 수 있어 인건비가 적게 든다.

▲ 뷔페 서비스(Buffet Service)

4) 인 룸 다이닝(In Room Dining)

인 룸 다이닝 서비스는 호텔 투숙객의 편익을 위해 식음료를 고객의 객실까지 제공하는 업무로서, 고객이 자신의 프라이버시 유지와 비즈니스 고객이 빠르고도 정확한 시간에 제공되길 바라는 아침 메뉴 등을 제공한다. 1일 24시간 주문이 가능하기 때문에 편리하다.

인 룸 다이닝 서비스는 운영하는 호텔 유형에 따라 귀중한 편의 시설이 될 수도 있고, 제대로 활용되지 않을 경우, 재정적 부담이 될 수도 있다.

따라서 전략적인 메뉴 엔지니어링을 통해 고객의 관심을 끌 수 있는 메뉴를 선별하여, 제공할 필요가 있다. 상황에 따라 그랩 앤 고(grab and go)[4] 서비스 제공과 호텔 미니 마트를 통해 음식 옵션을 높이고, 또 다른 옵션은 손님이 로비에서 주문하고 픽업할 수 있는 제한된 테이크아웃 메뉴를 제공하는 것도 방법이다.

▲ 객실 룸서비스 제공

▲ 그랩 앤 고(Grab and Go)

---

4) 미리 만들어 용기에 담아 놓은 음식을 구매해 바로 먹는 방식

테이블 세팅은 고객을 맞이하여 식음료를 판매하고 제공하는 데 필요한 영업준비의 기본이자 최종 단계의 업무 중 하나이다.

고객이 식당에 들어서는 순간 제일 먼저 눈에 띄는 식당의 첫 이미지가 되며, 고객이 주문한 메뉴에 따라 기물을 정확하고, 사용하기 편리하게 테이블 위에 배열하는 것이다.

1. 테이블 세팅의 기본 원칙과 사용하기

식당의 특성과 메뉴 그리고 식사 시간에 따라 테이블 세팅이 다를 수 있으나, 2개 코스든 8개 코스든 테이블 세팅에서 반드시 따라야 할 특정 기본 규칙은 다음과 같다.

1) 테이블 세팅의 원칙

① 기물의 세팅은 메인요리로 중심을 잡고, 식사 코스 순서의 역순(밖으로)으로 세팅해 나가면 된다.

② 나이프는 고객의 오른쪽에, 포크는 왼쪽에 세팅한다.

③ 빵 접시는 고객의 왼쪽에, 물잔과 와인 잔은 오른쪽에 세팅한다.

④ 디저트 포크와 스푼은 쇼 플레이트 위쪽에 세팅하는데, 연회 서비스의 경우는 미리 세팅하고, 일반 레스토랑에서는 식사 후에 별도의 디저트 주문에 맞추어 세팅을 한다.

⑤ 테이블 세팅은 메인 나이프와 포크로 중심을 잡고, 안에서 바깥쪽으로 세팅하는 데 비해, 식사는 세팅의 밖에서 안쪽 방향으로 기물을 사용하면 된다.

2) 메뉴에 따른 기물 사용하기

한 가지 음식만 먹는 경우가 아닌 코스로 식사할 경우, 포크와 나이프 여러 개를 식사 중에 사용해야 한다.

메뉴에 따른 기물 사용방법은 다음과 같다.

① 코스마다 한 쌍(음식에 따라 하나의 식기)의 기물을 사용한다는 원칙 아래, 가
장 바깥쪽(왼쪽 여러 개 포크 중 가장 왼쪽의 포크, 오른쪽 여러 개의 나이프
중 가장 오른쪽의 나이프)에 있는 포크와 나이프를 사용하면 된다.

예를 들면, 맨 처음 애피타이저가 앞에 놓였다면, 가장 바깥 왼쪽에 있는 포크
와 가장 바깥 오른쪽에 있는 나이프를 사용하면 된다. 그렇게 애피타이저로
나온 음식을 다 먹었다면, 사용한 포크와 나이프는 빈 접시 위에 올려놓아, 서
버가 접시와 함께 정리하도록 하면 된다. 즉, 모든 식기와 기물들은 재사용 없
이, 자연스럽게 사용하는 것이 테이블 매너이다.

② 레스토랑에서는 주문한 메뉴에 맞게 포크와 나이프를 세팅해 놓기 때문에, 식
사를 마치고 나면 테이블 위에 포크와 나이프가 남거나, 식사 중에 모자라는
경우가 없다.

③ 물잔과 와인 잔 역시 헷갈리기 쉬운데, 물잔은 목 부분이 없거나 와인 잔보다
짧다. 레드 와인 잔은 보통 테이블 위의 잔 중에서 가장 크므로 화이트 와인
잔과도 구별된다.

2. 테이블 세팅의 순서

(1) 테이블의 준비

테이블은 고객이 불편을 느끼지 않도록 배치해야 하며, 흔들리지 않게 바르게 놓
아야 한다. 식탁의 높이는 70~75cm, 의자의 높이는 40~45cm가 표준이며, 한 사람이
점유하는 의자의 폭은 70cm를 기준으로 한다.

(2) 테이블 클로스

테이블 클로스(table cloth)는 식당의 특성과 테이블의 종류에 따라 규격이 다르나,
테이블 끝선에서 약 40cm 정도가 되도록 한다. 테이블 클로스는 깨끗하게 다림질되

어 있어야 한다.

(3) 쇼 플레이트

쇼 플레이트(show plate)는 테이블 세팅 기물의 중심을 잡기 위해 사용되며, 쇼 플레이트 대신에 냅킨을 사용하기도 한다. 쇼 플레이트는 테이블 끝에서 2~3cm 정도의 간격에 놓으며, 전채요리에서 주요리 전까지의 요리를 쇼 플레이트 위에 서브한 후에 치워진다.

(4) 나이프와 포크

나이프는 칼날이 안쪽을 향하게 하여 쇼 플레이트의 오른쪽, 포크는 왼쪽에 붙여 놓는다. 쇼 플레이트가 없을 경우 메인 나이프(main knife)와 메인 포크(main fork)가 세팅의 중심을 잡게 되며, 간격은 30cm로 놓는다.

(5) 브레드 플레이트와 버터나이프

브레드 플레이트(bread plate)는 포크의 왼쪽 또는 위에 세팅되며, 버터나이프 (butter knife)는 브레드 플레이트의 오른쪽 1/4 정도 되는 부분에 칼날을 왼쪽으로 하여 놓는다.

(6) 디저트 스푼과 디저트 포크

디저트 포크(dessert fork)는 손잡이가 왼쪽을 향하게 하여 쇼 플레이트 상단에 놓고, 디저트 스푼(dessert spoon)은 손잡이를 오른쪽으로 하여, 디저트 포크(dessert fork) 위에 놓는다.

▲ 글라스의 세팅 위치

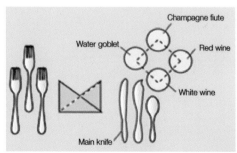
▲ 글라스가 4개일 경우 세팅 방법

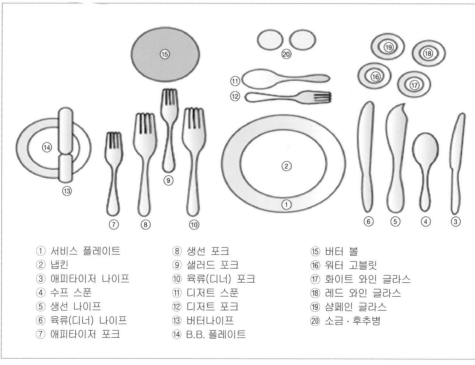

① 서비스 플레이트	⑧ 생선 포크	⑮ 버터 볼
② 냅킨	⑨ 샐러드 포크	⑯ 워터 고블릿
③ 애피타이저 나이프	⑩ 육류(디너) 포크	⑰ 화이트 와인 글라스
④ 수프 스푼	⑪ 디저트 스푼	⑱ 레드 와인 글라스
⑤ 생선 나이프	⑫ 디저트 포크	⑲ 샴페인 글라스
⑥ 육류(디너) 나이프	⑬ 버터나이프	⑳ 소금 · 후추병
⑦ 애피타이저 포크	⑭ B.B. 플레이트	

▲ 정찬 요리 세팅(Formal Table Setting)

(7) 물잔과 와인 글라스

물잔(water goblet)은 디너 나이프의 바로 위 1㎝ 정도 위에 놓고, 와인 글라스 (wine glass)는 물잔의 오른쪽 아래 대각선의 방향에 놓는다. 글라스가 4개일 경우 다이아몬드 형태로 놓는다.

(8) 냅킨

쇼 플레이트(show plate)가 세팅되어 있는 경우에는 그 위에 올려놓으며, 쇼 플레이트를 사용하지 않는 경우에는, 그 자리에 냅킨을 맨 먼저 위치시켜 세팅의 기준 역할을 한다. 테이블 가장자리로부터 1cm의 간격을 유지하며, 테이블 클로스와 조화를 이루어야 한다.

(9) 최종 점검

전체적인 조화와 균형을 점검한다.

┃ 논 ┃ 의 ┃ 과 ┃ 제 ┃ ::

1. 식음료 서비스를 절차에 따라 논의하고, 각 단계별 서비스 행동에 대하여 토론해 보세요.

2. 영업 준비(미장플라스, Mise-en-Place)에 대해 설명하고 왜 중요한지를 기술해 보세요.

3. 고객의 불평·불만이 기업에 주는 영향과 이의 올바른 대처가 왜 중요한지를 논하시오.

4. 음식 서비스 방식을 비교 설명하고, 각 방식의 장단점을 비교 설명하시오.

5. 7가지 양식 메뉴를 설정하고, 설정된 메뉴에 따라 테이블 세팅을 실습해 보세요.

호텔 연회 서비스

제1절 | 연회 서비스의 개요 및 특성
제2절 | 호텔 연회의 조직과 업무
제3절 | 연회 서비스 프로세스

학·습·목·표

이 장을 학습한 후, 다음 내용들을 이해할 수 있어야 한다.

- 호텔 연회 서비스의 개요 및 특성을 설명할 수 있다.
- 호텔 연회의 조직과 직원의 주요 업무를 설명할 수 있다.
- 호텔 연회의 서비스 프로세스를 설명할 수 있다.
- 연회행사지시서(BEO)에 대하여 설명할 수 있다.
- 회의를 목적으로 하는 행사에서 회의장의 레이아웃(Layout)을 설명할 수 있다.

7 | 호텔 연회 서비스

개요

본 장에서는 호텔 연회 서비스의 개요 및 특성과 식음료 경영에 미치는 영향관계를 살펴본다. 또한 호텔 연회의 서비스 프로세스를 이해하고, 연회부의 각 조직별 역할과 직원들의 주요 업무를 이해한다. 또한 연회의 대표 상품인 식음료 및 회의를 목적으로 하는 행사의 종류를 살펴보고, 마지막으로 연회행사지시서(BEO)가 왜 필요한지, 그리고 포함하는 내용이 무엇인지를 이해하는 것이 본 장의 내용이다.

제1절 > 연회 서비스의 개요 및 특성

1. 연회의 개요

파티와 행사는 우리 삶에 없어서는 안 될 부분으로 우리 삶의 한가운데 와 있다. 최근 다양한 국제교류 및 경제 발전과 더불어 사회활동이 활발해지면서, 호텔의 연회행사는 대형화, 다양화 그리고 현대적 트렌드에 맞는 다양한 이벤트들을 발굴하고, 이와 관련한 행사들을 유치하고 있다.

연회는 국제회의부터 기업 미팅, 전시회, 결혼식 및 리셉션, 세미나, 콘서트 등 다양한 행사를 유치하고, 이를 통해 수익 창출과 호텔 브랜드 인지도를 상승시키기 때문에 호텔경영 측면에서 매우 중요하다.

왜냐하면 결혼식, 콘퍼런스, 기업 회의 등의 행사를 주최하면, 호텔의 시설과 서비스를 더 많은 청중에게 선보이고, 새로운 비즈니스 관계를 구축하며, 고객 충성도를 강화시킬 수 있기 때문이다. 또한, 국제회의 등의 대형 콘퍼런스 유치는 호텔 객실 수입과 더불어, 지역 시설을 이용하는 비즈니스를 창출함으로써 지역 경제 활성화에 영향을 미친다.

연회의 사전적 의미는 "축제 혹은 향연"이란 뜻의 "feast"와 같은 의미이며, 현대적 의미로써, "어떤 사람에게 경의를 표하거나 기업이나 단체의 연례적인 행사 혹은 축제를 기념하기 위해 정성을 들이고, 격식을 갖춘 식사와 함께 행해지는 행사"라고 한다.

즉 연회는 미리 정해진 날짜와 시간에 합의된 메뉴와 가격에 따라 분리된 시설 (banquet)에서 특정 그룹의 사람들을 위해 제공하는 서비스를 의미한다.

2. 연회의 중요성

연회영업은 일반적인 수요에 대한 서비스라기보다는 수요를 적극적으로 창출하는 영업 수단으로 접근되어야 한다.

특히 연회장 영업은 객실이나 한정된 일반 레스토랑과 달리, 예약 및 판촉 여하에 따라, 매출을 탄력적으로 신장시킬 수 있고, 비수기 타개를 위하여 연회장에서 다양한 이벤트 등을 기획할 수 있다는 점에서, 호텔의 매출 극대화를 위한 전략적 영업장이라고 할 수 있다.

이와 같이 오늘날의 연회는 경제가 발전하고 사회의 구조와 형태가 확대됨에 따라, 연회행사의 형식도 다양화되고 고객의 니즈에 부합하고 있다. 따라서 얼마나 효율적인 아이디어로 조직하고 구성하느냐에 따라, 호텔의 식음료 부문에 있어서 또 하나의 매출 증진의 기회가 될 수 있다.

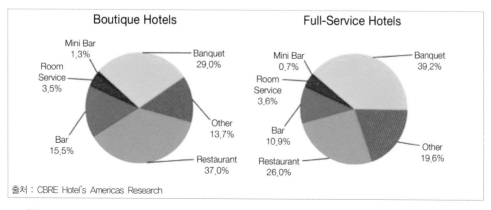

▲ 미국 Boutique Hotels vs. Full-service Hotels의 식음료 매출 비교 분석

3. 호텔 연회의 특성

연회는 다양한 특징을 가지고 있다. 먼저 일시에 대량으로 식음료의 서비스가 가능하고, 최소 2인 이상, 많게는 1,000여 명에 이르는 행사가 호텔의 연회시설에서 개최되고 있으며, 그 이상의 경우 특수 시설물(체육관, 전시장 등)을 이용하기도 한다.

호텔 연회는 예약에 의해 계약이 성립되고, 행사지시서에 의해서 준비-행사-마감되는 절차에 따른다. 특히 탄력적인 매출액, 호텔 홍보 효과와 대중화, 식음료 원가의 절감, 비수기 극복에 기여, 타 영업 부분의 매출 증진에 파급효과가 크며, 인적 서비스의 높은 의존도와 연중무휴의 업무 특성을 가지고 있다.

레스토랑과 연회장의 영업 특성을 비교한 내용은 다음의 표와 같다.

◈ 레스토랑과 연회장 영업의 비교

구분	레스토랑	연회장
조직	레스토랑 서비스와 주방의 단위조직	• 예약 · 판촉 · 서비스 등 3개의 서비스조직과 주방으로 구분되어 있음 • 그 외 음향실, flower shop, ice carving 등을 복합적으로 지원
영업장 규모	30~100여 명 정도 수용	2인부터 많게는 수천 명까지 수용 가능
메뉴 및 서비스	고객의 주문에 따라 달라짐	동일 메뉴, 동일 서비스
예약 여부	반드시 예약하지 않아도 됨	반드시 사전 예약을 해야 함
영업시간	정해진 영업시간에 따라 영업	정해진 영업시간이 없음
행사장 대여	불가능	가능
영업범위	레스토랑 내에서만 가능	출장파티 등 외부영업이 가능함
영업장 전경		

4. 연회의 분류

호텔의 연회는 비즈니스 모임이나 기념일, 결혼식 그리고 가족모임(family parties) 등의 식음료를 중심으로 판매하는 연회행사와 회의, 강연회, 전시회, 세미나 등을 위해 연회장, 즉 미팅 장소를 판매하여 운영하는 행사로 나눌 수 있다.

연회의 종류를 행사 목적이나 기능에 따라 세부적으로 분류하면 다음과 같다.

① 개최시간에 따른 연회의 종류 : 조찬 모임(breakfast gatherings), 브런치 모임 (brunch gatherings), 점심 모임(lunch gatherings), 저녁 모임(dinner gatherings), 야간 모임(supper gatherings) 등이 있다.

② 개최장소에 따른 연회의 종류 : 호텔 내 주방에서 준비된 음식으로 행사가 진행되는 호텔 내 연회(on-premise catering) 와 고객의 요청에 따라 호텔 외부의 이벤트 장소에서 행사가 이루어지는 출장연회(off-premise catering)가 있다.

③ 주관기관에 따른 연회의 종류 : 정부 행사, 단체행사, 기업행사, 학술 및 학회행사 등이 있다.

▲ 그랜드 하얏트 호텔 서울 결혼식 전경

④ 주제에 따른 연회의 종류 : 가족모임 (family parties), 약혼식, 결혼식, 결혼 피로연, 생일 파티, 이·취임식, 동문회, 전시회, 패션쇼, 각종 회의(convention, conference, seminar, workshop, symposium, board meeting, general meetings, etc.), 상품전시회(product presentations), 강연회(lectures), 간담회(casual meetings), 패션쇼(fashion show) 등이 있다.

제2절 > 호텔 연회의 조직과 업무

1. 연회 서비스의 조직

호텔 연회부서의 조직은 연회장 관리, 연회 이벤트, 식음료 제공을 담당하는 연회 서비스(banquet service), 판매를 담당하는 연회판촉(banquet sales and promotion), 그리고 서비스의 원활한 커뮤니케이션 및 연결고리 역할을 하는 연회예약(banquet reservation)으로 구분된다.

먼저 연회예약은 고객과의 상담을 통해 예약을 접수하는 곳이며, 예약 내용을 바탕으로 연회행사지시서(BEO: Banquet Event Order)를 만들어, 연회 서비스에 넘겨주는 역할을 한다.

연회 서비스는 연회예약으로부터 받은 연회행사지시서에 따라 행사를 준비하고, 고객에게 식음료를 서비스하거나 행사장소 준비 등의 서비스를 담당하는데, 서비스 담당자는 행사의 성격에 따라 고객이 무엇을 원하는가를 확인하기 위해 예약담당자와의 충분한 협의가 필요하다.

연회판촉은 새로운 잠재고객을 개발하고, 기존고객의 재이용을 위해 지속적인 관리와 행사 종료 후 고객만족도 조사를 통해, 서비스의 문제점을 파악해야 한다.

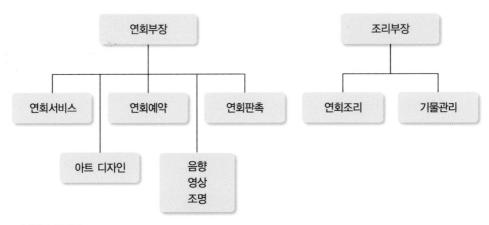

▲ 연회부 조직도

2. 연회부서 직원의 주요 업무

연회부서는 부서의 목표를 달성하고 효과적으로 운영하기 위해 직무의 역할과 가이드라인을 설정하고, 구성원 간의 협력과 고객들의 특별한 요구에 대응하여, 최상의 서비스를 제공해야 한다.

직무별 업무는 다음과 같다.

1) 연회 부장(Banquet Manager)

연회 부장은 연회부서의 최고 책임자로, 부서의 판매 및 운영에 대한 장기적인 목표를 계획하고 실행하는 직무를 맡는다. 또한 연회 매출의 극대화에 대한 책임을 지며, 각종 연회 및 국제회의 등의 행사를 지휘·감독한다.

2) 연회 서비스 지배인(Banquet Service Manager)

연회 서비스 지배인은 식음료 서비스를 실질적으로 계획하고, 감독하는 역할을 맡고 있으며, 연회장에 대한 전반적인 책임과 관리 감독을 한다.

특히 행사 주최자와 면담하여 요구사항과 불편사항을 점검하여 이를 해결한다.

▲ 업무 브리핑

▲ 연회 서비스

3) 연회판촉 지배인(Banquet Sales Manager)

연회판촉 지배인은 연회 서비스를 대중에게 홍보하면서, 연회 매출의 극대화에

대한 책임을 지며, 새로운 시장을 적극적으로 개척한다.

최근 효과적인 연회 마케팅 방법으로 웹사이트에 호텔의 연회 및 이벤트 섹션을 개설하고, 패키지, 가격, 제공할 수 있는 추가 기능을 제안·홍보하거나, 호텔 연회 및 회의 공간 판매를 위한 전담 이벤트 코디네이터를 통하여, 행사의 계획과 실행에 대한 지원을 제공한다.

4) 연회예약 지배인(Banquet Reservation Manager)

연회예약 지배인은 연회 또는 이벤트 공간의 예약 및 예약 프로세스를 총괄적으로 감독하는 역할을 한다.

특히 매출 극대화, 원활한 운영, 탁월한 고객 서비스 제공에 중추적인 역할을 담당하게 되며, 이를 위해 효과적인 의사소통, 협상기술 등이 필요하다.

제3절 〉 연회 서비스 프로세스

1. 예약

연회 예약(reservation)은 적극적인 판촉 활동을 통하여, 고객 확보에 최선의 노력을 기울이는 업무로, 경쟁이 치열한 시장이다. 경쟁업체보다 우위를 유지하려면 최고의 시설, 맛있는 음식, 품위 있는 실내 분위기, 최상의 서비스를 지속적으로 개발하여 자신 있게 고객에게 설명하고, 판매할 수 있도록 해야 한다.

무엇보다 연회는 가격이 정해진 상품을 판매하는 것이 아니라, 연회라는 상품을 새롭게 창조한다는 마음으로 제공해야 한다.

2. 연회행사지시서

1) 연회행사지시서(BEO)

BEO(Banquet Event Order)는 연회행사지시서 또는 연회기획서(function sheet)라고도 하며, 연회행사의 모든 진행이 합의된 조건에 따라 잘 계획되고 실행되도록, 고객과 연회 서비스 직원 모두를 위한 포괄적인 가이드 역할을 한다. 이는 오해를 예방하고 모든 관련 당사자에게 명확한 기준점을 제공하며, 행사의 전반적인 성공에 기여하게 된다.

연회행사지시서에는 이벤트 세부 정보, 연회장 세팅, 참석인원, 음식 및 음료 요구사항, 바(bar) 설치의 유무, 아이스 카빙, 현수막, 조명 및 음향, 꽃장식 등과 같이 행사 진행을 위해 요구되는 사항들이 기록되어 있다.

특히 주의를 기울일 것은 식음료 서비스를 받는 고객에게 부과되는 커버 차지(cover charge)와 연회장 사용(rental)으로 부과되는 장소 사용료(room charge)이다. 커버 차지는 예상되는 참석자의 수(No. of person expected)에 따라 계산되지만, 연회행사를 예약할 때는 반드시 보증 인원(No. of person guaranteed)을 확정받아야 한다.

보증 인원이란 행사 참석 고객 수에 관계없이, 보증 인원의 비용을 지불한다는 것에 동의하는 것이다. 만일 예상된 최소 참석자 수 이상의 인원이 참석하였을 경우에는 추가된 인원에 따라 계산하게 된다.

연회행사지시서는 연회에 영향을 미치는 부서와 그 부서 책임자에게 전달된다. 예를 들면, 식음료 지배인, 조리부, 하우스키핑(housekeeping), 시설관리책임자(chief engineer), 보안팀(security), 프런트데스크(front desk), 컨시어지(concierge) 등 연회행사에 필요한 부서장들에게 사전에 전달되며, 관련 부서에서는 해당 행사에 적극적으로 협조한다.

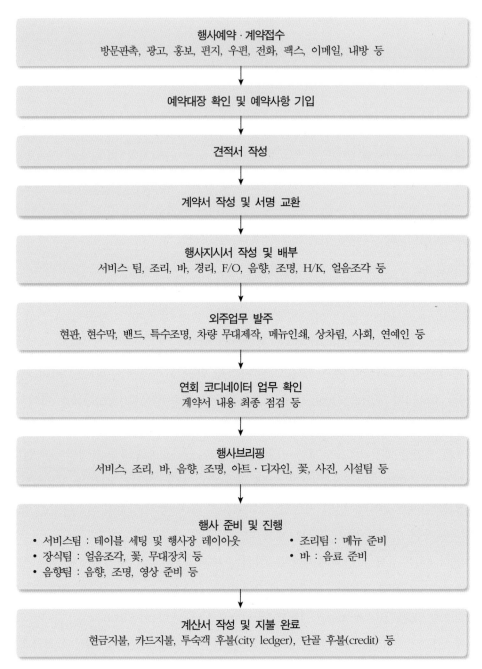

행사예약 · 계약접수
방문판촉, 광고, 홍보, 편지, 우편, 전화, 팩스, 이메일, 내방 등

예약대장 확인 및 예약사항 기입

견적서 작성

계약서 작성 및 서명 교환

행사지시서 작성 및 배부
서비스 팀, 조리, 바, 경리, F/O, 음향, 조명, H/K, 얼음조각 등

외주업무 발주
현판, 현수막, 밴드, 특수조명, 차량 무대제작, 메뉴인쇄, 상차림, 사회, 연예인 등

연회 코디네이터 업무 확인
계약서 내용 최종 점검 등

행사브리핑
서비스, 조리, 바, 음향, 조명, 아트 · 디자인, 꽃, 사진, 시설팀 등

행사 준비 및 진행
• 서비스팀 : 테이블 세팅 및 행사장 레이아웃   • 조리팀 : 메뉴 준비
• 장식팀 : 얼음조각, 꽃, 무대장치 등   • 바 : 음료 준비
• 음향팀 : 음향, 조명, 영상 준비 등

계산서 작성 및 지불 완료
현금지불, 카드지불, 투숙객 후불(city ledger), 단골 후불(credit) 등

▲ 연회행사의 흐름도

◆ 연회행사지시서(Banquet Event Order)의 예

Banquet Event Order

Post As : 태광물산 Account : 태광물산 Address : 서울시 영등포구 신길동 253	Contact: Mr Chang juho Phone: 82163081306 On-site: 김태선 담당자님 010-8251-4231 BDM : Ray Park Convention MGR : Ray Park Payment Type : Credit Card on the site

TIME	VENUE	EVENT TYPE	SETUP	GTD	EXP
오전 10:00 -오후8:00	Grand Ballroom1	Lunch	Rounds	100	110

MENU	BANQUET
12:00pm GBR1 KOREAN MENU SELECTION Lunch menu @ KRW 35,000 × 100 GTD/ 110EXP Pork bulgogi with spicy pepper sauce 돼지 불고기 Steamed rice and clear soft tofu soup Selection of Kimchi and jeokgal 맑은 순 두부국과, 진지, 김치와 젓갈 Fresh seasonal sliced fruits 신선한 계절 과일 Choice of coffee or tea 커피 또는 차 14:00 GBR1 Foyer Coffee, tea, Cookie @ KRW 11,000 × 100 GTD 커피, 티, 쿠키 인당 11,000원 × 100명 보증인원 17:00 GBR1 WESTERN SET MENU @ KRW 60,000 × 100 GTD/ 110 EXP Selection of fresh baked rolls from our onsite bakery 신선한 빵과 롤 Smoked duck breast crostini with kumquat, mesclun salad and black raspberry sauce 복분자 소스를 곁들인 훈제오리 가슴살 Creamy forest mushroon soup with chives and bacon 챠이브와 베이컨을 곁들인 버섯 크림 수프 Rosemary marinated beef sirloin with mashed potatoes, green beans, eggplant and red wine glaze 감자매쉬, 그린빈스와 레드 와인 소스를 곁들인 소고기 등심 스테이크 Baked apple and aricot pudding with calvados sauce 칼바도스 소스를 곁들인 사과와 살구푸딩 Selection of coffee or tea	10:00am GBR1 Foyer -Registration desk with 2 chairs/등록데스크와 의자 2개 10:30am GBR1 -12Round Tables of 9 seat/9석 원형테이블 12개 -Podium (S) for speaker/발표자 단상(소) -operation table with two chairs 운영데스크와 의자두개 -Laptop by guest/노트북 고객 준비 -Banner By 제일기획/ 현수막 제일기획 -Table ware on the table 칼집셋팅 -Note, pen, water 노트, 펜, 물
	ENGINEERING
	10:30am GBR1 Two Wired MIC. for podium (S)/ 두 단상에 유선마이크 Two Wireless MIC/ 무선 마이크 두 개 LCD with Screen/ 빔프로젝터와 스크린 RGB/ Audio Cable/ 영상선, 음향선
	TIME SCHEDULE
	10:30-10:50 등록/ 10:50-12:00 강의 12:00-13:00 점심/ 13:00-17:00 강의 17:00-18:00 식사
	OTHER DEPARTMENTS
	Signage: 2023년도 기술개발 워크숍 Signpost Menu Card for Dinner

BEVERAGE	BILLING INSTRUCTIONS
-1 bottle of wine for each table	Payment: Credit Card on the site KOREAN Lunch menu @ KRW 35,000 × 100 GTD / 110 EXP WESTERN SET MENU @ KRW 60,000 × 100 GTD / 110 EXP Coffee Break with cookie @ KRW 11,000 × 100 GTD Banner(제일기획) @ KRW 110,000 *상기 금액은 세금과 봉사료를 모두 포함한 금액입니다.

Client Name	Date of Acceptance	Hotel Signature	Date

3. 연회 서비스

연회 서비스는 크게 식음료 판매와 회의 목적 판매로 나눌 수 있다.

1) 식음료 판매 중심의 행사

(1) 정찬 파티(Table Service Party : Breakfast, Lunch, Dinner)

호텔 연회에서 가장 많이 적용되는 파티 형태로서, 가격에 따라 식음료 서비스를 제공하는 형태이다. 주로 행사의 격식이 필요할 때, 주최자의 요청에 따라 메뉴를 결정하고 행사를 진행하게 된다.

연회 서비스는 주로 아메리칸 서비스를 활용하고 있으며, 특히 연회의 목적이나 참석자의 수, 지위나 연령에 따른 좌석 배치, 주빈에 대한 예우 등을 고려하여 서비스한다.

▲ 연회 정찬파티 테이블 세팅의 예

출처 : 신라호텔 대연회장

▲ 연회 정찬파티 테이블 배치

(2) 칵테일파티(Cocktail Party)

칵테일파티란 각종 알코올 음료와 비알코올 음료를 갖추어 놓고, 간단한 안주를 곁들이면서 진행하는 입식 형태(standing party)의 연회를 말한다. 칵테일파티는 자유롭게 이동하면서 담소와 음료를 즐길 수 있으며, 정찬 행사에 앞서 참가자들끼리 인사를 나누는 사전 행사와 칵테일파티를 본 행사로 진행하는 행사로 나뉜다. 직원들이 음료나 간단한 안주 등을 들고 다니면서 고객에게 서비스하는 것으로, 메뉴는 식사의 개념보다는 안주의 개념에 가깝다고 할 수 있다.

▲ 칵테일 파티 장면

(3) 뷔페 파티(Buffet Party)

호텔 연회에서 많이 운영되는 형태로서 행사장에 뷔페 음식을 준비하고, 칵테일 뷔페 형식과 같은 입식 뷔페(standing buffet)와 일반적인 착석 뷔페(sit down buffet)로 나누어 볼 수 있다. 이때 입식 뷔페는 안주 형태가 아닌 식사를 위한 메뉴가 준비되고, 자유롭게 이동하면서 담소와 음료를 즐길 수 있다.

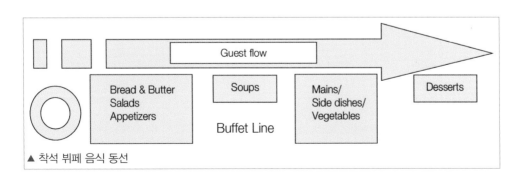

▲ 착석 뷔페 음식 동선

출처 : Getty Images/iStockphoto
▲ 스탠딩 뷔페(Standing Buffet)

출처 : https://afternoontea.co.uk
▲ 티파티(Tea Party) 메뉴

(4) 티파티(Tea Party)

티파티는 일반적으로 행사 중의 휴식시간에 간단하게 개최되는 파티를 말하는데, 주스나 커피 등의 음료와 함께 과일, 샌드위치, 케이크, 페이스트리 등의 간단한 메뉴가 제공된다.

(5) 출장 파티(Off-premise Catering)

고객의 요청에 의해 고객이 원하는 시간과 장소에 음식을 준비해서 제공하는 파티로서, 회사, 가정 또는 공공장소에서 진행된다. 이때 서비스에 필요한 모든 각종 식기, 테이블, 글라스, 린넨, 그 밖의 관련 집기 비품들이 함께 지정 장소에 운반되어 서비스된다. 출장연회는 호텔의 비이동성을 극복하는 전략으로, 매출과 시장성을 확대하는 중요한 부문으로 부각되고 있다.

2) 회의를 목적으로 하는 행사

회의를 목적으로 하는 행사는 각종 회의(conference), 국제회의(convention), 세미나(seminar), 전시회(exhibition), 패션쇼(fashion show), 강연회(lecture), 음악회(concert), 상품 설명회 등을 의미하며, 주로 식음료를 제외한 장소 판매를 주목적으로 한다.

▲ 출장 연회(Off-premise Catering)

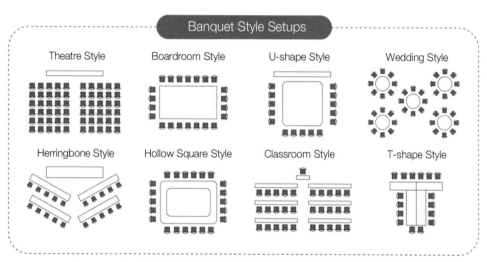

주 : Theatre Style(극장 스타일), Boardroom Style(회의실 스타일), U-shape Style(U자형 스타일), Wedding Style(웨딩 스타일),
　　Herringbone Style(헤링본 스타일), Hollow Square Style(빈 사각형 스타일), Classroom Style(교실 스타일),
　　T-shape Style(T자형 스타일)

▲ 회의 목적 행사의 레이아웃(Layout)

이때 테이블 배치는 행사의 형태, 행사장의 크기, 고객 수 등에 따라 달라지기 때문에, 우선 보유하고 있는 장비의 종류 및 수량을 파악하고, 행사 주최자(organizer)의 행사 의도를 사전에 예약팀을 통해 파악해야 한다.

(1) 클래스룸 스타일(Classroom Style)

미팅을 위한 테이블의 배열이 학교의 교실과 같은 형태로, 테이블과 의자는 헤드 테이블 혹은 행사장의 전면을 향하도록 배치한다.

노트 사용이나 학술대회 등 청중의 참가가 필요할 때 사용한다.

(2) U자형 스타일

U자형 테이블 세팅은 'U' 형태의 모습으로 바깥쪽에 의자를 놓고, 안쪽은 스커트로 마무리한다.

이 세팅은 다른 어떠한 형태의 레이아웃(layout)보다 모니터, 스크린을 통한 교육이나 회의를 진행하기에 탁월한 장점이 있다.

(3) 강당(Auditorium)/극장식(Theatre Style) 배치

헤드 테이블이 있는 스테이지 혹은 연설자를 향하여, 통로와 함께 의자를 연속해서 열로 세팅한다. 일반적으로 청중의 수가 많거나 단체의 발표에 사용한다. 미팅이나 세미나에 사용되는 많은 인원을 좁은 행사장에 수용할 경우에 적당하다.

논 ː 의 ː 과 ː 제

1. 호텔 연회가 호텔경영에서 왜 중요한지를 설명하고, 미래 연회의 발전 방향에 대해 토론해 보세요.

2. 연회부의 조직구성을 살펴보고, 각 조직의 역할과 책임을 설명하세요.

3. 레스토랑과 연회장 영업의 차이를 비교하여 설명하세요.

4. 연회행사지시서(BEO)의 역할과 중요성을 설명하시오.

5. 회의를 목적으로 하는 행사의 레이아웃을 설명하고, 각각의 장단점을 토론해 보세요.

PART

IV

음료의 이해

음료 서비스

학·습·목·표

이 장을 학습한 후, 다음 내용들을 이해할 수 있어야 한다.

- 바(Bar)의 개념과 중요성을 설명할 수 있다.
- 호텔 바(Bar)의 유형을 설명하고, 바텐더의 역할을 설명할 수 있다.
- 호텔 바의 조직과 직원들의 업무를 설명할 수 있다.
- 술의 제조과정을 알아보고, 이를 분류할 수 있다.
- 칵테일 조주방법을 분류하고, 설명할 수 있다.
- 바리스타의 업무를 설명하고. 커피 메뉴를 만들 수 있다.

8 | 음료 서비스

개요

　본 장에서는 바의 개념과 분류, 호텔 바(bar)의 조직도 및 직무에 대하여 설명한다. 또한 술의 정의와 분류 그리고 양조주, 증류주 및 혼성주의 제조과정을 살펴보고, 이와 관련한 주류를 설명한다. 와인의 제조과정과 품종, 저장, 취급 방법 그리고 와인 서비스 방법을 절차에 따라 학습하며, 칵테일의 제조방법과 주요 칵테일을 제시하였다. 마지막으로 커피의 종류와 원두 생산과정을 살펴보고, 커피의 추출과 메뉴를 이해하는 것이 본 장의 내용이다.

제1절 〉 바의(Bar) 개념과 유형

1. 바(Bar)의 개념과 중요성

　Bar는 프랑스어의 "바리에르(barier)"에 기원을 두고 있는데, 고객과 바텐더 사이에 놓인 널판, 즉 긴 테이블을 의미하는 것으로 바텐더(bartender)가 고객에게 술을 판매하는 장소를 총칭하여 바(bar)라고 한다.

　호텔 바는 사교와 휴식을 위한 환대의 공간을 제공함으로써, 긍정적인 고객 경험 향상에 기여하고, 호텔의 이미지 형성과 수익을 창출하는 데 중요한 역할을 하는 영업장이다.

　주장이 호텔 영업에 미치는 영향을 살펴보면, 음식의 식재료 비용(food cost)과 음료비용(beverage cost)의 차이에서 알 수 있다.

　식재료 비용(food cost)은 일반적으로 판매금액의 30~35% 정도를 차지하고 있으며,

음료비용(beverage cost)은 15~25% 정도이다. 따라서 호텔에서는 음식보다 음료가 부가가치가 높다는 이유에서 음료 판매에 주력하는 것이다.

2. 호텔 바(Bar)의 유형

1) 펍(Pub)

펍(Pub)은 public house의 줄임말로, 주류 판매 허가를 받은 선술집에서 파생된 단어이다. 펍에서는 주로 여러 가지 알코올 음료와 함께 다양한 종류의 맥주를 제공하며, 캐주얼한 분위기에서 사람들이 모여 사교를 하고, 간단한 음식과 더불어 술을 마시고, 휴식을 취하는 곳을 의미한다.

▲ L7 Hotels 플로팅 바

영업방침에 따라 라이브 음악, 게임 또는 기타 엔터테인먼트 옵션이 있을 수 있다.

2) 로비 라운지 바(Lobby Lounge Bar)

로비(lobby)에 위치하여 각종 음료 및 서비스를 제공하는 업장으로, 간단한 스낵 제품과 비즈니스 고객을 위한 만남의 장소로도 적합하며, 생음악 연주가 가능하다.

3) 메인 바(Main Bar)

메인 바는 투숙객과 방문객이 모여 다

▲ 웨스틴 조선 서울: 1914 라운지 앤 바

양한 음료를 즐기며, 긴장을 풀고 친목을 도모할 수 있는 소셜(social) 공간이다.

일반적으로 시그니처 칵테일, 위스키, 브랜디 등 하드 리커(hard liquor) 및 계절별 상품을 선보이고, 다양한 음료 메뉴와 안주 형태의 스낵 및 가벼운 간식을 즐길 수 있는 곳으로, 전반적인 고객 경험에 크게 기여한다.

4) 스카이 라운지 바(Sky Lounge Bar)

스카이 라운지 바는 일반적으로 전망이 좋은 호텔의 고층에 위치하여, 이용고객들의 편안한 휴식과 간단한 요리 등을 판매하는 라운지이다. 레스토랑과 바를 혼합한 형태의 업장이다.

5) 연회 바(Banquet Bar)

연회 바는 특정 행사 중에 알코올 또는 비알코올 음료를 제공하기 위해 설치된 임시 바를 말한다.

6) 디스펜스 바(Dispense Bar)

디스펜스 바는 레스토랑에 붙어 있는 일종의 바를 말하며, 식사 시간 동안 레스토랑에 있는 손님들에게 알코올 또는 비알코올 음료를 제공한다.

제2절 호텔 바(Bar)의 조직도와 직무

1. 호텔 바의 조직도

영업장의 성격과 규모, 서비스 정책과 수준에 따라 다르지만, 일반적인 바의 조직을 살펴보면 다음과 같다.

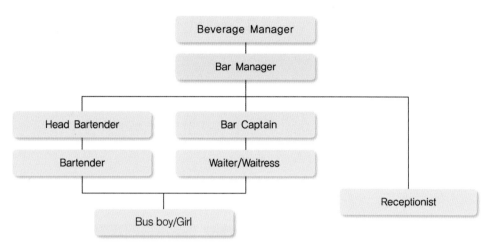

▲ 바(Bar)의 조직도

2. 호텔 바의 직무

1) 지배인(Manager)

바(bar) 지배인은 바(bar)를 총괄하는 책임자로서, 직원들의 근무 편성과 영업을 책임지며, 영업장의 전체적인 운영을 지휘 감독한다. 또한 영업일지 및 재고조사표 (inventory sheet)를 작성 보고하며 직원들의 교육훈련을 담당한다.

2) 캡틴(Captain)

바(bar)의 캡틴(captain)은 필요시 지배인 업무를 보좌하며, 담당구역 및 준비사항 등을 점검한다. 판매하는 품목의 상품지식, 시간, 순서 등을 정확히 숙지하여 정확한 주문과 서비스를 담당한다. 또한 고객으로부터 직접 주문을 받고 계산서를 발행하고, 바텐더 및 실습생의 교육을 담당한다.

3) 음료 서버(Bar Server)

음료 서버는 담당 테이블과 그 주위를 항상 정리 정돈하여 청결을 유지해야 하고, 항상 고객을 주시하여 주문이나 필요시 즉시 도와줄 수 있도록 해야 한다. 또한 기물 취급법, 상품지식 등을 숙지하고, 고객으로부터 주문을 받아 이를 제공한다.

4) 바텐더(Bartender)

바텐더(Bartender)는 고객이 주문한 음료를 정확히 제조하고 준비해야 하며, 칵테일은 반드시 레시피에 의해 지정된 계량기, 지정된 글라스를 사용해야 한다.

특히 바 카운터 내의 청결 유지 및 정리 정돈을 수시로 점검하고, 적정 재고 파악 등 관리업무를 책임진다.

출처 : 포시즌스 호텔 서울

▲ 바텐더 칵테일 조주 장면   ▲ 벨벳 마티니

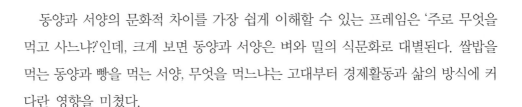

제3절 > 음료의 이해

동양과 서양의 문화적 차이를 가장 쉽게 이해할 수 있는 프레임은 '주로 무엇을 먹고 사느냐?'인데, 크게 보면 동양과 서양은 벼와 밀의 식문화로 대별된다. 쌀밥을 먹는 동양과 빵을 먹는 서양, 무엇을 먹느냐는 고대부터 경제활동과 삶의 방식에 커다란 영향을 미쳤다.

주식과 더불어 술 문화도 결국 벼와 밀의 식문화로부터 파생되게 되었다. 한국과 일본, 중국 등 동아시아 술 문화의 공통점 중 하나가 바로 '쌀로 만든 술'을 생산한다는 것이다. 한국의 막걸리, 일본의 사케, 중국의 백주(바이주)가 대표적이다.

반면 유럽은 강수가 일정하고, 연교차가 크지 않은 해양성 기후로 나타난다. 이로 인해 밀 이외에 포도로 만든 와인이나 보리로 만든 맥주의 탄생에 기후가 영향을 미치게 된다.

1. 음료의 분류

음료는 크게 알코올성 음료(alcoholic beverage, hard drink)와 비알코올성 음료(non-alcoholic beverage, soft drink)로 구분된다.

1) 알코올성 음료

(1) 양조주

양조주(醸造酒)는 발효주(醱酵酒)라고 하는데, 과일에 함유되어 있는 과당을 발효시키거나 곡물 중에 함유되어 있는 전분을 당화시켜, 효모의 작용을 통해 1차 발효시켜 만든 알코올성 음료를 말한다.

대표적인 양조주인 와인의 경우 포도과즙을 용기에 넣고 발효가 일어나면, 과즙의 당분은 알코올과 탄산가스로 변하게 되고, 이때 탄산가스는 공기 중으로 날아가고 알코올만 액 중에 남게 된다.

우리나라의 대표적인 양조주에는 막걸리, 청주가 속하며, 알코올 함유량은 3~18%가 일반적이다.

(2) 증류주

증류주(蒸溜酒, distilled beverage)는 양조주, 즉 발효된 술을 다시 증류해서 만든 술로, 알코올 도수가 높은 것이 일반적인 특징이다. 대표적인 양조주를 증류하면 브랜디를 만들 수 있고 맥주를 증류하면 위스키, 보드카 등을 만들 수 있다.

증류는 알코올과 물의 끓는점(100℃)의 차이를 이

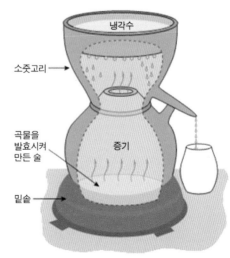

▲ 재래식 증류기 소줏고리

용하여 고농도 알코올을 얻어내는 과정으로, 양조주를 서서히 가열하면 끓는점 (78.325℃)이 낮은 알코올이 먼저 증발하는데, 이 증발하는 기체를 모아 적당한 방법으로 냉각시킴으로써, 고농도의 알코올을 얻어내는 것이 증류주이다. 우리나라의 대표적인 증류주는 소주이다.

(3) 혼성주

혼성주는 과일이나 곡류를 발효시킨 주정을 기초로 한 증류주에 정제한 설탕으로 감미를 더하고, 과실이나 약초류, 향료 등 초근목피의 침출물로 향미를 배합하며 만든 술로서, 리큐어(liqueur)라고 불리는 모든 술이 여기에 속한다.

즉 증류주에 다른 종류의 술을 혼합하거나, 식물의 뿌리, 열매, 과즙, 색소 등을 첨가하여 만든 새로운 술을 말한다.

2) 비알코올성 음료

(1) 청량음료

청량음료는 탄산가스(carbonated gas)를 함유한 스파클링 음료(sparkling beverage)와 탄산가스가 함유되어 있지 않은 무탄산음료(non-carbonated beverage)가 있다.

대표적인 탄산음료로는 콜라(cola), 소다수(soda water), 진저에일(Ginger ale), 토닉 워터(Tonic water) 등이 있으며, 비탄산 음료로는 광천수, 에비앙(Evian water) 등이 있다.

(2) 영양음료

영양음료는 기호성보다는 음료를 통한 비타민, 탄수화물 등의 영양을 공급해 주는 기능성 음료라고 할 수 있다. 일반적으로 과일즙, 식물의 뿌리 및 줄기의 즙, 채소즙 등의 과실음료와 우유음료로 구분할 수 있다.

(3) 기호음료

대표적인 기호음료로는 커피와 차를 들 수 있다. 아프리카에서 발견되어 유럽에서 발전시킨 커피와 중국에서 유래된 차 문화는 세계 모든 식탁에서 빼놓을 수 없는 음료이다.

2. 술의 제조공정

1) 술의 정의

술은 전분(곡류), 당분(과실) 등을 발효시켜 만든 1% 이상(주세법상의 정의)의 알코올 성분이 함유된 음료이다.

술은 일반적으로 메틸알코올(methyl alcohol)과 에틸알코올(ethyl alcohol)로 나눌 수 있는데, 먼저 메틸알코올(메탄올)은 인체에 독성이 있는 물질로서 식용하면 안 되는 것이고, 마시는 술에 들어 있는 것은 에틸알코올인데, 줄여서 에탄올(ethanol)이라고도 한다. 그러나 에틸알코올도 효모 발효에 의해 얻어지는 것만을 술에 사용할 수 있도록 법으로 규정하고 있어서, 화학적 합성방법으로 얻어진 에틸알코올은 아무리 순수해도 술로서 자격이 없다.

2) 술의 제조공정

술을 만든다고 하는 것은 효모(酵母)를 사용해서 알코올발효(醱酵)를 하는 것이다. 즉, 과실 중에 함유되어 있는 과당이나 곡류 중에 함유되어 있는 전분(澱粉)을 전분당화효소인 디아스타아제(diastase)로 당화시키고, 이에 효모인 이스트(yeast)를 작용시켜 알코올과 탄산가스를 만드는 원리이다.

(1) 과실류를 원료로 한 술의 제조

과실류에 포함되어 있는 과당(fruit sugar)에 효모를 첨가하면 에틸알코올(ethyl alcohol)과 이산화탄소(CO_2) 그리고 물(H_2O)이 만들어진다. 여기서 이산화탄소는 공기 중에 산화되기 때문에 알코올 성분을 포함한 액이 술로 만들어진다.

(2) 곡류를 원료로 한 술의 제조

곡류에 포함되어 있는 전분 그 자체는 직접적으로 발효되지 않기 때문에, 전분을 당분으로 분해시키는 당화과정을 거친 후에, 효모를 첨가하면 알코올로 발효되어 술이 만들어진다.

◆ 알코올 발효과정

* 당분 + 효모(yeast) -----------------------〉 에틸알코올 + 탄산가스
  (100g)   (51.3g)   (48.7g)

* 과일류
  과당 + 효모(yeast) -----------------------〉 에틸알코올 + 탄산가스
  (100g)   (51.3g)   (48.7g)

* 곡류
          전분당화효소   효모(yeast)
  전분 -----------------〉 당분 -------------------〉 에틸알코올 + 탄산가스
          diastase   (100g)   (51.3g)   (48.7g)

◆ 알코올 발효에 영향을 미치는 요인

요인	역할
발효 (Fermentation)	술은 기본적으로 당분이 효모에 의해 알코올로 변하여 생성되는 것이다. 즉 발효는 술의 재료 속에 포함되어 있는 당분이나, 당화과정을 통해 생성된 당(포도당)에 효모를 투입하면, 효모가 당의 일부는 먹이로 섭취하고, 당의 일부는 분해하여 알코올(술)과 이산화탄소를 생성하게 된다.
당화 (Saccharification)	물 즉 보리와 쌀 등은 전분으로 이루어져 있기 때문에, 효모가 먹고 소화할 수 없다. 따라서 곡물의 전분을 효모가 먹기 좋은 포도당(단당)으로 변환하는 과정이 필요한데, 이때 전분을 단당(포도당)으로 바꾸는 과정이 당화과정이다.
효모 (Yeast)	루이 파스퇴르(1822~1895) 박사에 의해 발견된 효모는 눈에 보이지 않는 아주 미세한 생물체로서, 맥주의 경우 맥아즙(맥아 즉 엿기름을 끓인 것)의 당을 알코올로 발효시키는 과정에서, 알코올과 이산화탄소로 만들어주는 역할을 한다.
효소 (Enzyme)	곡물을 이루고 있는 전분은 보통 녹말형태로 이루어져 있기 때문에, 녹말을 당분으로 만들어주는 당화과정이 필요한데, 이 역할을 촉매하는 것이 당화효소이다. 즉 막걸리는 누룩을 넣고, 맥주는 맥아(엿기름, 몰트)를 넣는 이유도 누룩과 맥아가 당화효소를 함유하고 있기 때문이다.

3. 술의 제조방법에 따른 분류

가. 양조주

1. 와인

1) 와인의 개념

넓은 의미의 와인은 과실이나 꽃 혹은 약초를 발효시켜 만든 알코올성 음료를 총칭하는 말이지만, 좁은 의미의 와인은 포도의 즙을 발효시켜 만든 과실주이다.

와인은 제조방법상 양조주에 해당하는 것으로, 알코올 도수는 보통 13~15% 사이이다. 이것을 오크통에 넣어 15℃ 정도의 지하창고에 6개월~3년간 저장 생산한 것이다.

와인의 성분에는 수분 85%, 알코올 9~13% 정도이고, 나머지는 당분, 비타민, 유기산, 각종 미네랄, 폴리페놀 등이 함유되어 있다.

2) 와인의 분류

와인은 색, 단맛의 정도, 마셨을 때 입안에서 느껴지는 질감(무게감), 식사 용도, 알코올 도수, 발포성 유무에 따라 분류한다.

(1) 색에 따른 와인의 분류

① 화이트 와인(White Wine)

화이트 와인은 잘 익은 백포도(적포도가 아닌 것은 전부 백포도임 : 노랑, 금빛, 청포도 등)를 압착해서 나온 주스를 발효시킨다. 이렇게 만들어진 화이트 와인은 탄닌 성분이 적어서 맛이 순하고, 포도 알맹이에 있는 산(acid)으로 인해서 상큼하다. 일반적인 알코올 농도는 10~13% 정도이며, 차갑게(약 8℃) 해서 마신다.

▲ White Wine Color　　　　▲ Red Wine Color　　　　▲ Rose Wine Color

② 레드 와인(Red Wine)

일반적으로 적포도로 만드는 레드 와인은 화이트 와인과 달리, 적포도의 씨와 껍질을 그대로 함께 넣어 발효함으로써, 붉은 색소뿐만 아니라 씨와 껍질에 있는 탄닌(tannin) 성분까지 함께 추출되므로, 떫은맛과 껍질에서 나오는 붉은 색소로 인하여 붉은 색깔이 난다.

③ 로제 와인(Rose Wine)

핑크(pink)색을 띠는 로제 와인의 제조과정은 레드 와인과 비슷하다. 레드 와인보다 짧은 시간 발효시키며, 원하는 색이 우러나오면 껍질을 제거한 후 와인을 만들며, 차갑게 해서 마시는 게 좋다.

(2) 맛에 따른 분류

① 스위트 와인

주로 화이트 와인에 해당되며, 와인을 발효시킬 때 포도 속의 천연 포도당을 완전히 발효시키지 않고, 일부 당분이 남아 있는 상태에서 발효를 중지시켜 만든 와인이다.

② 드라이 와인

포도 속의 천연 포도당을 거의 완전히 발효시켜서, 당분(단맛)이 거의 남아 있지 않은 상태의 와인이다.

③ 미디엄 드라이 와인

드라이한 맛과 스위트한 맛의 중간 정도의 맛을 느낄 수 있는 와인을 말한다.

(3) 알코올 첨가 유무에 따른 분류

① 주정 강화 와인(Fortified Wine)

주정 강화 와인은 과즙을 발효시키는 중이거나, 발효가 끝난 상태에서 브랜디(brandy)나 과일주스 등을 첨가한 것으로서, 알코올도수를 높이거나 단맛을 나게 하여 보존성을 높인 와인이다. 스페인의 셰리와인(Sherry wine), 포르투갈의 포트와인(Port wine) 등이 대표적인 강화 와인이다.

② 일반 와인(Unfortified Wine)

대개 일반적인 와인(still wine)을 말하는 것으로, 다른 증류주를 첨가하지 않고 순수한 포도만을 발효시켜서 만든 와인을 말한다. 알코올 도수는 8~14% 정도이다.

(4) 탄산가스 유무에 따른 분류

① 스파클링 와인(Sparkling Wine)

스파클링 와인은 발효가 끝나 탄산가스가 없는 일반 와인에, 당분과 효모를 첨가해, 병 속에서 2차 발효를 일으켜 발포성을 갖도록 한 것이다.

프랑스의 샹파뉴 지방에서 생산되는 샴페인과 이탈리아의 스푸만테가 대표적이다.

② 스틸 와인(Still Wine)

스틸 와인은 포도당이 분해되어 와인이 되는 과정에서 발생되는 탄산가스를 완전히 제거한 와인으로 대부분의 와인이 여기에 속한다.

▲ 스파클링 와인(Sparkling Wine)

▲ 스틸 와인(Still Wine)

(5) 식사 용도에 의한 분류

① 아페리티프 와인(Aperitif Wine)

아페리티프 와인은 본격적인 식사를 하기 전에 식욕을 돋우기 위해 마신다. 스파클링 와인을 주로 마시지만, 달지 않은 드라이 셰리(dry sherry), 버무스(vermouth) 등을 마셔도 좋다.

② 테이블 와인(Table Wine)

식사에 곁들여서 마시는 와인으로 음식과 조화를 이루어 음식 맛을 보다 좋게 만들어준다. 음식물에 따라 대체로 화이트 와인은 생선류, 레드 와인은 육류에 잘 어울린다.

③ 디저트 와인(Dessert Wine)

식사 후에 마시는 달콤하고 알코올 도수가 높은 디저트 와인으로, 입안을 개운하게 마무리해 준다. 포트 와인(Port wine)이나 크림 셰리(Cream sherry)가 대표적인 디저트 와인이다.

3) 와인의 주요 포도품종

(1) 화이트 와인 포도품종

대표적인 화이트 와인 포도품종으로는 샤르도네, 리슬링, 소비뇽 블랑, 모스카토, 게뷔르츠트라미너 등이 있다.

포도품종	특성	포도사진	와인
샤르도네 (Chardonnay)	백포도주를 만드는 대표적인 포도품종으로 부르고뉴 지방이 원산지이며, 포도알은 노란빛을 띤 녹색이다. 어떤 환경에서도 재배하기 쉽기 때문에, 전 세계적으로 재배된다.		
리슬링 (Riesling)	프랑스와 독일 등에서 가장 오래된 포도품종으로, 독일 모젤 지역의 스위트한 맛이 일품이며, 알코올 도수가 낮고, 독일 모젤 지역의 스위트한 맛은 초보자들이 마시기에 좋다.		

(2) 레드 와인 포도품종

대표적인 레드 와인 포도품종으로는 카베르네 소비뇽, 피노 누아, 메를로, 산지오베제, 가메 등이 있다.

포도품종	특성	포도사진	와인
카베르네 소비뇽 (Cabernet Sauvignon)	프랑스 보르도의 메독 지역 주품종이며, 미국, 호주, 칠레 등에서 주품종으로 생산되고 있다. 보통 "까쇼"라고 하며, 알이 작지만 껍질이 두꺼워 풀바디하고, 풍부한 맛과 향에 강한 타닌(탄닌)이 있다.		
피노 누아 (Pinot Noir)	프랑스 부르고뉴의 대표품종이며, 이태리, 미국, 호주, 칠레 등에서 주품종으로 생산되고 있다. 타닌이 많지 않으나 풍부한 향과 맛이 세련된 품종이다.		

4) 와인의 제조과정

(1) White Wine의 제조과정

샤르도네(Chardonnay), 소비뇽 블랑(Sauvignon blanc), 리슬링(Riesling), 세미용(Semillon), 피노 그리지오(Pinot grigio), 게뷔르츠트라미너(Gewurztraminer) 등 청포도를 원료로

하여, 씨와 껍질을 제거한 과즙을 이용하거나, 적포도의 즙만으로 제조한 투명한 빛의 와인이다.

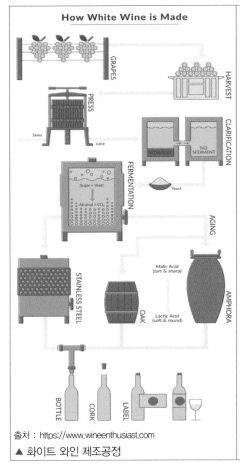

출처 : https://www.wineenthusiast.com
▲ 화이트 와인 제조공정

1) 포도수확(포도원)
2) 제경 : 줄기 제거 및 포도알과 껍질, 씨를 분리하여 과즙을 추출한다.
3) 압착 : 포도를 압착하여 조심스럽게 껍질을 벗겨, 맑은 포도즙을 얻어 낸다(프리런 주스(고급와인)와 프레스 주스(거칠기 때문에 저급와인으로 사용)로 분리].
4) 발효 : 레드 와인과 달리 침용과정을 거치지 않고, 12~24시간의 정제과정을 거쳐, 윗부분의 맑은 주스만 사용하여 발효, 대략 16~21℃의 저온에서 발효
5) 앙금 분리
6) 숙성 : 일부 고급 화이트 와인은 오크통에서 숙성기간을 거치기도 한다.
7) 여과
8) 병입
9) 코르크 마개
10) 병 숙성 : 와인에 따라 몇 개월 내지. 몇 년 동안 병 숙성
11) 출하 및 판매

(2) Red Wine의 제조과정

레드 와인은 적포도로 만든다. 레드 와인은 붉은색 및 탄닌(tannin) 성분이 중요하므로, 포도껍질 및 씨에 있는 붉은 색소와 탄닌 성분을 추출해서 와인을 만들기 때문에 제조공정이 복잡하다. 아래의 제조방법에서 보듯이 레드 와인은 발효단계가 한번 더 있는 것을 알 수 있다.

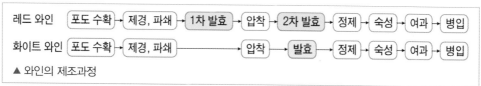

| 레드 와인 | 포도 수확 | → | 제경, 파쇄 | → | 1차 발효 | → | 압착 | → | 2차 발효 | → | 정제 | → | 숙성 | → | 여과 | → | 병입 |
| 화이트 와인 | 포도 수확 | → | 제경, 파쇄 | → | | | 압착 | → | 발효 | → | 정제 | → | 숙성 | → | 여과 | → | 병입 |

▲ 와인의 제조과정

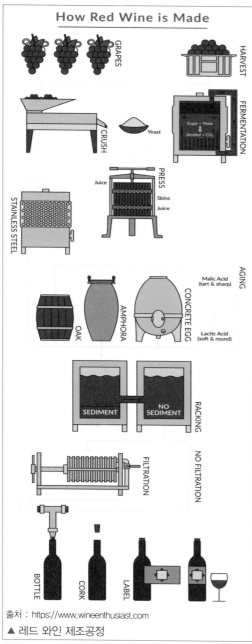

How Red Wine is Made

출처 : https://www.wineenthusiast.com

▲ 레드 와인 제조공정

1) 포도 수확(포도원)

2) 제경 파쇄
   - 양조장에 도착하면 일단 분쇄기에 넣어 줄기를 골라내고, 포도껍질, 씨, 알맹이를 같이 으깬다.

3) 전발효 또는 1차 알코올 발효과정인 침용 (maceration ; 마세라시옹)을 하며, 이때 효모와 아황산염(야생효모 살균)을 첨가한다.
   - 침용과정에서 껍질에 있는 붉은색이 우러나오고, 포도껍질에 붙어 있던 효모가 포도의 당분을 알코올로 변환시킨다.

4) 압착
   - 침용단계가 끝나면 포도주를 유출시킨다. 이후 압착하여 얻어진 포도주를 뱅 드 프레스 (vin de press)라고 하며, 대개 탄닌 성분과 색상이 풍부하다.

5) 후발효 또는 2차 발효(유산발효)
   - 1차 발효가 끝난 포도즙을 오크통이나 스테인리스 스틸통에서 2차 발효를 시작한다. 2차 발효는 레드 와인의 사과산을 젖산으로 변화시키는 필수적인 과정으로, 와인의 맛을 좀 더 부드럽게 한다.

6) 앙금분리(걸러내기)
   - 후발효가 끝난 와인은 앙금을 분리하여 숙성에 들어간다. 이때 찌꺼기 제거를 위해 달걀 흰자, 젤라틴 등의 청징제를 첨가한다.

7) 숙성 : 숙성은 오크통에서 약 18~24개월 정도 이루어지며, 어떻게 숙성시키느냐에 따라 와인 맛과 풍미가 또 달라진다.

8) 여과

9) 병입

10) 코르크 마개

11) 출하 및 판매

(3) 샴페인 제조과정

포도주의 한 종류. 스파클링 와인 중 프랑스의 샹파뉴 지역에서만 만든 술로, 전통방식(메토드 샹프누이즈 : methode champenoise)으로 탄산을 갖도록 양조한 고급 와인이다. 샴페인은 영어로 읽었을 때 이름이고, 프랑스어로는 샹파뉴(Champagne)라고 한다.

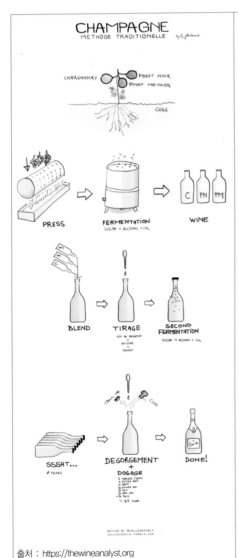

출처 : https://thewineanalyst.org
▲ 샴페인 제조공정

1) 포도 수확(9월 말~10월 초)
2) 제경 : 줄기 제거 및 포도알과 껍질, 씨를 분리하여 과즙 추출한다.
3) 압착 : 포도를 압착하여 포도즙을 얻어낸다.
4) 발효 : 레드 와인과 달리 침용과정을 거치지 않고, 12~24시간의 정제과정을 거쳐, 윗부분의 맑은 주스만 사용하여 스테인리스 통에서 발효한다.
5) 블렌딩 : 1차 발효가 끝난 와인을 각기 다른 와인의 양과 질을 바탕으로 하여 와인을 섞는다.
6) 리큐어 드 티라주(liqueur de tirage) : 2차 발효를 위해 설탕과 효모를 섞은 것을 영구적으로 쓰일 병에 담아, 임시 병마개(크라운 캡crown cap)로 막는다.
7) 2차 발효 : 병 속에서 발효하고, 이때 CO_2가 발생한다.
8) 효모 찌꺼기와 함께 최소 15개월 이상 숙성한다.
9) 리들링(riddling) : 병목에 찌꺼기가 모이게 6~8주간 돌리면서 거꾸로 세운다.
10) 데고르주망(degorgement) : 병목을 소금물에 얼린 후, 탄산가스 압력을 이용해서 찌꺼기를 제거한다.
11) 도자주(dosage) : 와인과 설탕으로 소실된 와인을 보충한다. 이때 설탕의 양에 따라 드라이 또는 스위트한 샴페인이 만들어진다.
12) 병의 재밀봉 : 코르크 마개로 다시 밀봉한다.
13) 출하 및 판매한다.

샴페인 양조에는 적포도인 피노 누아(재배포도 중 38%), 피노 뫼니에(재배포도 중 35%), 그리고 청포도인 샤르도네(재배포도 중 27%) 등의 3가지 품종을 주로 사용하고 있다. 대부분의 제품은 상기 3개 품종을 서로 배합(blending)하여 생산하지만, 일부 제품은 적포도(블랑 드 누아 : blanc de noir)로만, 또는 청포도(블랑 드 블랑 : blanc de blanc)로만 만든다.

5) 와인의 취급 및 디캔팅

(1) 와인 보관방법

와인에 대한 오해 중 하나는 오래된 와인이 무조건 좋다는 믿음이다. 실제로 와인에도 생명이 있으며, 와인 맛이 살아 있을 때 마시는 것이 가장 와인을 잘 마시는 방법이다.

와인은 생명체와 같아서 태어나서 성숙한 경지에 이르는 기간, 다시 성숙한 기간이 유지되는 기간, 그리고 쇠퇴하여 부패되는 기간으로 이루어진다.

와인을 상하지 않게 오랫동안 보관하는 방법은 다음과 같다.

◆ 와인 보관방법

요인	내용
온도(Temperature)와 습도(Humidity)	와인은 10~15℃ 내외의 온도 변화가 없는 상태에서, 습도 55~75%를 유지하는 곳이 좋다. 즉 18℃ 이상의 온도에서는 지나치게 숙성되기 시작하기 때문에, 온도의 변화에 유의해야 한다. 특히 온도의 변화 없이 보관하는 것이 중요하다.
진동(Vibration)	와인 속의 찌꺼기가 떠오르는 것을 막고, 코르크가 풀어지는 것을 방지하기 위해 최소화해야 한다. 특히, 레드 와인이나 샴페인 등을 고객에게 서비스할 때, 흔들리지 않도록 조심스럽게 다루어야 한다.
햇빛 차단 (Darkness)	와인을 보관할 때 가장 치명적인 요소는 바로 햇빛. 자연광이 들지 않는 곳이나, 아예 빛이 들지 않는 곳이 가장 좋다. 햇빛은 와인을 포도 맛나는 식초로 변화시킨다.
최악의 보관방법	와인을 냉장고에 보관할 때, 냉장고의 모터 진동이 와인에 악영향을 미친다. 또 코르크를 통해 냉장고에서 나는 음식 냄새가 와인에 배게 된다. 때론 반찬 냄새가 와인 향보다 강할 때도 있다.
세우지 말고, 눕혀서 보관	와인을 수직으로 세워서 보관하면 코르크가 마른다. 코르크가 말랐다는 건 이미 외부 공기에 와인이 모두 노출되었다는 증거이기 때문에, 선반에 수평으로 눕혀두거나, 와인 랙과 같은 도구를 이용해 비스듬히 눕혀서 보관한다.

출처 : https://www.wsetglobal.com
▲ 와인 저장고
▲ 와인 보관방법

(2) 디캔팅(Decanting)과 브리딩(Breathing)

① 디캔팅(Decanting)

장기 숙성된 와인은 보관기간 중에 색소, 탄닌, 주석산염 등 침전물이 생기게 되고, 이러한 찌꺼기가 와인에 섞여 있으면 나쁜 맛을 낸다. 이러한 침전물을 분리시키는 것과 동시에 산소와 결합하는 에어레이션(aeration)을 통해, 와인의 맛을 살리는 작업이 디캔팅이다. 10년 정도 지난 와인은 마시기 하루 전쯤 와인 병을 세워 놓아 침전물을 바닥에 가라앉히고, 디캔터(decanter)라는 유리병에 서서히 따라서 침전물을 제거함으로써 오랫동안 잠자고 있었던 와인의 향과 맛을 깨우는 작업이다.

② 브리딩(Breathing)

타닌(탄닌) 성분이 강한 거친 맛의 와인들은 타닌이 공기 중에 노출되면 바로 산화되기 때문에, 떫은맛이 다소 부드러워질 수밖에 없다. 브리딩은 주로 타닌이 강한 어린 와인이 주요 대상이며, 와인을 최적의 상태에서 마시기 위해 미리 개봉해 놓는 것을 말한다.

즉 숙성이 덜 된 레드 와인은 공기와 접촉시키면, 타닌 성분이 약해지고 와인이 부드러워진다.

③ 와인 디캔팅 방법

오래 숙성된 고급 와인은 식사가 시작되기 바로 전에 디캔팅하는 것에 비해, 타닌이 강한 미성숙 와인은 식사 2시간 전에 산소와 충분히 접촉시켜 순환시키는 것이 좋다.

- 와인에 침전물이 있는지 확인하기 위해 병을 빛에 비추어본다.
- 디캔팅하기 전에 미리 병을 세워둔다. (아주 고급 와인일 경우는 하루 전에 세워둔다.)
- 병목을 감싸고 있는 캡슐을 완전히 제거한다. 그래야 따를 때 병목을 통해 흘러나오는 와인이 잘 보인다.
- 촛불을 켠다. 레드 와인은 짙은 암녹색 유리로 되어 있어서 따를 때 병 속이 잘 안 보이기 때문에, 촛불을 켜서 병 속의 와인이 좀 더 잘 보이게 하고, 약간은 극적인 분위기까지 연출할 수 있다.
- 디캔터를 한 손으로 꼭 잡는다.
- 디캔터를 와인의 병목에 대고 조심스럽게 안정적으로 유리벽을 타고 내려올 수 있도록 따른다. 이때 와인병이나 디캔터는 병목에 지나는 와인이 잘 보일 만한 촛불의 각도에 맞추어 잡아주어야 한다.
- 와인이 거의 전부 내려갈 때쯤 침전물이 병목으로 내려가는 것이 보인다. 침전물이 빠져나오기 직전에 와인 따르기를 멈춘다.
- 이때 와인이 아직 남아 있다면, 침전물이 가라앉을 때까지 세워두었다가 디캔팅을 계속하면 된다.
- 디캔터를 가볍게 흔들어준다.

▲ 와인 디캔팅 장면

출처 : https://www.vinovest.co

▲ 디캔팅한 와인 제공

6) 와인 서비스 온도

화이트 와인의 온도가 너무 높으면 생동감이 없어져 밋밋하게 느껴지고, 레드 와인이 너무 차면 거칠고 전체적으로 부케나 부드러운 맛이 없어진다.

(1) 화이트 와인

화이트 와인은 차갑게 마시는 것이 좋다고 알려져 있다. 온도가 차가울 때 균형 있는 산도와 풍부한 과일 향을 느낄 수 있기 때문이다. 제공 온도는 7~12℃ 사이가 적당하며, 마시기 전에 차갑게 해서 온도를 맞춰 즐긴다.

▲ 화이트 와인 아이스 버킷

▲ 레드 와인 크래들(Cradle)

(2) 레드 와인

레드 와인은 차가운 온도에서 서빙할 경우, 타닌이 떫게 느껴지기 때문에 보통 실온에서 즐기는 것이 가장 좋다. 품종에 따라 차이가 있지만, 넓게 보았을 때 13~20℃가 적합하다. 오랜 숙성기간을 거치면서 타닌과 알코올이 부드러워지며, 향기도 부드럽고 은은하게 느껴진다.

Sweet	Sparkling	Light-Bodied White	Full-Bodied White	Light-Bodied Red	Full-Bodied Red
43~45℉ 6~8℃	43~50℉ 6~10℃	45~50℉ 7~10℃	50~55℉ 10~13℃	55℉ 13℃	59~64℉ 15~18℃

출처 : https://winetravelista.com

▲ 와인 서비스 온도

7) 와인 오픈(Wine Open)과 서비스

(1) 와인 오픈과 서비스

- 레드 와인은 바스켓에 넣고, 화이트 와인은 와인 쿨러(wine cooler)를 이용하여 서비스한다.
- 고객의 테이블에서 와인을 주문한 고객에게 연도(vintage)와 지역 또는 와인명을 보여서 확인시킨다.
- 와인을 주문한 고객이 라벨을 볼 수 있도록 한 후, "손님께서 주문하신 ****년도산 **와인입니다."라고 확인시켜 드린다.
- 와인은 코르크로 봉인되어 있고 그 위에 알루미늄 또는 납으로 포장되어 있으므로, 와인 오프너의 나이프로 병목(lip)의 요철 부분 하단부(rim/ridge)를 절개한다.
- 절개한 후 코르크와 병의 주둥이 부분을 서비스 타월로 깨끗이 닦아준다.
- 코르크의 중앙에 코르크 스크루(corkscrew)의 끝을 코르크에 수직으로 꽂고, 시계 방향으로 돌려 오픈한다.
- 코르크 스크루가 코르크의 4/5 정도 들어가면, 코르크 스크루의 지렛대를 병의 주둥이 부분에 대고 천천히 위로 올린다.

- 코르크가 병에서 빠져나올 때 천천히 힘을 가하여 코르크가 거의 다 나왔으면, 엄지와 검지로 코르크를 움켜잡고 비틀어서, 코르크가 소리 나지 않도록 빼낸다.
- 빼낸 코르크를 와인을 주문한 고객의 레드 와인 글라스 옆에 올려놓는다.
- 레드 와인을 주문한 고객에게 약 2oz 정도 테스트하도록 한다.
- 테스트가 끝나면 여성 고객에게 먼저 서비스하며, 나중에 남성 고객 그리고 맨 나중에 레드 와인을 주문한 고객에게 따라 드린다.
- 레드 와인은 레드 와인 글라스에 4부 정도 서비스한다.
- 같은 상표의 와인을 주문할 경우, 테이스트를 위하여 새 잔으로 주빈에게 제공한다.
- 다른 와인을 주문한 경우, 모든 고객을 위하여 새 잔을 사용한다.
- 더 주문할 것인지의 여부를 묻고, 고객이 그만하겠다고 하면 빈 병과 와인 바스켓, 와인 쿨러와 스탠드를 치워드린다.

▲ 와인 오픈 프로세스

(2) 샴페인 오픈과 서비스

- 주문한 샴페인을 와인 쿨러에 담아 주문한 고객의 옆에 놓고 라벨을 확인시킨다.

- 와이어 케이지(wire cage)의 고리를 찾아서, 알루미늄 포일 부분을 병의 요철 부위까지 완전히 제거한다.
- 캡슐의 윗부분을 제거한다.
- 고리를 비틀지 않고 와이어 케이지를 느슨하게 한다. 코르크가 튕겨 나가는 것을 보호하기 위해 코르크 부분을 누른 후, 와이어 케이지를 제거한다.
- 오른손으로 코르크를 잡고 왼손으로 병을 잡는데, 병의 각도를 45° 정도로 누인다.
- 코르크를 잡고 천천히 비틀면서, 탄산가스의 압력을 조절하여 과도하게 '펑' 소리가 나지 않게, 천천히 여유 있게 코르크를 빼낸다.
- 샴페인 병에서 제거한 코르크를 샴페인을 주문한 고객의 글라스 옆에 놓고, 샴페인 잔에 2oz 정도 따라 테스트하게 한다.
- 샴페인을 따를 때는 거품이 생기므로, 거품이 가라앉으면 8부 정도까지 따른다.
- 샴페인을 개봉하는 과정 중에 코르크가 고객을 향하지 않도록 하며, 탄산가스의 압력으로 코르크가 고객에게 튀지 않도록 한다.

샴페인 쿨러에 담기

코르크 제거

샴페인 따르기

▲ 샴페인 오픈 프로세스

2. 맥주(Beer)

1) 맥주의 개요

맥주(麥酒, beer)는 곡물로 만든 맥아(malt)를 발효시키고, 이를 주재료로 향신료인 홉(hops)을 첨가하여 맛을 낸 술이다. 포도주와 함께 대표적인 양조주이다.

2) 맥주의 4대 원료

맥주는 양조용수·보리·홉 등이 주원료이다. 나라와 지역에 따라 쌀·옥수수·녹말·당류 등을 녹말질 보충 원료로 사용하며, 그 비율은 나라별 특성이나 기호에 따라 다르다.

◆ 맥주의 원료

원료	내용	사진
보리 (Barley)	보리의 싹을 틔워 맥아로 만든 것이 맥주의 주원료가 된다. 일반적으로 맥주용 보리는 두줄보리와 여섯줄 보리가 쓰인다. 맥주용 보리는 곡립이 고르고 녹말질이 많고 단백질이 적은 것이 좋다.	
홉(Hop)	홉은 맥주에 특유의 향기와 쓴맛을 부여하는 중요한 첨가물이다. 맥아즙의 단백질을 침전시켜 맥주를 맑게 하고, 잡균의 번식을 방지하여 보존성을 높여준다.	
효모 (Yeast)	효모는 보리의 전분이 당화과정을 거쳐서 만들어진 당을 먹은 후, 알코올과 탄산가스 등을 만들어내는 알코올 발효를 한다.	

| 양조용수 (Water) | 맥주 양조에는 맥주 생산량의 10~20배가량의 물이 필요하다. 양조용수는 맥주의 종류 및 품질을 좌우하는 직접적 요인으로, 무색·무취해야 한다. |  |

나. 증류주

증류는 액체를 가열하여 기체나 증기로 변환한 다음, 다시 액체형태로 응축시키는 과정이다. 양조주의 알코올이 증기로 변환된 다음, 다시 액체로 응축된 것을 증류주라고 한다.

1. 증류의 원리와 종류

1) 증류의 원리

혼합물을 구성하는 각각의 성분물질은 서로 다른 기화점(evaporation point), 즉 비등점(boiling point)을 가지고 있다는 데서 착안한 것이다. 물과 알코올이 섞여 있는 것을 가열하면 78.325℃에서 알코올은 액체에서 수증기로 기화하며, 물(H_2O)은 100℃에 도달할 때까지 기화현상을 일으키지 않는다. 따라서 78.325~100℃ 사이의 온도를 유지하면서 가열하면 알코올만 기화되므로, 이것을 다시 78.325℃ 이하로 냉각시키면 순도가 높은 알코올을 얻을 수 있다.

2) 증류기(Distiller) 종류

(1) 단식 증류기(Pot Still)

단식 증류는 밀폐된 솥과 관으로 구성되어 있으며, 구조가 매우 간단하고, 1회 증류가 끝날 때마다 발효액을 넣어 증류하는 원시적인 증류법이다. 즉 발효된 술을

1회의 증류 과정을 거친다고 하여 단식 증류라고 한다.

▷ **장점**

- 시설비가 저렴하고, 맛과 향의 파괴가 적다.
- 묵직한 바디감과 뚜렷한 향기를 지닌 증류주가 생산된다.
- 적은 양의 증류가 가능하다.

▷ **단점**

- 대량생산이 불가능하고, 재증류의 번거로움이 많다.
- 더 많은 시간과 노력이 필요하고, 운영하는 데 비용이 많이 든다.
- 각 증류 후에는 자주 청소하고 다시 채워야 하는 번거로움이 있다.

▲ 단식 증류기

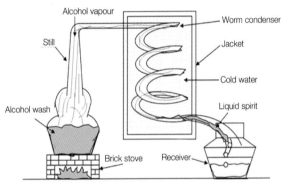

▲ 단식 증류기의 원리

(2) 연속식 증류기(Patent Still)

발효액을 증류기에 모두 넣고 가열하여 증류하는 단식 증류기와 달리, 연속식 증류기는 발효액을 증류기에 일정한 속도로 공급해 주어, 낮은 알코올 발효액은 최종적으로 95° 이상의 높은 알코올을 얻는다.

▷ **장점**

- 단식 증류기에 비해 대량생산이 가능하고, 연속적인 작업을 할 수 있다.
- 청소 및 원료의 재충전 그리고 많은 노동력이 필요하지 않다.

- 생산원가 절감이 가능하고, 효율적인 비용관리가 가능하다.

▷ 단점
- 음료에 필요한 아로마 및 기타 필수요소의 산출이 어렵다.
- 주요 성분이 상실되고, 시설비가 고가이다.

▲ 연속식 증류기

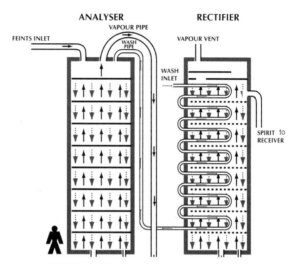

▲ 연속식 증류기의 원리

2. 위스키(Whisky)

위스키(whisky or whiskey)는 보리를 발효시켜 맥주와 비슷한 보리술을 만들고, 보리술을 증류하여 오크통에서 몇 년간 숙성시켜 위스키로 만든다. 현대에 이르러 보리(barley), 옥수수(corn), 호밀(rye), 밀(wheat) 등 어떤 곡식이든 발효시켜 증류한 후에, 나무통에서 숙성시킨 술을 위스키라고 한다.

대표적인 것으로 영국 스코틀랜드의 Scotch whisky, 미국의 American whiskey, 캐나다의 Canadian whisky, 아일랜드의 Irish whiskey가 유명하다.

1) 스카치 위스키(Scotch Whisky)

스카치(scotch)는 '스코틀랜드의'라는 뜻으로 영국 스코틀랜드 지방에서 생산되는 것이다. 깊이 있는 맛과 스모키한 향이 특징이다.

스카치위스키협회(SWA; The Scotch Whisky Association)에 따른 규정은 다음과 같다.

- 싱글 몰트 스카치 위스키(Single Malt Scotch Whisky) : 한곳의 증류소에서 물과 맥아(다른 어떠한 곡물도 추가하지 않은)만을 가지고 단식 증류기를 이용하여, 1회 또는 2회 증류하여 만든 위스키이다.
- 싱글 그레인 스카치 위스키(Single Grain Scotch Whisky) : 한 증류소에서 맥아가 아닌 다른 곡물(grain)로 만든 위스키이다.
- 블렌디드 스카치 위스키(Blended Scotch Whisky) : 한 가지 이상의 '몰트 위스키'와 '그레인 위스키'를 혼합하여(blended) 만든 위스키로, 발렌타인(Ballentine's), 조니워커(Johnnie Walker), 씨바스(Chivas Regal) 등이 있으며, 몰트 위스키는 맥켈란(Macallan)이 대표적이다.

▲ 조니워커 시리즈(Johnnie Walker Series)

2) 버번 위스키(Bourbon Whiskey)

버번(Bourbon)은 미국 켄터키주 동북부 지명으로 이 지방의 옥수수를 주원료로

만든 것이 버번 위스키이다. 옥수수 51%
이상과 호밀, 보리, 맥아를 증류하여 2년
간 숙성시킨다. 통 안쪽을 태운 오크통을
사용하기 때문에 연기로 그을린 듯한 향
이 강하고, 스카치 위스키보다 단맛이 나
는 것이 특징이다. 버번 위스키의 일종으
로 미국 테네시주에서 생산하는 테네시
위스키도 유명하다. 국내에서 유명한 위
스키는 '짐빔(Jim Beam : 버번)', '잭 다니
엘스(Jack Daniel's : 테네시)'가 있다.

▲ 짐빔(Jim Beam)

▲ 잭 다니엘스(Jack Daniel's)

3) 캐나디안 위스키(Canadian Whisky)

캐나디안(Canadian) 위스키는 말 그대로 캐나다에서 만
들어진 위스키이다. 미국에서 독립전쟁이 일어나자 사람
들은 캐나다로 이주하기 시작했고, 위스키 역시 캐나다의
특징을 가지고 발전했다. 1850년대에 위스키 회사가 생겼
고, 1920년대에 미국 금주법의 영향으로 유명세를 타기 시
작했다. 캐나디안 위스키는 칵테일 베이스로 많이 사용되
며, 국내의 유명 브랜드는 '캐나디안 클럽(Canadian Club)'
이다.

▲ 캐나디안 클럽 위스키
(Canadian Club Whisky)

4) 아이리쉬 위스키(Irish Whiskey)

아이리쉬(Irish)는 '아일랜드의'라는 뜻이며 위스키의 발
상지로 유명하다. 가장 오래됐고 전통 있는 위스키라고 할
수 있다. 아이리쉬 위스키의 주원료는 맥아이며, 그 밖에
보리, 호밀, 밀 등을 사용한다. 단식 증류기로 3차에 걸쳐
증류한 후 3년 이상 숙성시켜 만든다.

▲ 제임슨 위스키
(Jameson Whiskey)

국내에서 유명한 아이리쉬 위스키는 '제임슨(Jameson)'이다.

5) 일본 위스키(Japanese Whiskey)

일본 위스키는 역사는 짧으나 최근 인기가 높아지는 추세이다. 스카치에 비해 숯 향기가 매우 억제되어 있어, 온화한 향을 가진다. 대표적인 일본 위스키로는 산토리 에서 만든 '히비키(Hibiki)', '야마자키(Yamazaki)'가 있다.

▲ 일본 위스키의 종류

3. 브랜디(Brandy)

포도 또는 기타 과실을 발효하여 증류한 술을 브랜디라고 하는데, 브랜디는 과일 주를 베이스로 한 증류주를 말하며, 네덜란드어로 '탄 와인'을 뜻하는 "brandewijn"이 라는 단어에서 유래되었다. 배, 사과, 체리 등 모든 과일을 사용하여 생산할 수 있지만, 포도로 만들지 않은 브랜디에는 브랜디를 만든 과일 이름을 브랜디 앞에 표시해야 한다.

따라서 "브랜디"라는 용어는 일반적으로 포도로 만든 증류주를 의미하며, 가장 유 명한 브랜디 중 두 가지는 꼬냑(Cognac)과 아르마냑(Armagnac)이다.

1) 꼬냑(Cognac)

꼬냑은 트레비아노(trebiano : ugni blanc), 폴리 블랑쉐(folle blanche), 콜롱바드 (colombard) 등의 포도품종을 사용하며, 단식 증류기로 2회 증류하여 알코올(ABV) 40%로 생산한다.

▲ 꼬냑과 아르마냑 지역

▲ 단식 증류기

▲ 브랜디의 숙성

▲ 브랜디와 스니프트(Snift) 글라스

◈ 꼬냑의 브랜디 등급

등급	VS(Very Special)	VSOP (Very Superior Old Pale)	XO(Extra Old)
내용	매우 특별하다는 뜻으로, 최소 2년 이상 숙성	오랫동안 숙성된, 매우 우수하다는 뜻으로, 최소 4년 이상 숙성	아주 오래 숙성했다는 뜻으로, 최소 10년 이상 숙성
색상			

꼬냑과 아르마냑은 프랑스에서 엄격한 등급 시스템에 의해 관리되고 있다. 유럽연합에 따르면 '꼬냑'이라는 용어는 법적 명칭으로서, 브랜디가 꼬냑과 똑같은 증류방식을 갖고 있다고 하더라도, 그 지역의 특정한 떼루아(재배조건) 때문에 프랑스의 꼬냑 지역에서 생산된 것만 꼬냑으로 평가한다.

즉 "모든 꼬냑은 브랜디이지만, 모든 브랜디가 꼬냑은 아니다(All Cognac is brandy, but not all brandy is Cognac)"라는 뜻이다.

2) 아르마냑

아르마냑(Armagnac)은 프랑스 남서부 중심부에 위치한 가스코니(Gascony) 지역의 아르마냑(Armagnac) 지역에서 생산되는 브랜디의 일종으로, 꼬냑 지방과 상당한 차이가 있다. 특히 꼬냑은 2회 증류(처음에는 26~32% ABV로, 그다음에는 72~78% ABV로 이중 증류)되는 데 비해, 아르마냑은 1회 증류(52~60% ABV)함으로써 맛이 풍부하고 스모키한 향이 난다.

출처 : https://www.regalwine.com
▲ 아르마냑 브랜디의 숙성에 따른 색의 변화

4. 진(Gin)

17세기 네덜란드의 실비우스(Sylvius) 교수는 주니퍼 베리(Juniper berry: 노간주 열매)를 첨가하여, 이뇨와 해열에 좋은 의약품으로 진을 만들었다.

진(Gin)은 주니퍼 베리를 뜻하는 프랑스 이름인 "genièvre"에서 유래되었으며, 네덜란드인이 이를 제네바(genever)로 변경하고, 영국으로 건너가 진(Gin)으로 불리게 되었다.

따라서 진은 네덜란드에서 제조하였고, 영국에서 값싼 술로 대량 판매되었으며, 이에 따른 알코올 중독으로 사회문제가 되었다. 이후 미국에서 칵테일용으로

▲ 주니퍼 베리(Juniper Berry)

판매되면서 전 세계인이 사랑하는 증류주가 되었다. 즉 "네덜란드 사람이 만들었고, 영국에서 꽃을 피웠으며, 미국인이 영광을 주었다."는 말이 여기서 나온 것이다.

1) 진의 제조과정

① 런던 드라이 진(London Dry Gin) : 곡류(대맥, 옥수수, 호밀 등)를 혼합하고 발효시킨 뒤, 연속식 증류(95% 이상)를 실시한 증류액에 노간주 열매를 섞은 다음, 단식 증류기로 두 번째 증류(75~85%) 후 알코올 도수를 40%(ABV)로 희석하여, London dry gin으로 판매한다.

② 네덜란드 진(Holland Gin) : 곡류의 발효액에 노간주 열매나 향신료를 섞어 단식 증류기로 2~3회 증류 후 희석하여, 알코올 도수를 45%(ABV) 정도로 낮춘 후에 판매한다.

2) 진의 종류

① 런던 드라이 진(London Dry Gin) : 비피터(Beefeater), 고든스 드라이 진(Gordons dry gin), 길베이 진(Gilbeys gin), 탱거레이(Tangueray), 봄베이 사파이어(Bombay sapphire) 등이 있다.

② 플레이버드 진(Flavored Gin) : 노간주 열매(juniper berry) 대신 여러 가지 과일(fruits), 씨(seeds), 뿌리(roots), herbs 등으로 향을 낸 것이다. 이것은 일종의 혼

성주로 분류되나, 유럽에서는 진의 일종으로 취급된다.

비피터(Beefeater)   고든스 드라이 진(Gordons Dry Gin)   봄베이 사파이어(Bombay Sapphire)

5. 보드카(Vodka)

보드카는 슬라브족의 국민주(주로 러시아, 폴란드, 체코 등)로, 무색, 무미, 무취 3무의 특징과 40~55% 알코올 함유로 칵테일 재료로 널리 쓰이고 있다.

보드카의 어원은 영어의 워터, 러시아어의 voda(물)에서 나온 것으로, '생명의 물 (eau de vie, the water of life)'이란 뜻이며, 18세기부터 Vodka로 불리게 되었다.

대표적인 보드카는 매출 1위 브랜드인 스미노프(Smirnoff)와 1979년 스웨덴에서 탄생한 앱솔루트는 오리지날(40%)과 그 외 플레이버 제품 23가지를 생산하고 있다.

▲ 캐비아(Caviar)와 보드카   ▲ 앱솔루트 보드카(Absolut Vodka)

1) 보드카 제조과정

① 원료 : 감자, 귀리, 보리, 호밀 등의 곡류를 이용한다.

② 곡류를 발효시킨 발효액을 연속식 증류를 통해, 알코올 함량 95~96%의 원액을 물로 희석하여 도수를 맞추고, 자작나무 숯으로 냄새와 색을 여과하는 과정을 반복한다. 이 과정에서 무색, 무미, 무취의 투명한 보드카가 생산된다.

③ 숙성하지 않는 것이 일반적이나 북유럽에서는 숙성하는 것도 있다.

6. 테킬라(Tequila)

테킬라는 멕시코에서 생산되는 증류주 중 하나로 알코올 농도는 40~52%이며, 할리스코주에 위치한 테킬라(Tequila)라는 지역의 이름을 따온 것이다. 선인장류의 식물인 용설란(weber blue agave : 7~10년)의 수액을 발효하여, 양조주 풀케주(Pulque)를 95% 이하로 증류하여 제조한다.

테킬라는 1968년 멕시코 올림픽 이후 세계적으로 알려지게 되었으며, 대표적인 칵테일로는 마가리타(Margarita)와 테킬라 썬라이즈(Tequila sunrise) 등이 있다.

1) 테킬라 제조과정

① 생산 : 용설란의 잎을 제거한 후, 피냐(7~10년간 성장한 파인애플을 닮은 구근)를 자르고 스팀 또는 벽돌 오븐에서 천천히 구워(1~2일) 녹말을 설탕으로 바꿔준다.

② 발효 : 구운 용설란을 분쇄(주스 생성)하여 달콤한 주스를 추출하고, 효모로 발효(3~5일)시켜 설탕을 알코올로 전환한다.

③ 증류 : 연속식 증류기로 95%의 고알코올 농축액을 생성하기 위해 두 번 증류하며, 이때 불순물이 제거된다.

④ 숙성 : 테킬라의 스타일에 따라 스테인리스 탱크나 배럴에서 숙성시킨다.

⑤ 생산 : 병입하기 전에 물로 희석하여 알코올 도수 35~40%로 생산한다.

▲ Pina를 생산하는 모습

▲ 발효 직전 벽돌오븐에서 구운 Pina의 모습

2) 테킬라의 분류

① Tequila Blanco(테킬라 블랑꼬) : 55℃ 이내로 증류된(법적) 테킬라를 숙성하지 않은 것으로, 무색이며 칵테일 기본주로 사용한다.

② Tequila Reposado(테킬라 레뽀사도) : 오크통에 2개월 이상 1년 미만 숙성한 것으로 약간 황색을 띠며, 스트레이트로 즐기거나 고급 칵테일에 사용한다.

③ Tequila Anejo(테킬라 아네호) : 오크통에서 1년 이상 숙성하여 호박색이며, 아가베향과 오크향의 균형이 잘 잡혀 있어 매우 부드럽다.

7. 럼(Rum)

럼은 사탕수수로 설탕을 만들 때 나오는 사탕수수즙(sugarcane juice)이나 당밀(molasses)과 같은 제당공정의 부산물을 발효, 증류, 숙성시켜서 만든 증류주이다.

럼의 어원은 rumbullion(흥분, 소동)이며, 1600년대 카리브해에서 처음 생산되었고 Jamaica섬을 중심으로 설탕 공업의 발달과 함께 번창하게 되었다.

1805년 Nelson 제독이 전사하여 Rum을 담았던 큰 통에 넣어, 본국으로 운송하였던 일화로 Nelson blood라는 별명을 얻게 되었고, 1862년 Spain에서 Cuba로 이주한 바카디(Bacardi)에 의해 투명한 light Rum을 생산하게 되었다.

▲ 사탕수수

▲ 사탕수수 발효액을 증류하는 장면

1) 럼 제조과정

사탕수수 수확, 설탕 추출, 성분 발효, 증류, 액체 숙성, 빈티지 혼합, 럼을 병입하는 과정을 통해 생산된다.

① 수확 : 카리브해에서는 전통적으로 일 년에 두 번 사탕수수를 수확한다. 뿌리에 가까울수록 당분이 높기 때문에, 작은 조각으로 잘라 사용하며 녹색 상단을 제거한다.

② 설탕 추출 및 발효 : 사탕수수 주스를 끓여 시럽 즉 당밀을 만든 후, 여기에 물과 효모를 첨가하여 발효한다.

③ 증류 : 먼저 몸에 해롭고 불쾌한 맛이 나는 초류(전체 양의 5%)를 신속하게 제거하고, 과일향이 나는 중류(hearts) 부분은 부드럽고 풍미가 풍부한 럼에 사용된다. 말류(tails)에는 증류주에 원하지 않는 향이 포함되어 있으므로, 럼을 만들 때는 사용하지 않는다.

④ 숙성 : 럼은 숙성하지 않은 상태로 마실 수 있지만, 사용한 버번 통에 최소 1년 이상 보관한 후 섭취하는 것이 가장 좋다.

⑤ 블렌딩 : 마스터 블렌더는 다양한 배럴에서 다양한 유형의 럼을 결합하여, 원하는 맛과 향을 결정한다.

⑥ 병입 : 럼의 특성에 맞춰 병입하여 판매한다.

2) 럼의 종류

럼은 색상, 맛, 숙성연도, 알코올 함유 여부에 따라 분류된다.

① 스파이스드 럼(Spiced Rum) : 계피, 카다몬, 바닐라, 정향, 육두구, 아니스, 후추 등 여러 가지 향신료를 럼 베이스에 혼합한 것으로, 오크통에서 몇 년 동안 숙성된다.

② 화이트 럼(White Rum) : '라이트 럼', '실버 럼'이라고도 불리는 투명한 술로, 숯 여과를 통해 맑은 색상을 만들고, 1년 미만의 숙성기간을 거친 럼을 병입한다.

③ 골드 럼(Gold Rum) : 잘 숙성된 호박색 럼을 말한다. 화이트 럼보다 오크통에서 오래 숙성된 것이다. 부드럽고 약간 달콤한 맛이 나며 바닐라, 당밀, 버터 스카치 맛이 난다.

④ 다크 럼(Dark Rum) : 발효기간이 가장 길어 강한 맛이 나며, 오크통에서 1년 이상의 숙성기간을 통해 럼의 맛과 색상이 깊고 강하다. 갈색을 띠기 때문에 '블랙 럼'이라고도 한다.

스파이스드 럼(Spiced Rum)   화이트 럼(White Rum)   골드 럼(Gold Rum)   다크 럼(Dark Rum)

다. 혼성주

1. 혼성주의 개요

과일이나 곡류를 발효시킨 주정을 기초로 한 증류주에 정제한 설탕으로 감미를 더하고, 과실이나 약초류, 향료 등을 혼합한 것으로, 15~55%의 알코올을 함유한 리큐어(liqueur)를 말한다.

많은 허브 리큐어는 원래 약용이었으며, 다양한 질병의 치료제와 강장제, 최음제로 수세기 동안 사용되었다.

2. 혼성주의 제조방법

제조방법에 따라 침출법, 증류법, 향유혼합법(에센스법), 여과법으로 구분한다.

1) 침출법(Infusion)

증류하면 변질될 수 있는 과일이나 약초, 향료 등을 증류주(spirits)에 담가 향미성분을 용해시킨 후, 이를 여과한 것으로 일명 차가운 방식(cold method)이라 한다.

2) 증류법(Distillation)

방향성 물질인 식물의 씨, 잎, 뿌리, 껍질 등을 강한 주정에 담가서 부드럽게 한후, 그 고형물의 전부 또는 일부가 남아 있는 채 침출액을 증류하는 방식으로, 일명 뜨거운 방식(hot method)이라 한다.

3) 향유혼합법(Essence)

일명 에센스법이라고도 하는데, 주정에 천연 또는 합성의 향료를 증류주에 혼합하는 방법으로 품질은 약간 좋지 않다.

4) 여과법(Percolation)

허브 등의 재료를 여과시키는 방식으로 잎이나 허브를 상단 부분에 놓고, 하단 부분의 기본 주정을 향미료 위로 펌핑(pumping)하여, 향미성분을 추출 및 여과하는 것으로 몇 주 또는 몇 달간 진행한다.

침출법(Infusion)　　　증류법(Distillation)　　　여과법(Percolation)

출처 : http://www.cocktailhunter.com
▲ 혼성주 만드는 방법

3. 혼성주의 종류

1) 과실계

과실류의 리큐어는 디저트와 함께 제공되는 술로서 식후주(after dinner drinks)이다. 과일 중 오렌지를 기준으로 만든 혼성주는 다음과 같다.

① 퀴라소(Curacao : 15~40%) : 네덜란드 퀴라소섬에서 오렌지 껍질을 건조시켜, 브랜디에 담가 감미한 술이다. 일반적으로 파란색의 블루 퀴라소가 대표적이다.

② 쿠앵트로(Cointreau : 40%) : 1875년 쿠앵트로가 제조하였으며, 화이트 퀴라소의 오렌지 껍질 추출물로 완성되며, 맛과 향이 뛰어나다.

③ 트리플 섹(Triple Sec : 15~30%) : 오렌지 껍질을 브랜디에 담가 설탕이나 꿀로 감미한 것으로, 3번 증류하여 만든다.

④ 그랑마니에(Grand Marnier : 40%) : 오렌지 향의 최고급 리큐어로 꼬냑에 오렌지 껍질을 배합하여 오크통에서 숙성한다. 디저트 요리와 함께 제공한다.

퀴라소(Curacao)　　쿠앵트로(Cointreau)　　트리플 섹(Triple Sec)　　그랑마니에(Grand Marnier)

2) 종자계

종자류의 리큐어는 과일의 씨에 함유되어 있는 방향성분, 즉 커피, 카카오, 바닐라, 콩 등의 성분을 추출하여, 향미와 감미를 첨가한 것으로 식후주로 음용되고 있다.

3) 약초, 향초류계

가장 초기의 리큐어 형태로서 증류주에 약초, 향초류를 첨가하여 치료제를 목적으로 생산되었으며, 강장 건위, 소화불량 해소에 도움을 준다.

대표적인 혼성주는 압생트(Absinthe : 68%), 베네딕틴(Benedictine D.O.M : 40%), 예거마이스터(Jagermeister : 35%), 크렘드망트(Crème de menthe : 15~25%) 등이 있다.

압생트(Absinthe)　　베네딕틴(Benedictine D.O.M)　　예거마이스터(Jagermeister)　　크렘드망트(Crème de Menthe)

제4절 > 칵테일 서비스

1. 칵테일의 분류

칵테일의 분류는 용량, 맛, 용도, 형태에 따라 다음과 같이 분류한다.

1) 용량에 따른 분류

(1) 롱 드링크 칵테일(Long Drink Cocktail)

롱 드링크 칵테일은 120ml(4oz) 이상의 용량으로 만든 칵테일로 갈증을 해소하거나, 더위를 식히기 위해 마시는 알코올 또는 비알코올 음료를 말한다. 탄산음료나 주스류가 혼합되어 있어 쇼트 드링크 칵테일(Short Drink Cocktail)보다 알코올 함량이 낮다.

대표적인 칵테일은 Tom Collins, Sloe Gin Fizz 등이 있다.

(2) 쇼트 드링크 칵테일(Short Drink Cocktail)

쇼트 드링크 칵테일은 120ml(4oz) 미만의 용량으로 만든 칵테일로, 롱 드링크 칵테일(Long Drink Cocktail)에 비해 알코올 함유량이 높다. 보통 셰이킹(shaking)이나 스터(stir) 기법을 이용하여 차가운 상태로 제공한다.

대표적인 칵테일은 Manhattan, Martini 등이 있다.

▲ 롱 드링크 칵테일(Long Drink Cocktail) 예: Tom Collins   ▲ 쇼트 드링크 칵테일(Short Drink Cocktail) 예: Martini

2) 맛에 따른 분류

① 스위트 칵테일(Sweet Cocktail) : 단맛이 강한 칵테일로 피나 콜라다, 마이타이 등이 있다.

② 사워 칵테일(Sour Cocktail) : 감귤류 또는 설탕과 균형을 이루면서 신맛이 강한 칵테일로, 위스키 사워, 다이키리, 김렛 등이 있다.

③ 드라이 칵테일(Dry Cocktail) : 달지 않고 떫은맛이 강한 칵테일로, 맨해튼, 마티니, 마가리타 등이 대표적이다.

2. 칵테일 조주기법 6가지

1) 직접 넣기(Building)

직접 넣기는 흔들기나 휘젓기를 하지 않고, 글라스에 직접 얼음과 재료를 넣어, 바 스푼으로 휘저어 만드는 방법이다. 주로 하이볼류가 이 기법에 의해 조주된다. 주요 칵테일은 Whisky soda, Screwdriver, Old fashioned 등이다.

▲ Old Fashioned Cocktail

2) 휘젓기(Stirring)

휘젓기는 믹싱글라스에 얼음과 술을 넣고, 10~20초 동안 바 스푼(bar spoon)이나 머들러(muddler)로 저어서 잔에 따르는 방법으로, 원래의 맛과 향을 유지하며, 가볍게 섞거나 차게 할 때 이용하는 방법이다.

Manhattan, Dry martini, Gibson 등이 이러한 기법으로 만든 것이다.

3) 흔들기(Shaking)

흔들기는 셰이커에 얼음과 재료를 넣고 15초 동안 흔들어서 만드는 방법으로, 점성이 있는 리큐어나 달걀, 밀크,

▲ 스터링(Stirring) 칵테일 기법

크림, 각종 과일 주스 등 잘 섞이지 않거나, 비교적 비중이 큰 재료를 사용한 칵테일을 만들 때 쓰인다. 보통은 셰이커에 단단한 얼음을 넣고, 기본이 되는 술, 그리고 주스나 크림 등의 부재료를 나중에 넣는다. 적은 양이라도 탄산가스 음료를 넣고 흔들어서는 안 된다. 주요 칵테일은 Whisky sour, Brandy alexander, Side car 등이다.

▲ Cocktail Shaking

▲ Cobbler Shaker

4) 띄우기(Floating & Layering)

띄우기는 술이나 재료의 비중을 이용하여 내용물을 위에 띄우거나, 차례로 쌓이도록 하는 방법이다. 일반적으로 액체에 설탕이 많을수록 밀도가 높아지고, 알코올이 많을수록 가벼워진다. 따라서 바 스푼을 뒤집어 글라스 림 안쪽의 끝부분에서 약간 밑으로 대고, 글라스 안의 다른 재료와 섞이지 않게 밀도가 높은 재료부터 조심스럽게 따른다. Pousse café, B52 등이 이러한 기법으로 만든 것이다.

▲ Pousse Café Cocktail

5) 블렌딩(Blending)

블렌더에 과일, 아이스크림, 얼음과 같은 무거운 재료와 잘게 깬 얼음을 함께 넣고 전동으로 돌려서 만드는 방법으로, 트로피컬 칵테일(Tropical Cocktail) 종류를 주로 만들며, 프로즌(frozen) 종류의 일부도 이러한 방법으로 만든다.

Mai-tai, Chi chi, Pina colada, Frozen margarita 등이 이러한 기법으로 만든 것이다.

▲ Pina Colada Cocktail

6) 머들링(Muddling)

긴 머들러를 사용하여 과일이나 허브를 부드럽게 분해하면서 음료의 맛을 내는 것이다. 머들링을 할 때 머들러를 아래로 누르고 비틀어 주는데, 이때 과일이나 허브가 지나치게 깨지지 않도록 하는 것이 중요하다. 안전을 위해 셰이커나 테두리가 두꺼운 글라스를 사용하는 것이 좋다.

Mojito, Mint julep 등이 이러한 기법으로 만든 것이다.

▲ 포시즌스 호텔 Seoul의 '모히토 콜라다'

제5절 > 커피 서비스

1. 커피의 개요

커피는 커피나무에 열리는 커피 열매(cherry/berry/drupe)의 씨 부분이다. 이 씨를 우리는 원두(coffee bean)라 부르며, 원두는 다시 생두(green bean)와 볶은 원두(roasted bean)로 구분한다. 다시 말해 이 두 가지를 통틀어 커피 원두라 한다.

2. 바리스타(Barista)

이탈리아어로 '바 안에서 만드는 사람'이라는 뜻이다. 좋은 원두를 선택하고 커피 머신을 완벽하게 활용하여, 고객의 입맛에 최대한의 만족을 주는 커피 만드는 일을 한다.

바리스타는 커피의 선택과 어떤 커피 머신을 사용할 것인지, 그리고 완벽한 에스프레소를 추출하기 위한 방법을 알고 활용할 수 있는 능력을 갖추어야 한다.

3. 커피의 종류

커피의 품종은 200종 이상인데, 그중에 '3대 원종'이라 불리는 것은 아라비카종, 로부스타종, 리베리카종이다.

1) 아라비카종(Coffea Arabica)

품질이 가장 좋은 원종으로 원산지는 에티오피아로 전 세계 생산량의 약 70%를 차지한다. 나무의 높이는 5~6m이고, 기온 20~24℃, 표고 800~1,500m 고지까지 재배되고 있다. 기후와 토양의 선택성이 까다로우며 내병성이 약하다.

브라질, 콜롬비아, 페루, 자메이카, 베네수엘라, 코스타리카, 엘살바도르, 인도네시아, 에티오피아, 케냐, 인도 등지에서 생산된다.

2) 로부스타종(Coffea Robusta)

원산지는 아프리카의 콩고로 전 세계 생산량의 20~30%가 생산되고 있다. 기온 24~30℃, 표고 800m 이하에서 재배 가능하며, 병에 대한 저항력이 강하고 재배하기 쉬운 저지대형 커피로, 향기가 그다지 우수하지 않기 때문에 스트레이트 커피로는 부적당하다.

콩고, 우간다, 카메룬, 베트남, 마다가스카르, 인도, 타이, 코트디부아르 등지에서 생산된다.

3) 리베리카종(Coffea Liberica)

아프리카의 라이베리아가 원산지인 품종으로 재배역사는 아라비카종보다 짧다. 라이베리아, 수리남, 가이아나 등지에서 재배되며, 향미는 아라비카종에 비해 떨어지며 쓴맛이 강하다.

아라비카종   로부스타종

▲ 커피 원두의 비교

4. 원두 생산과정

1) 커피 원두의 선별 및 수확

커피 열매가 붉게 익으면 탈곡기나 손을 이용해 수확을 한다. 스트립 피킹(strip-picking)방식은 나무에 달린 모든 체리를 한꺼번에 훑어서 따는 것으로, 대규모 농장에서 중간 커피를 생산하는 데 많이 이용된다. 완전히 익은 최상의 체리만을 따려면 핸드피킹(hand-picking)방식으로 채집한다. 이는 커피나무에서 가장 잘 익은 커피 열매만을 선택하여 더 좋은 품질의 원두를 만드는 것이다.

2) 커피 원두 가공

커피를 수확한 후, 원두를 가공하기 위해서는 건식과 습식 방법을 사용한다.

(1) 건식방법

가장 전통적인 방식으로 이때 생산된 커피를 내추럴 커피라고 한다. 열매를 통째로 햇볕에 말리는 것으로, 10일에서 3주간의 건조작업을 마친 다음에는 딱딱한 껍질을 벗겨낸다.

(2) 습식방법

물에서 열매의 껍질과 과육을 일부 제거

▲ 건식법(Natural, Dry Process)

▲ 습식법(Washed Process)

▲ 펄프 내추럴 방식(Puled Natural Process)

한 후, 큰 용기에 담아 다시 물에 담그는데, 이때 씨앗이 발효된다. 이후 햇볕에 말려 건조하면서 씨앗을 둘러싼 딱딱한 속껍질인 파치먼트(parchment)를 제거한다.

(3) 반건조 또는 펄프 내추럴(Puled Natural) 방식

습식방식과 자연건조방식을 절충한 것으로 브라질, 수마트라, 술라웨시섬에서 이 방법을 사용한다. 우선 물에서 외피를 일부 제거하고, 과육으로 덮여 있는 씨앗을 곧장 햇볕에 말려 건조한다.

3) 원두의 로스팅(Roasting)

로스팅은 일본에서 들어온 한자어 '배전(焙煎)'과 같은 의미의 커피를 볶는 과정으로, 생두 속에 잠재되어 있는 맛과 향을 끄집어내는 커피 제조의 중요한 단계이다.

로스팅이란 생두에 열을 가해 원두의 물리적, 화학적 변화를 가하는 과정을 말한다. 로스팅이 진행될수록 녹황색을 띠었던 생두의 색은 노란색에서 갈색으로, 마지막에는 점차 검은색으로 변하게 된다. 이러한 변화마다 단계별 명칭이 있는데, 국내에서는 일본에서 주로 사용하는 전통적인 '8단계 분류법'과 '스페셜티커피협회(SCA : Specialty Coffee Association)'의 전신인 '미국스페셜티협회(SCAA : Specialty Coffee Association of America)'의 'SCAA 분류법'이 사용되고 있다.

8단계 분류법은 가장 낮은 로스팅 포인트부터 높은 로스팅 포인트 순으로 보여준다. 라이트는 가장 약하게 볶은 것으로 밝고 연한 황색이다. 반면 가장 강하게 볶은 이탈리안은 검은색에 가깝다.

| 라이트 (Light) | 시나몬 (Cinnamon) | 미디엄 (Medium) | 하이 (High) | 시티 (City) | 풀시티 (Full City) | 프렌치 (French) | 이탈리안 (Italian) |

▲ 커피 로스팅 8단계 분류법

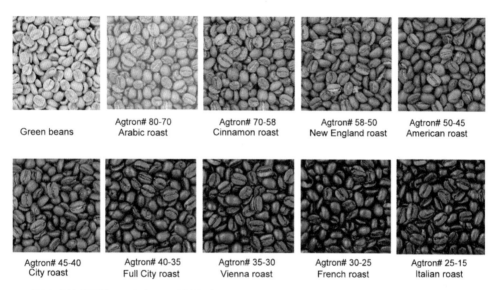

| Green beans | Agtron# 80-70 Arabic roast | Agtron# 70-58 Cinnamon roast | Agtron# 58-50 New England roast | Agtron# 50-45 American roast |
| Agtron# 45-40 City roast | Agtron# 40-35 Full City roast | Agtron# 35-30 Vienna roast | Agtron# 30-25 French roast | Agtron# 25-15 Italian roast |

▲ 미국스페셜티협회(SCAA)의 로스팅 분류법

4) 커피 원두의 혼합(Blending)

원두의 개성과 향미는 천차만별인데, 서로 다른 품종의 생두를 혼합해 새로운 커피의 맛과 향을 가진 커피를 블렌드 커피라고 한다. 그리고 블렌드 커피를 위해 생두를 혼합하는 과정을 "블렌딩"이라고 한다. 이처럼 생두가 가진 고유한 특징은 살려주면서, 가지고 있지 못한 맛을 보완하는 것이 블렌딩이다.

▲ 커피 블렌딩

블렌딩은 로스팅하는 시점과 기호에 따라 미리 선택한 생두를 혼합하여, 한꺼번에 로스팅하는 혼합 블렌딩과 각각의 생두를 로스팅한 후 혼합하는 단종 블렌딩 방법이 있다.

5) 원두의 분쇄(Grinding)

커피를 그라인더에 분쇄하는 것은 커피의 표면적을 넓게 해서, 커피 추출을 잘되게 하기 위한 과정이다. 그래서 분쇄의 크기는 추출 시간과 커피 강도에 영향을 미친다.

5. 커피 메뉴

1) 에스프레소의 정의

(1) 에스프레소(Espresso)

'익스프레스(express)'라는 말처럼 에스프레소는 이탈리아어로 "빠르다"는 의미인데, 힘차고 빠르게 커피를 추출하는 방법을 말한다.

미세하게 분쇄된 커피 6~7g을, 92~95℃로 가열된 물로, 9bar의 압력을 인위적으로 가해, 25~30초 이내에 25~35ml(크레마 포함) 추출하는 것을 말한다.

(2) 도피오(Dopio)

2배(double)라는 의미의 이탈리아어로, 2잔 분량(50~60ml)의 에스프레소를 한 잔에 담은 것이다. 카푸치노를 진하게 마시고 싶을 때 들어가는 에스프레소의 양이다.

(3) 리스트레토(Ristretto)

리스트레토라는 단어는 이탈리아어로 '제한된' 또는 '단단한'이란 뜻이다. 따라서 리스트레토는 강렬한 맛과 농축된 에스프레소 샷을 의미한다.

흔히 에스프레소 숏샷(short shot : 15~20ml)이라고도 한다.

(4) 룽고(Lungo)

룽고(lungo)는 이탈리아어로 '길다'라는 뜻이다. '긴' 부분은 룽고가 추출하는 데 걸리는 시간과 완성된 음료의 양을 나타낸다. 룽고는 에스프레소보다 더 긴 추출 시간이 필요하며, 더블 에스프레소와 거의 같은 양의 커피 음료를 생산한다. 일반적으로 룽고는 40~45ml로 추출한다.

Ristretto   Espresso   Lungo

◇ 에스프레소의 생명 크레마(Crema)

크레마는 영어로 말하면 크림(cream)이다. 크레마는 기포가 잘게 분쇄된 커피의 수용성 오일과 결합하여 만들어지는 풍미 있고 향기로운 적갈색 거품 형태로, 두툼하게 잔 위에 담기게 된다. 에스프레소 표면에 노랑, 갈색, 붉은색을 띠는 크림(cream)으로, 신선한 커피에서 나오는 식물성 지방성분과 단백질 성분이 아교질(에멀전) 상태로 결합하여 생성된 미세한 거품이다.

2) 커피 메뉴

(1) 카페 아메리카노(Caffe Americano)

카페 아메리카노는 에스프레소의 농도를 약하게 만든 커피의 일종으로, 미국인들이 커피를 필터링해 상대적으로 농도를 약하게 해서 즐기는 습관에 착안한 메뉴이다. 에스프레소와 물을 혼합하는 방식으로 제조한다.

(2) 카페라떼(Caffe Latte)

라떼는 이탈리어로 우유를 의미한다. 카페라떼는 에스프레소에 스팀한 우유와 우유 거품을 배합해 만드는 음료이다. 스팀 피처를 이용해 바로 메뉴를 완성할 수 있어, 신속하게 서브가 가능하다. 180~270ml 정도의 잔을 사용하며, 에스프레소를 기준으로 에스프레소 : 우유 : 거품의 비율은 1 : 5 : 1 정도이다. 최근 라떼아트 기술이 발달하면서 카푸치노와 같이 표면에 라떼아트를 넣고 있다.

▲ 카페라떼

(3) 카푸치노(Cappuccino)

카푸치노는 에스프레소와 우유, 우유 거품의 배합으로 만드는 음료이다. 원재료는 카페라떼와 동일하지만, 배합 비율에서 차이가 난다. 잔의 크기는 150~180ml로 카페라떼에 비해 진한 음료이다. 에스프레소 30ml : 우유 60ml : 우유 거품 60ml로 구성하는 것이 일반적이다.

▲ 카푸치노

1. 바(bar)란 무엇인가? 왜 바(bar)가 식음료 경영에서 중요한가를 토론해 보세요.

2. 호텔 바(bar)의 유형을 설명하고, 바텐더의 역할을 설명해 보세요.

3. 술의 제조과정을 알아보고, 효모의 역할과 당화의 이유를 설명해 보세요.

4. 양조주, 증류주, 혼성주를 비교 설명하고, 대표적인 주류를 논의해 보세요.

5. 칵테일 조주방법과 이의 차이점을 비교 설명하시오.

6. 바리스타의 업무를 설명하고, 커피 메뉴를 실습해 보세요.

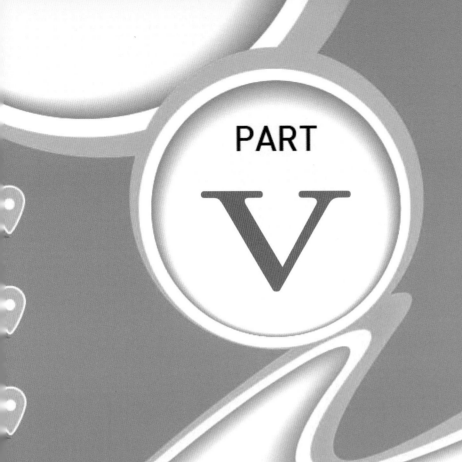

PART

V

주방 및
식음료 원가

CHAPTER

9

주방 및 식품 위생관리

제1절 | 주방관리의 의의
제2절 | 주방 조직과 분류
제3절 | 주방의 생산관리 및 조리기초
제4절 | 주방 위생과 안전

학·습·목·표

이 장을 학습한 후, 다음 내용들을 이해할 수 있어야 한다.

– 주방관리의 목적과 주방 레이아웃의 중요성을 설명할 수 있다.
– 조리부의 조직과 각 직무별 역할을 설명할 수 있다.
– 생산기능에 따라 주방을 분류하고, 각 주방의 역할과 주요 조리내용을 설명할 수
  있다.
– 주방의 생산관리 중요성과 생산관리를 원가관리 측면에서 설명할 수 있다.
– 기초조리 방법을 이해하고, 각각의 조리방법을 설명할 수 있다.
– 주방 위생관리의 중요성과 식중독의 원인 및 원인균을 설명할 수 있다.

9 | 주방 및 식품 위생관리

개요

본 장에서는 주방관리의 목적과 주방의 레이아웃 및 디자인이 왜 중요한지를 살펴본다. 또한 조리부의 조직과 각 직무별 역할 및 음식의 생산기능에 따라 주방을 분류하고, 각 주방의 역할을 살펴본다. 특히 원가관리의 중요성과 생산관리의 각 단계를 원가관리 측면에서 접근한다. 마지막으로 기초조리 방법과 주방 위생관리의 중요성 및 식중독의 원인과 원인균을 이해하는 것이 본 장의 내용이다.

제1절 〉 주방관리의 의의

1. 주방관리

주방관리란 음식 준비부터 재고관리, 직원 교육까지, 주방에서 일어나는 모든 일을 조직하고 조정하는 과정이다. 이는 모든 것이 원활하고 효율적으로 운영되며, 주방이 수익성을 유지하면서 고객의 요구를 충족할 수 있도록 보장하는 것이다.

훌륭한 주방관리에는 메뉴 계획, 재고 관리, 직원 일정 관리 및 교육, 안전 및 위생 절차를 비롯한 다양한 기술과 전략이 포함되며, 이를 통해 고객에게 고품질 음식과 서비스를 제공하게 된다.

따라서 효과적인 주방관리는 식재료의 낭비를 줄이고, 품질 향상과 생산성을 높임으로써, 고객 만족도를 높이기 위해 노력하는 것이다.

2. 주방 레이아웃 및 디자인(Layout & Design)

주방 레이아웃을 디자인할 때 염두에 두어야 할 몇 가지 주요 요소는 다음과 같다.

1) 작업 및 동선 흐름

주방 레이아웃은 효율성을 극대화하고, 혼잡을 최소화하도록 설계되어야 한다. 식재료 저장공간에서 준비공간, 조리공간, 조리된 음식을 분배하는 공간까지의 작업 흐름을 고려하고, 직원이 주방공간 사이를 이동하는 데 필요한 거리를 최소화하는 방향으로 설계해야 한다.

2) 업무 접근성 및 안전성

주방은 안전을 염두에 두고 설계되어야 한다. 모든 장비는 직원이 안전하게 작업할 수 있도록, 적절한 여유공간이 있는 안전한 위치에 배치되어야 한다. 특히 장애가 있는 직원의 경우 업무의 접근성을 위해 특별히 디자인되어야 하고, 모든 직원이 필요한 장비에 접근할 수 있도록, 경사로나 리프트 설치가 기본적으로 고려되어야 한다.

3) 장비 배치 및 접근성

업무의 효율성을 극대화하려면 주방 장비의 배치가 중요하다. 조리 생산 흐름과 직무의 특성에 맞추어, 그릴(grill) 장비 배치영역과 베이킹(baking)을 위한 조리기구 및 장비를 기능에 따라 그룹화하는 것도 중요하게 고려되어야 한다.

이러한 배치는 직원이 서로 다른 장비 사이를 이동해야 하는 거리를 줄이는 데 도움이 될 뿐만 아니라, 필요 장비에 쉽게 접근할 수 있고, 편안하게 작업할 수 있는 적절한 공간확보를 위해서도 중요하다.

4) 공간 활용 및 최적화

▲ 장비 배치 및 접근성

생산성을 극대화하려면 주방 공간을 효율적으로 사용할 수 있도록 디자인되어야 한다. 예를 들어 수직 공간 디자인을 통해 선반이나 머리 위 수납공간을 활용하고, 모든 수납공간에 쉽게 접근할 수 있도록 하며, 직원들이 편안하게 작업할 수 있고, 자유롭게 이동할 수 있는 충분한 공간을 위한 레이아웃이 필요하다.

제2절 〉 주방 조직과 분류

1. 조리부의 조직

호텔의 조리부는 총주방장(executive chef)을 중심으로, 고객이 원하는 메뉴를 정성스럽게 생산하는 역할을 한다. 주방은 영업주방과 지원주방으로 나뉘며, 각각의 주방들은 상호 협조하에 업무를 진행한다. 일반적으로 5성급 호텔의 조리부 조직은 다음과 같다.

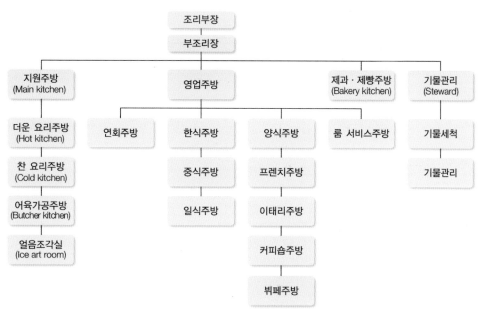

▲ 호텔 조리부의 조직도

2. 조리부의 직무

주방의 역할은 신속하고 위생적인 음식의 생산이다. 고객의 주문에 대한 효율적인 생산과 구성원 간의 원활한 소통으로, 각 직무의 업무능력을 최대한 이끌어내는 것이 중요하다.

호텔의 주방조직은 경영형태, 규모, 기능에 따라 다르지만, 일반적으로 executive chef(총주방장) → executive sous chef(부총주방장) → sous chef(단위주방장) → chef de partie(단위 조리장) → demi chef de partie(부조리장) → 1st cook(1급 조리사) → 2nd cook(2급 조리사) →3rd cook(3급 조리사) → cook helper(견습생)의 순서로 체계를 갖추고 있다.

▲ 직위에 따른 조리부 조직도

1) 총주방장(Executive Chef)

총주방장은 조리부의 총책임자로서 주방업무의 지휘·감독과 각 주방의 식재료 관련 원가를 체크하고 조절해야 한다. 또한 음식에 대한 고객의 평가를 항상 모니터링해야 하며, 고객분석 및 영업분석 등을 통하여 메뉴를 개발하고, 각 주방 간의 유대관계를 잘 유지하도록 해야 한다.

특히 원가의 조정, 식재료의 대체, 레시피(recipe) 조정 등의 원가관리(cost control)와 인력관리(전환배치 교육·적재적소 배치) 및 인사 사항을 총괄한다.

▲ 총주방장의 역할

2) 부총주방장(Executive Sous Chef)

부총주방장은 총주방장을 보좌하며, 그가 부재 중일 때 업무를 대행한다. 조리의 개발 및 정보수집, 메뉴 관리, 식재료 관리, 인력관리 등 주방 운영 전반에 관하여, 총주방장에게 보고 및 의논하고, 각 주방장들을 지휘·감독한다.

3) 단위주방장(Sous Chef)

총주방장 지휘 아래 각 단위 주방을 총괄하며, 자기가 담당하는 몇 개의 주방에 대하여 조리작업을 직접 지휘·감독하고, 조리장의 근무 스케줄을 체크하며, 주방의 냉장고 및 조리사의 위생상태도 점검한다.

단위주방장의 주요 업무는 다음과 같다.

① 메뉴 관리 : 고객 메뉴 선호도, 메뉴 개발을 위한 정보수집, 특별행사 메뉴 등에 대하여 총주방장과 함께 관리·감독한다.
② 조리 레시피 관리 : 조리 레시피의 이상 유무와 작성 등을 관리·감독한다.
③ 생산관리 : 조리 레시피에 의한 정확한 생산, 적정량 생산, 적정 재고유지 등을 관리·감독한다.
④ 원가관리 : 식재료의 구입, 식재료의 출입 통제, 원가 및 기술교육 등을 관리·감독한다.
⑤ 인력관리 : 적재적소의 배치, 근무시간표의 관리, 업장 간 지원 등을 관리·감독한다.

4) 조리장(Chef de Partie)

조리장은 주방장의 지휘를 받으며, 주방장의 부재 시 직무를 대행한다. 주방업무 전체에 관하여 주방장과 함께 의논하고, 부하 직원을 관리·감독한다. 단위주방의 중간 책임자로서 영업장의 신메뉴 개발, 고객관리, 인력관리, 원가관리, 위생 및 안전관리, 조리 기술지도 등 단위영업장의 주방업무를 주방장과 협조하여 수행한다.

▲ 조리부 미팅

5) 부조리장(Demi Chef de Partie)

조리장을 보좌하고 단위주방의 조리 및 메뉴 관리 그리고 원가관리 등을 항상 확인해야 한다. 특히 부하 직원 간의 유기적인 협조체계를 유지하고, 조리사들의 직무내용을 체크한다.

6) 퍼스트 쿡(1st Cook)

1급 조리사(1st cook)는 부조리장을 보좌하고, 전문적인 조리업무를 수행한다. 호텔에 따라서는 담당부서(section)의 업무를 총괄하며, 주방의 최일선에서 조리를 담당하는 요리사로서, 음식의 생산 및 조리사들의 교육에도 참여한다.

7) 세컨드 쿡(2nd Cook)

2급 조리사(2nd cook)는 1급 조리사를 보좌하여 조리업무를 수행하며, 그의 지시에 따라 식재료의 수령, 빈 카드(bin card)[5] 정리, 식재료의 부문별 손질, 주방 내 위생 등에 관한 업무를 수행한다.

8) 조리사(3rd Cook)

3급 조리사(3rd cook)는 2급 조리사를 보좌하고, 식재료를 손질하며, 직접 조리를 담당한다. 냉장·냉동고를 정리하고, 주방기기 및 기물의 정리·정돈, 주방시설의 위생 전반에 관한 관리책임을 갖는다.

---

5) 재고관리 문서

▲ 조리사의 조리장면

9) 견습생(Apprentice)

견습생은 3급 조리사의 조리업무를 돕고, 주방업무에 관한 기본적인 사항을 수행하며, 주로 당일에 사용될 식자재 수령 및 주방을 청소한다. 육류·생선·채소 등 식재료의 기초적인 취급방법과 조리의 기본기를 익힌다.

10) 스튜어드(Steward)

스튜어드는 호텔 내 전 영업장 및 주방에서 사용하는 기물의 구입과 관리, 재고 및 손망실을 파악하고 관리한다. 또한 기물의 이동 및 배치와 주방의 각종 식기류 세척을 담당하고, 식기세척기(dish washer)를 관리한다.

3. 생산기능에 따른 주방의 분류

주방의 유형은 일정한 규격과 형태가 공식화되어 있지 않고, 영업장의 영업 형태·규모·운영방법·효용성 등에 따라, 독립주방과 영업주방 그리고 이를 지원하는 영업지원주방으로 분류할 수 있다.

1) 독립주방(Independent Kitchen)

독립주방이란 모든 종류의 음식을 자체에서 해결하는 주방으로, 일반 외식업체에서 흔히 볼 수 있는 주방형태이다. 독립주방은 메뉴 변경, 독특한 요리법 실험 및 고유의 주방 디자인이 가능하나, 시설에 대한 투자비용이 많이 소요되고, 많은 직원이 필요하다.

호텔의 경우 동양식당이 모든 음식의 준비부터 완성까지 자체적으로 준비되기 때문에, 독립주방에 해당한다고 볼 수 있다.

2) 영업지원주방(Support Kitchen)

영업지원주방은 영업주방의 신속하고 효과적인 음식 생산을 위해, 식재료 또는 조리된 음식 등을 영업주방에 제공하여, 조리할 수 있도록 도와주는 주방이다.

5성급 호텔들의 생산기능에 따른 주방의 분류는 다음과 같다.

(1) 메인 주방(Main Production Kitchen)

메인 주방의 주요 기능은 주로 호텔 내의 다양한 식음료부서에서, 공통적으로 필요로 하는 음식들을 한 부서에서 집중적으로 완성 또는 반가공 형태로 생산하는 부서이다. 이 음식들은 각 식음료 업장에 속한 영업주방으로 보내져, 고객의 주문에 따라 조리과정을 거쳐 고객에게 제공된다.

▲ 샐러드 준비의 예

주요 조리는 각 주방에서 필요로 하는 기본적인 소스(sauce)와 수프(soup), 스톡(stock) 그리고 더운 요리 등을 조리하며, 예약 및 영업상황에 맞게 각 영업장에 공급하는 주방이다.

(2) 콜드 키친(Cold Kitchen)

콜드 키친은 주로 과일이나 채소 등의 식재료를 다듬기 공정을 거쳐 영업주방으로 보내고, 영업주방은 이를 바탕으로 고객의 주문에 따라 샐러드 등을 제공하게 된다.

채소는 매우 다양한 요리와 함께 제공되기 때문에, 콜드 키친에서 통합적으로 생산되는 신선한 채소와 식재료 관리는 원가관리 면에서도 매우 중요한 작업이다.

(3) 부처 키친(Butcher Kitchen)

부처 키친은 각 영업주방에서 필요로 하는 각종 육류와 생선 및 가금류 등을 각 부위별로 크기와 양에 맞게 손질하여 지원해 주는 역할을 한다. 식재료의 생산은 메뉴에 정해진 레시피(recipe)에 따라 준비되며, 철저한 위생관리가 필요하다.

▲ 육류 가공장면

부처 키친에서 취급하는 식자재는 전체 식자재 비용(food cost)의 약 75%를 차지하기 때문에, 매우 엄격한 관리가 필요하다.

(4) 베이커리 키친(Bakery Kitchen)

베이커리 키친은 각 영업주방에서 필요로 하는 빵 종류와 페이스트리 등을 만들어 제공하며, 주로 케이크와 초콜릿을 포함하는 디저트를 생산하는 주방이다. 각 호텔마다 델리카트슨(delicatessen)을 운영하며, 여기서 베이커리에서 생산되는 신선한 빵을 고객에게 판매하고 있다.

▲ 베이커리 빵 생산과정

3) 업장별 주방(Outlet Kitchen)

업장별 주방은 각 식음료 업장에 부속된 주방이며, 영업에 필요한 최소한의 면적 · 기자재 · 저장시설 등을 갖추고, 반제품을 수령하여 완제품을 생산하는 주방이다. 한식 주방, 일식 주방, 중식 주방, 프렌치 주방, 이태리식 주방, 뷔페 주방, 라운지 바 주방 등, 각각의 식음료 업장에 위치한 주방을 말한다. 각 업장에 위치한 영업주방은 메뉴에 필요한 식재료와 완성된 음식을 지원 주방에 주문하고, 이를 조리하여 고객에게 제공하게 된다.

4) 기물 세척(Steward)

기물관리부서는 호텔의 영업지원 주방이나 영업 주방에 소속되어 있으며, 사용된 기물의 세척 및 관리를 해주는 역할을 담당한다. 식음료에서 사용되는 기물은 매우 고가이기 때문에, 파손이나 손실을 방지해야 한다.

◆ 생산품목 및 기능별 주방의 분류

메인 주방 (Main Kitchen)	뜨거운 요리 주방 (Hot Kitchen)	호텔의 핵심 주방으로 수프·소스 등을 생산하여, 영업주방에 공급해 주는 주방
	차가운 요리 주방 (Cold Kitchen)	차가운 전채·소스·각종 샐러드·테린(terrine)·빠떼(pate) 등을 생산하여 영업주방에 공급해 주는 주방
	육가공 주방 (Butcher Kitchen)	각종 육류·가금류·어패류 등을 부위별로 손질하고, 햄·소시지를 생산하여 영업주방에 공급해 주는 주방
	제과·제빵 주방 (Pastry & Bakery)	빵·케이크·초콜릿·쿠키·파이 등의 제과·제빵과 디저트를 생산하여 영업주방에 공급해 주는 주방
영업 주방 (Section Kitchen)	독립 주방 (Independant Kitchen)	한식·일식·중식·프랑스식·이탈리아식 등의 영업장 주방으로 국가별 고유 음식을 생산하는 주방
	연회 주방 (Banquet Kitchen)	호텔에 따라 연회 주방이 독립되어 있거나, 별도의 연회 주방 없이 지원 주방의 도움으로 운영하는 주방
	카페 주방 (Cafe Kitchen)	커피·주스·차 등의 음료를 주로 제공하나, 메인 주방의 지원을 받아 간단한 음식도 생산하는 주방
	뷔페 주방 (Buffet Kitchen)	자체적으로 또는 메인 주방의 지원을 받아, 다양한 음식을 생산하는 뷔페 레스토랑의 음식을 전담하는 주방
	인 룸 다이닝 주방 (In Room Dining Kitchen)	객실 고객을 대상으로 음식을 생산하는 주방으로 보통 독립적인 주방을 운영하지 않고, 타 영업장에서 룸서비스 음식을 겸하여 생산

출처 : 박기용·정청송(2003), 식음료 서비스 관리론, 대왕사, p.256 참고

제3절 > 주방의 생산관리 및 조리기초

1. 식음료 생산관리

생산관리(production control)란 식재료의 낭비를 줄이고, 과잉생산에 따른 비용상승과 메뉴의 준비 부족에서 발생하는 기회의 상실, 그리고 정량의 과다 책정에 따른 수익 상실 등을 줄이려는 노력이다.

식음료 생산관리는 원가를 관리하기 위한 것으로, 생산계획, 표준산출량, 표준조리표, 표준 정량 등의 과정을 거친다.

1) 생산계획(Production Planning)

생산계획은 특정 기간의 판매량을 예측하는 것이다. 즉 특정 기간 동안에 제공될 음식의 양을 예측하고, 그에 맞게 생산을 조절하는 것이다. 최초의 생산계획은 과거 일정기간 동안 판매된 메뉴와 매출을 분석하고, 이를 바탕으로 레스토랑에서 미래에 판매될 판매량의 전체 규모와 각각의 메뉴에 대한 총계를 산출한다.

2) 표준산출량(Standard Yields)

표준산출량은 구매한 식재료를 조리하여 먹을 수 있거나, 제품으로 활용할 수 있는 양을 말한다. 즉 구매 후 입고된 식재료에서 고객에게 제공되기 위해 필요 없는 부분을 제거한 상태로서, 고객에게 제공할 수 있는 양을 표준산출량이라고 한다.

표준산출량 분석은 실제 산출량과 잠재적 산출량을 비교할 수 있게 함으로써, 생산량을 예측하여 그에 맞는 적정량의 식재료를 결정

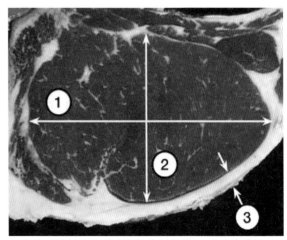

▲ ③의 지방 부분을 제거한 ①과 ②부분을 고객에게 제공

하게 하며 원가관리에 도움을 준다.

3) 표준 조리표(Standard Recipe)

메뉴에 따라 음식을 조리하는 데 필요한 분량과 식재료가 사용되도록 관리하는 것은, 원가관리에 있어 매우 중요한 부분이다. 표준조리표(standard recipe)는 특정 메뉴를 생산하기 위해 작성된 조리 일람표로서, 조리에 관련된 식재료의 필요량과 조리방법 등이 명시되어 있다. 표준 조리표는 메뉴 품목별 원가를 예측하고, 실수나 낭비로 인한 식재료의 손실을 최소화할 수 있으며, 직원들의 훈련자료, 식재료 구입자료의 역할을 한다.

예를 들어 애플파이를 만들 때 항상 같은 양의 설탕, 밀가루, 사과를 사용해야 하며, 정확한 분량과 재료는 작성된 표준 조리표에 의한다.

Penne Pasta						
Last Update:	11/23/2004					
No Portions:	1		Menu Price:		$	13.50
Ingredients	No Recipe Units	Recipe Unit	Cost per Recipe Unit		Extended Cost	
Pasta, Penne, cooked al dente	4.0	oz	$	0.05	$	0.20
Chicken, b/s breast, cut	5.0	oz	$	0.12	$	0.60
Spinach, Fresh, chopped	1.0	oz	$	0.16	$	0.16
Parsley, flat leaf	1.0	Tb	$	0.05	$	0.05
Oil, salad	0.5	oz	$	0.07	$	0.04
Cheese, Parmesan	1.0	Tb	$	0.30	$	0.30
			$	-	$	-
Sun Dried Tomato Alfredo Sauce	2.5	oz	$	0.11	$	0.28
			$	-	$	-
			$	-	$	-
			$	-	$	-
			$	-	$	-
			$	-	$	-
			$	-	$	-
			$	-	$	-
Uncosted Ingredients: salt, pepper					$	0.02
Vegetable and Starch					$	-
Q Cost					$	0.40
			Recipe Cost		$	2.05
			Portion Cost		$	2.05
			Food Cost % (portion)			15.2%
			Gross Margin (portion)		$	11.45

▲ 펜네 파스타 레시피

4) 표준 정량(Standard Portion)

표준 정량은 고객 1인분에 제공되는 음식의 분량으로, g 또는 개수로 표시된다. 표준 정량에 따라 1인분의 분량이 정해지면 생산계획이 용이하고, 해당 메뉴에 대한 총이익을 산정할 수 있다.

표준 정량은 음식 생산과 더불어 음료 생산에도 매우 중요하며, 정해진 레시피에 적정 도구를 사용하여 일관성 있게 생산한다.

▲ 안심스테이크 1인분 표준 정량

5) 재고 관리 및 추적

식재료 낭비를 최소화하고 비용을 절감하기 위해서는, 정확한 재고 관리가 필수적이다. 재고 수준을 추적하는 시스템을 개발하여, 식품 사용의 경향이나 패턴을 파악하고, 재고 수준 관리에 도움이 되는 소프트웨어 프로그램이나 스프레드시트 사용을 고려한다.

6) 비용 분석 및 메뉴 엔지니어링

메뉴의 원가 분석은 비용을 절감하고, 수익성을 높일 수 있는 영역을 파악하는 데 도움이 된다. 또한 비용 분석 도구를 사용하여 메뉴에 있는 각 요리의 실제 비용을 파악하고, 이에 따라 메뉴 가격을 조정하는 것이 매우 중요하다.

메뉴 엔지니어링은 가장 수익성이 높고 인기 있는 항목을 분석하고, 메뉴 원가를 최적화하는 데 활용한다.

2. 기본 조리방법

조리사는 물론 서비스 직원도 기본 조리법과 조리용어를 이해하고 있어야 한다. 즉 자신이 판매하는 식음료 상품에 대한 정확한 지식을 가지고 서비스할 때, 매출 증진에 기여하게 되기 때문이다.

특히 요리는 식재료의 특성과 만들고자 하는 메뉴 품목에 따라 여러 가지 조리법이 요구되며, 조리사의 경험과 기술, 과학적인 조리법, 식재료의 신선도, 적정한 조리 시간 등에 따라 맛·색·영양가가 달라진다.

◈ 서양요리 기초 조리법

구분	내용	조리의 예	조리방법
보일링 (Boiling)	재료를 물 또는 스톡(stock)에 잠길 정도로 넣어, 100℃ 이상에서 끓이는 방법이다. 감자·당근·건조한 채소·파스타 등의 조리에 사용한다.		
블랜칭 (Blanching)	재료를 끓는 물에 잠깐 넣었다가 건져서, 흐르는 찬물에 식히는 방법이다. 생선·육류·감자·채소 등을 데칠 때 사용한다.		
포칭 (Poaching)	끓는 점 이하(65~80℃)의 물에서 생선·달걀 등을 서서히 익히는 방법이다. 이때 온도가 80℃ 이상 상승하면, 식품 내의 단백질이 파괴되기 시작한다.		
시머링 (Simmering)	90℃ 정도에서 서서히 끓이는 방법이다. 포칭과 보일링의 혼합방법이다.		
스티밍 (Steaming)	증기압 또는 수증기를 이용하여 익히는 방법으로, 식품 고유의 맛을 유지할 수 있는 장점이 있다. 생선·갑각류·육류·채소 등을 익히거나, 푸딩을 만들 때 사용한다.		
샐로 프라잉 (Shallow Frying)	종종 팬 프라잉(pan flying)이라 부르며, 깊이가 얕은 팬에 소량의 기름이나 버터를 사용하여 빨리 튀겨내는 방법이다.		
딥 패트 프라잉 (Deep Fat Flying)	160~180℃의 끓는 기름에 음식을 튀기는 방법으로, 육류·가금류·채소·생선을 조리할 때 사용한다. 기름 온도가 낮으면 재료에 기름이 흡수된다.		

그릴링(Grilling)과 브로일링(Broiling)	가스 · 숯 등에 석쇠를 놓고 굽는 방법으로, 쇠고기, 돼지고기, 송아지고기 등을 굽는 방법이다. 고기의 두께가 얇을수록 온도는 높아야 하며, 두꺼울수록 온도는 낮아야 한다.		
로스팅 (Roasting)	220~250℃ 온도의 오븐에서 익히다가, 150~200℃에서 기름을 계속 칠하면서 마무리하는 방법이다. 육류 · 가금류 등의 고기나 감자를 구울 때 사용한다.		
브레이징 (Braising)	용기에 재료를 넣고 오랜 시간 졸이는 방법으로, 육류의 경우 높은 온도로 표면이 갈색이 될 때까지 굽는다. 생선류 · 채소류를 조리할 때 사용한다.		
스튜잉 (Stewing)	뚜껑 달린 stewing pot을 이용하여 브레이징보다 낮은 온도로 서서히 졸여내는 방법으로, 육류, 채소, 과일찜에 사용하는 조리법이다.		
글레이징 (Glazing)	익은 재료에 색을 내거나, 윤기가 나도록 하는 방법이다. 양파 등을 오븐에서 구운 후, 윤기를 낼 때 사용한다.		
그라탱 (Gratin)	버터 · 치즈 등을 음식 표면에 뿌려 샐러맨더(salamander)나 오븐을 이용하여, 표면을 갈색으로 굽는 방법이다. 음식을 마무리할 때 사용한다.		

제4절 > 주방 위생과 안전

외식업체에서 사용하는 식품위생은 좋은 음식, 즉 병균이 없고 위생적으로 준비된 안전한 음식을 말한다.

따라서 레스토랑의 수익성만을 생각하고, 음식 판매에만 몰두한 나머지 비위생적인 음식 관리로 인해 발생하는 불미스러운 일들은 자칫하면 레스토랑의 존폐까지 영향을 미칠 수 있다.

1. 위생관리의 중요성

레스토랑이 영리를 목적으로 사람들에게 음식물을 판매하는 활동도 중요하지만, 고객이 안전한 음식을 먹고 건강하게 사회활동을 할 수 있도록, 위생적인 환경을 조성해야 하는 책임과 의무도 뒤따른다.

식품위생법의 목적은 식품으로 인한 위생상의 위해를 방지하고, 식품영양의 질적 향상을 도모함으로써, 국민 보건 증진에 이바지하고자 하는 것이다.

고객은 레스토랑에서 근무하는 직원의 청결한 모습과 행동을 보고, 그 레스토랑을 평가하기도 한다. 따라서 위생관리는 식재료의 구매·조리 및 음식물 제공에 이르는 모든 과정에서 안전성 확보는 물론, 주방에서 생산된 음식을 서비스 행동 지침에 따라, 위생적으로 고객에게 전달하는 데 있다.

또한 모든 비위생적인 개인행동들이 식중독 발생의 원인이 되므로, 직원의 위생교육을 철저히 실시하고, 엄격한 식품위생 수칙을 준수함으로써 고객을 식중독으로부터 안전하게 지켜야 한다.

2. 식음료 위생관리의 3대 요소

레스토랑에서 고객에게 위생적이고 안전한 음식을 제공하기 위해 관리해야 할 영역은, 크게 음식물(food), 사람(people), 시설과 장비(facilities & equipment)로 나눌 수 있다.

1) 음식물

식품위생은 소비자가 식품 매개 질병으로 인해 질병에 걸릴 위험을 줄이는 방식으로, 식품이나 음료의 취급, 준비 및 저장하는 업무로 정의할 수 있으며, 식품 안전 수칙은 식품이 오염되어 식중독을 일으키는 것을 방지하는 것을 목표로 한다.

음식물 보관에서 중요한 것 중 하나는 날음식과 바로 먹을 수 있는 음식을 분리하여, 상호 교차오염을 방지하는 것이다.

2) 개인위생

개인위생은 식품의 안전을 보장하는 데 도움이 되기 때문에, 식음료 서비스의 필수적인 측면이다.

따라서 경영자나 관리자는 서비스 직원들에게 위생교육을 실시하고 감시하며, 또한 직원들이 모범적인 위생 수칙을 준수함으로써 식중독 발생을 사전에 예방할 수 있도록 한다.

특히 화장실을 사용한 후와 음식을 다루기 전에 손을 자주 씻는 것을 생활화하며, 작업 공간을 깨끗하게 유지하고, 머리망 및 장갑과 같은 적절한 보호복을 착용토록 한다.

3) 시설과 장비

식품의 교차오염은 세균이 실수로 손, 조리도구 또는 기타 식품을 통해 전달될 때 발생한다. 음식을 준비한 후 즉시 모든 표면을 청소·소독하고, 음식을 뚜껑으로 덮거나 밀봉된 용기에 보관하여 세균이 들어가지 않도록 한다.

특히 주기적으로 냉장고를 청소하여 유효기간이 지난 음식물을 버리고, 냉장고의 적절한 공기 순환을 위해 충분한 공간을 확보해야 한다.

특히 주방의 공기는 냄새와 기름의 영향을 받기 때문에, 난방, 환기 및 공조(HVAC) 시스템을 확충하여 깨끗한 공기의 질 유지가 필요하다.

◇ HACCP(식품안전관리인증기준)

해썹은 위해요소분석(Hazard Analysis)과 중요관리점(Critical Control Point)의 영문 약자로서 해썹 또는 식품안전관리인증기준이라 한다.

위해요소 분석이란 "어떤 위해를 미리 예측하여 그 위해요인을 사전에 파악하는 것"을 의미하며, 중요관리점이란 "반드시 필수적으로 관리하여야 할 항목"이란 뜻을 내포하고 있다. 즉 해썹(HACCP)은 위해 방지를 위한 사전 예방적 식품안전관리체계를 말한다. 해썹(HACCP) 제도는 식품을 만드는 과정에서 생물학적, 화학적, 물리적 위해요인들이 발생할 수 있는 상황을 과학적으로 분석하고 사전에 위해요인의 발생여건들을 차단하여 소비자에게 안전하고 깨끗한 제품을 공급하기 위한 시스템적인 규정을 말한다. 결론적으로 해썹(HACCP)이란 식품의 원재료부터 제조, 가공, 보존, 유통, 조리단계를 거쳐 최종소비자가 섭취하기 전까지의 각 단계에서 발생할 우려가 있는 위해요소를 규명하고, 이를 중점적으로 관리하기 위한 중요관리점을 결정하여 자율적이며 체계적이고 효율적인 관리로 식품의 안전성을 확보하기 위한 과학적인 위생관리체계라고 할 수 있다. 해썹(HACCP)은 전 세계적으로 가장 효과적이고 효율적인 식품안전관리체계로 인정받고 있으며, 미국, 일본, 유럽연합, 국제기구(Codex, WHO, FAO) 등에서도 모든 식품에 해썹을 적용할 것을 적극 권장하고 있다.

출처 : 한국식품안전관리인증원

3. 식중독의 원인 및 원인균

1) 식중독의 원인

식중독은 음식물을 섭취함으로써 소화기가 감염되어, 설사, 복통 등의 증상이 급성 또는 만성으로 나타나는 질환을 통칭하는 것으로 식품 매개 질환으로 정의한다.

대부분의 경우, 세균이나 세균의 독소 때문에 식중독이 발생하는데, 장염도 대부분은 음식 섭취와 관련이 있으며, 식중독과 유사한 증상을 보일 수 있다.

다음의 조건들은 식중독의 원인이 된다.

① 식품을 충분한 온도와 시간으로 조리하지 못할 때 발생한다.
② 조리 후 음식물을 부적절한 온도에서 장시간 보관함으로써 발생한다.
③ 오염된 기구와 용기 및 불결한 조리기구의 관리·사용으로 인하여 발생한다.
④ 개인의 비위생적인 습관, 손 세척 소홀, 개인 질병, 식품 취급 부주의에 의해 발생한다.

⑤ 비위생적이거나 안전하지 못한 식품 원료의 사용으로 인하여 발생한다.

2) 식중독을 일으키는 원인균

우리나라에서 흔히 발생하는 식중독으로는 살모넬라(salmonella) 식중독, 포도상구균 식중독, 병원성 대장균 식중독 등이 있으며, 여름철에 발생하는 비브리오(vibrio) 패혈증도 주의할 필요가 있다.

주요 식중독 원인균은 다음과 같다.

◆ 식중독의 원인균과 증상

원인균	내용	증상
포도상구균	포도상구균은 자연계에 널리 분포된 세균의 하나로, 식중독뿐만 아니라 피부의 화농, 중이염, 방광염 등 화농성 질환을 일으키는 원인균이다.	2~4시간 잠복기를 거쳐 심한 구토, 어지럼증, 두통 증상
살모넬라균	살모넬라균은 열에 약하여 저온 살균(62~65℃에서 30분 가열)으로도 충분히 사멸되기 때문에, 조리식품에 2차 오염이 없다면 살모넬라균에 의한 식중독은 발생하지 않는다.	6~72시간 잠복기가 있고, 복통, 설사, 열이 있음
비브리오균	비브리오균은 열에 약하여, 60℃에서 15분, 100℃에서 수분 내로 사멸한다. 장염 비브리오는 바닷물에 분포하고 있기 때문에, 어패류가 오염원이 된다.	12~48시간 잠복기가 있고, 다리에 출혈을 동반한 수포가 생기며, 고열, 패혈증 증상

콜레라균	콜레라균의 자연 서식지는 해안가나 강어귀이며, 오염된 식수나 음식물을 섭취하여 1차 감염이 발생하고, 감염된 환자의 대변을 통하여 다시 식수나 음식물이 오염되면 폭발적인 2차 감염이 발생한다.	3일의 잠복기를 거쳐 설사, 복통, 고열 증상
이질	이질(痢疾, dysentery)은 대장에서 발병하는 급성 또는 만성 질병이다. 전형적인 증세로는 액체와 같은 소량의 설사에 피와 점액이 섞여 나오며, 심한 복통이 따른다.	3일의 잠복기를 거쳐 설사, 복통, 고열 증상
O-157 대장균	멸균되지 않은 우유나 익지 않은 쇠고기를 포함해서, 오염된 날 음식을 통해 생기는 식품 매개 질병의 원인균이다.	3~9일 잠복기를 거쳐 심한 복통과 출혈성 설사, 미열을 동반하는 장염

4. 주방 안전관리

주방에서의 조리업무는 각종 사고를 유발할 수 있는 요인이 항상 잠재되어 있다. 따라서 조리업무를 할 때, 안전 수칙을 철저히 지키고 주의를 기울여 사고 발생을 사전에 방지해야 한다. 주방의 안전 수칙은 다음과 같다.

① 조리 중 발생하는 바닥의 기름기, 물기, 음식물 찌꺼기는 즉시 치우도록 한다.
② 작업에 적합한 칼과 도마를 사용하고, 베임 방지용 장갑, 팔토시 등의 보호구를 착용한다.
③ 무거운 중량을 취급하는 작업은 2인 1조로 한다.
④ 가스레인지를 사용하기 전에 창문을 열어 충분히 환기를 시키고, 가스가 누출되지 않았는지 확인한다.
⑤ 작업 전, 작업 중에도 스트레칭을 하여 근골격계 질환을 예방한다.

논 의 과 제

1. 주방관리의 목적과 주방 레이아웃이 중요한 이유를 토론해 보세요.

2. 호텔의 영업지원 주방의 역할과 업장별 주방의 역할을 비교 설명하세요.

3. 주방의 원가관리 측면에서 표준 조리표의 역할을 기술하시오.

4. 서양요리 기초 조리법을 이해하고, 조리용어를 설명하시오.

5. 주방 위생관리의 중요성과 식중독의 원인 및 원인균에 대해서 논의해 보세요.

CHAPTER

식음료 원가와 구매관리

10

제1절 ┊ 식음료 원가관리의 개념과 분류
제2절 ┊ 식음료 원가 산출 및 손익분기점
제3절 ┊ 구매부 업무

학·습·목·표

이 장을 학습한 후, 다음 내용들을 이해할 수 있어야 한다.

- 식음료 원가관리의 개념과 중요성을 설명할 수 있다.
- 식음료 원가를 분류하고 각 원가를 설명할 수 있다.
- 식음료 원가 산출과 손익분기점을 설명할 수 있다.
- 구매관리의 원칙과 구매의 흐름도를 설명할 수 있다.
- 저장 및 재고관리 기법을 설명할 수 있다.

10 │ 식음료 원가와 구매관리

개요

식음료 원가관리란 식재료의 구매부터 생산까지의 과정에서, 식자재의 관리 또는 통제와 관련된 모든 업무를 말한다. 본 장에서는 식음료 원가의 개념과 중요성 그리고 원가의 분류에 대해 학습한다. 특히 식음료 원가 산출 및 매출 관리에서 식재료 및 인건비의 중요성을 알아보고, 마지막으로 구매부의 업무와 구매, 검수, 저장, 출고 그리고 재고관리의 각 과정에 대해 이해하는 것이 본 장의 내용이다.

제1절 │ 식음료 원가관리의 개념과 분류

1. 식음료 원가관리의 개념

원가관리는 경영자가 경영활동에 대한 계획 및 통제 업무를 수행하는 데 필요한 원가 정보를 집계·분석하는 회계적 활동을 말한다. 여기서 원가(cost)란 상품을 만들기 위하여 소비된 경제적 가치이며, 비용(expense)은 수익을 획득하기 위하여 사용한 자원의 경제적 가치이다.

식음료 원가관리란 식재료의 구매, 검수, 입고, 출고, 조리계획, 기초조리 활동, 음식의 생산, 정량 관리, 판매가격 결정, 메뉴의 수정 및 개선 등과 관련된, 식자재의 관리 또는 통제의 모든 업무를 말한다.

따라서 레스토랑에서는 효과적인 식음료 원가관리를 통해, 식재료의 낭비를 최소화하고, 수익을 극대화하며, 시장에서 경쟁력을 유지하는 것이 매우 중요하다.

2. 원가관리의 중요성과 목적

성공적인 레스토랑의 핵심은 좋은 음식, 훌륭한 서비스, 최고의 입지이다. 이러한 요소는 레스토랑의 매출에 기여하게 되는데, 사실 높은 매출이 반드시 높은 수익을 보장하지는 않는다.

따라서 성공적인 수익 창출은 매출의 증가를 기본으로 하지만, 매출에 따른 수익의 증가는 원가관리를 통해 지출되는 비용을 줄여서, 이익을 높일 수 있는 효율적인 원가관리를 통해서 가능한 것이다.

▲ 원가관리는 관리자의 가장 중요한 업무이다.

원가는 매출액과 수익의 차액이므로 원가가 낮다는 것은 결국 높은 이익을 의미하기 때문에, 이익을 내야만 하는 레스토랑에서 원가관리가 매우 중요한 경영기법이라 할 수 있다.

원가관리의 목적은 다음과 같다.

첫째, 식음료 원가, 매출 분석, 손익 등 식음료의 수입과 지출에 대한 상세한 분석이 가능하다.

둘째, 식음료 생산 업무에 대한 표준 업무절차를 수립한다.

셋째, 표준 조리표에 따른 메뉴의 규격과 음식량을 조절한다.

넷째, 식재료의 구매, 조리, 판매과정에서의 낭비와 손실 발생을 제거한다.

다섯째, 음식과 음료 또는 현금 도난이나, 과대 또는 과소 청구를 방지한다.

여섯째, 메뉴의 준비 부족, 과잉생산,

표준 레시피 불이행에 따른 오류를 방지하는 식재료의 최적수량을 예측한다.

3. 원가의 분류(Cost Control)

상품의 제조원가를 구성하는 원가의 형태에 따라 재료비, 노무비, 제경비로 구성되며, 이를 원가의 3요소라고 한다. 재료비는 제품의 제조에 소요되는 재료의 소비액이며, 노무비는 상품을 제조하는 데 소요되는 직원의 노동력에 대하여 지급하는 임금, 급료, 상여금 등을 말하고, 경비는 재료비와 노무비 이외의 모든 비용으로서 전기료, 가스료, 감가상각비, 보험료 등이 이에 속한다.

원가는 다시 특정 제품의 제조에만 소비되어 직접 추적하여 부과할 수 있는 직접비(direct cost)와 여러 제품의 생산에 대하여 공통으로 소비되어, 특정 제품에 직접 부과할 수 없는 간접비(overhead)로 구분되며, 비용의 성격에 따라, 고정비, 변동비 등으로 세분된다.

1) 추적 가능성에 따른 원가 분류

(1) 고정비(Fixed Cost)

고정비란 생산비나 매출액의 증감에 관계없이, 언제나 일정한 금액으로 지출되는 비용으로, 생산에 직접 관련이 없는 비용을 말한다. 예를 들어, 기업이 매월 지불하는 임대료, 이자, 경영자 및 직원의 급여 등으로 생산 수준과 무관하게 발생한다.

(2) 변동비(Variable Cost)

변동비란 생산비나 매출액의 증감에 비례하여 변하는 비용으로, 생산량과 직접 관련된 비용을 말한다. 예를 들어 식음료 상품의 생산량이 늘어나면, 증가하는 형태를 띠는 비용으로서, 상품을 생산하는 데 필요한 재료비, 전기료, 가스료, 수도 광열비, 광고 선전비 등을 말한다.

2) 제조활동에 따른 원가 분류

(1) 제조원가

제조원가는 제품을 생산하기 위해 소요되는 모든 원가를 총칭하는 용어로, 일반적으로 직접재료비, 직접노무비, 제조간접비로 구분된다.

① 직접재료비

직접재료비는 완성품을 생산하는 데 사용되는 원재료의 원가 중, 스테이크나 와인같이 특정 제품에 직접적으로 추적할 수 있는 원가를 말한다.

② 직접노무비

직접노무비라 함은 특정 제품에 대하여 직접 추적할 수 있는 급여·상여금·복리후생비 등 노동에 지출된 원가를 말한다.

③ 제조간접비

모든 제조원가에서 직접재료비와 직접노무비를 제외한 비용을 말한다.

(2) 비제조원가

비제조원가는 직접재료비와 직접노무비를 제외한 모든 제조원가를 말하는 것으로, 주방에서 발생하는 비용은 제조경비로서 제품 원가에 포함되지만, 주방 이외의 부문에서 발생하는 비용은 판매비와 일반관리비가 된다.

① 판매비

고객으로부터 주문받아 고객에게 제공하는 데 사용되는 비용으로, 광고비, 판매수수료, 운송비 등이다.

② 일반관리비

레스토랑을 운영하고 유지하기 위해 사용되는 비용으로, 건물 감가상각비, 수선유지비, 세금 등이다.

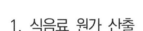

직접경비	제조간접비	판매직접비	이익	세금 10%	총판매가격
직접노무비		판매간접비		봉사료 10%	(Gross Price)
	직접원가	일반관리비			
직접재료비	(기초원가)	제조원가	총원가	순수판매 가격	
				(Net Price)	

주 : 1) 직접원가 = 직접재료비 + 직접노무비 + 직접경비
    2) 제조원가 = 직접원가 + 제조간접비
    3) 총원가 = 제조원가 + 판매비와 일반관리비
    4) 순수판매원가(net price) = 총원가 + 이익
    5) 총판매가격(gross price) = 판매가격(net price) × 1.21(봉사료 10%, 세금 10%)

▲ 호텔에서의 원가 및 판매가격

제2절 > 식음료 원가 산출 및 손익분기점

1. 식음료 원가 산출

영업에 대한 결과는 일반적으로 비율로 표현되는데, 예를 들어 식재료 원가의 경우에는 총판매된 음식의 매출로 나누면 된다. 아주 간단한 예로 안심스테이크가 30,000원에 판매되었고, 이에 대한 식재료 원가가 10,000원이라면 식재료 원가는 33%가 되는 것이다. 일반적으로 서울 시내 5성급 호텔의 경우 30~35%를 유지하는데, 레스토랑의 비중에 따라 뷔페 레스토랑의 경우 40%를 넘는 경우도 있다. 그러나 연회서비스의 비중이 클수록 식재료 원가는 29% 내외에서 유지된다.

식음료 이사 그리고 총주방장은 원가에 따른 부서의 손익(profit & loss)에 대하여 식재료 원가의 통제뿐만 아니라, 각각의 메뉴 품목에 따른 공헌 이익(contribution margin)을 평가하고 조율한다.

식음료 원가는 레스토랑의 콘셉트와 비즈니스 형태에 따라 약간의 차이는 날 수 있으며, 레스토랑의 매니저는 예상 원가를 상회하는 경우, 이를 예상 원가에 맞추도록 노력해야 한다.

다음의 예에서 식음료 원가를 계산하면 다음과 같다.

* 음식판매 총액 : 95,000,000원
* 음료판매 총액 : 46,000,000원
* 음식판매 원가 : 22,896,000원
* 음료판매 원가 : 8,892,000원

▶ 식재료 원가율 : $\dfrac{22,896,000원}{95,000,000원}$ = 24%

▶ 음료 원가율 : $\dfrac{8,892,000원}{46,000,000원}$ = 19%

2. 인건비(Labor Cost Percentage)

인건비는 레스토랑 운영에 있어서 가장 높은 부분을 차지하고 있다. 패스트푸드의 경우 일반적으로 16~18%로 가장 낮게 나타나고 있으나, 패밀리 레스토랑의 경우는 22~26%, 고급 레스토랑의 경우는 30~35%를 차지하고 있다.

인건비는 레스토랑 서비스 직원과 주방 직원들의 인건비를 말하는데, 이러한 인건비는 직원들의 월급과 수당 그리고 복지 및 교육비 등도 포함되어 있다. 음식 서비스는 레스토랑의 서비스 형태에 따라 인적 서비스에 높은 의존도를 보이기 때문에, 관리자는 비즈니스의 흐름에 따라 인건비 관리를 위한 노력이 필요하다.

인건비 산출의 예를 살펴보면 다음과 같다.

식음료 판매 매출이 1,000,000원 그리고 인건비가 250,000원으로 나타났을 경우, 인건비 산출은 다음과 같다.

$$\frac{\text{인건비}}{\text{식음료 매출}} \text{, 이를 계산하면} \quad \frac{250,000\text{원}}{1,000,000\text{원}} = 25\% \text{ 인건비}$$

3. 손익분기점

손익분기점(損益分岐點 : Break-Even Point, BEP)은 일정한 기간의 매출액과 그것을 위하여 지출된 총비용 및 총소득이 동등한 지점을 의미한다. 즉, 한 기간의 매출액이 당해 기간의 총비용과 일치하는 지점으로 절대적 손실이나 순이익이 없는 것을 의미한다.

따라서 매출이 어느 정도 이상 되어야 손해를 보지 않는지, 투자했던 자금을 언제쯤 회수할 수 있는지를 알아볼 때, 가장 유용하게 사용하는 것이 바로 손익분기점(break-even point) 분석이다.

$$* \text{ 손익분기점 = 고정비} / (1 - (\text{변동비}/\text{매출액}))$$

월평균 매출이 1,200만 원이고 고정비 550만 원, 변동비 430만 원인 점포의 손익분기점을 한번 계산해 보자.

550만 원 / (1 - (430만 원 / 1,200만 원)) = 859만 원으로 이 점포의 손익분기점은 859만 원이다. 따라서 859만 원 이상부터 이익이 발생하기 시작한다.

따라서 손익분기점을 계산할 때 가장 유의해야 할 점은 변동비와 고정비를 적용할 때, 최소비용보다는 예측할 수 있는 최대비용에 가깝게 적용하는 것이 바람직하다고 할 수 있다.

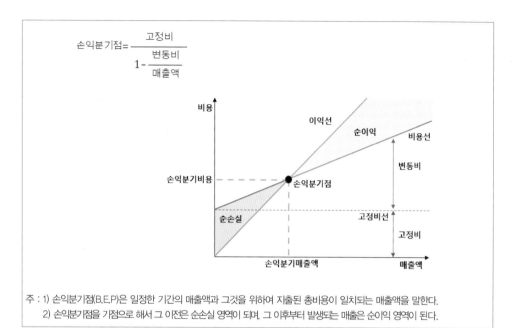

주 : 1) 손익분기점(B.E.P)은 일정한 기간의 매출액과 그것을 위하여 지출된 총비용이 일치되는 매출액을 말한다.
　　 2) 손익분기점을 기점으로 해서 그 이전은 순손실 영역이 되며, 그 이후부터 발생되는 매출은 순이익 영역이 된다.

▲ 손익분기점 그래프

1. 구매관리

　구매관리(purchasing control)란 합리적인 가격으로, 필요한 양과 품질을 갖춘 식재료를 구입하고, 이를 생산활동에 투입하는 식재료 관리의 첫 단계이다.

　구매의 출발은 조리부의 필요성 또는 구매담당자의 적정 재고수준 유지를 위해, 구매청구서(purchase requisition)가 작성되면서 시작된다.

　식자재는 신선도의 문제, 변동이 심한 가격, 농·수·축산물 등 종류의 다양성 때문에, 과학적이고 전문적인 구매관리가 요구되며 다음과 같은 원칙이 필요하다.

① 구매의 가치분석 및 시장조사 : 용도에 따라 가장 적정하고 적합한 것을 찾아 구매한다. 따라서 품목별 유명 산지, 작황 상황, 가격 동향 등을 파악하고 있어야 한다.

② 납기관리 준수 : 납기일이 늦지 않도록 구매한다. 아무리 가격이나 품질이 좋아도 납기일이 지나면 소용이 없다.

③ 적정재고 관리 : 재고관리는 적정량의 식자재를 항상 보유함으로써, 연속적인 생산을 촉진시키고, 식자재의 유통량이나 가격의 변동에서 오는 불확실성을 대비하는 데 있다. 만약 재고가 적정량 이하가 되면, 생산에 차질을 빚어, 결국 고객 상실로 이어지게 되고, 재고의 과다 보유 시 많은 유지관리비용이 소요된다.

◈ 구매의 흐름도

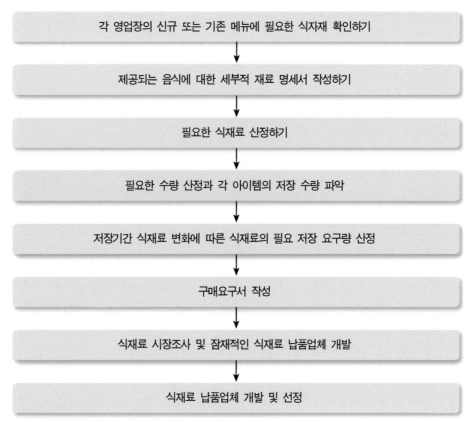

출처 : June & Monica(2005), The basic flow of purchasing activities, p.195

■ 표준구매명세서(Standard Purchase Specification)

가장 적정한 구매명세서는 구매 물품을 명확하게 정의하고, 식품을 정확히 구별할 수 있게 설명되어 있어야 한다. 표준구매명세서(standard purchase specification)는 구입하고자 하는 식재료의 품질 · 크기 · 중량 · 수량 등 그 특성을 상세하게 기록한 양식으로, 구매품목에 대한 설계도라고 할 수 있으며, 최고의 제품을 가장 경쟁력 있는 가격으로 구매하는 데 도움이 될 뿐만 아니라, 재고 관리, 품질 관리 및 안전 표준 충족에도 유용하다. 예를 들어, 치킨 패티 샌드위치를 위한 치킨 패티 구매 사양에는 원산지, 중량, 포장 유형, 배송 온도, 최소 주문량, 최대 주문량 등이 포함될 수 있으며, 이와 함께 레시피의 각 재료마다 해당 구매 사양이 요구된다.

일반적으로 표준구매명세서에는 다음의 내용이 포함된다. 먼저 1) 각 항목의 정의 2) 각 품목의 등급 또는 브랜드명 3) 무게, 크기 또는 개수 4) 물품 가격 단위 5) 상품에 대한 특별 참고사항 등이다.

표준구매명세서에 기록된 사항들은 식재료를 청구하거나 수령할 때, 구매자 · 납품업자 · 검수자를 위한 물품의 명확한 지침 또는 점검표가 되는 유용한 자료로 사용된다.

Hotel HM					
Purchase Requisition Form					
To Purchasing office/Store From: F&B Manager Date: April 2, 2011			Requisition No.: FB 1201 Purchase Order No.: 1542 Date Required: April 5, 2011		
Item #	Description	Quantity	Unit	Unit Price/Unit	Total cost
Requested by: _____ Ordered _____			Approved by: _____		Date

2. 검수관리

▲ 원재료 검수 모습

주문된 원재료는 호텔에 납품되고, 이때 원재료를 검수하고 확인하는 활동을 검수관리(receiving and inspecting)라고 한다. 즉 검수의 근본적 목적은 정해진 가격에 대해 주문된 내용과 수량이 일치하는 구매 품목의 획득이라고 할 수 있다.

검수방법에는 납품된 모든 아이템을 일일이 검수하는 전수 검사법과 납품된 아이템 중에서 몇 개의 샘플을 뽑아 사전에 설정된 아이템의 표준기준과 비교하는 방법이 있다.

3. 저장관리

저장관리(storing)의 목적은 검수과정을 거쳐 입고된 식자재가 상품화될 때까지, 일정한 장소에 보관하여, 부패와 손실을 방지하고 해당 주방에 원활하게 공급해 주는 것이다. 특히 저장 중에 발생할지도 모르는 도난에 의한 손실, 직원이나 외부인의 비행으로 인한 손실, 식재료의 변질과 부패에 의한 손실을 최소화하여야 한다.

따라서 식자재를 효율적으로 저장하고 관리하기 위해서는 다음과 같은 원칙이 필요하다.

▲ 식재료 저장 창고의 예

첫째, 식자재의 사용 빈도에 맞추어 식품군별로 즉, 육류, 생선류, 유제품, 과일, 채소류, 건식품 등으로 품목별 카드를 만들어 저장·관리한다.

둘째, 보안관리를 위하여 출입 권한을 부여받은 특정인에게 출입을 허가함으로써, 손실의 방지에 노력해야 한다.

셋째, 모든 창고는 적당한 저장공간, 저장온도, 저장기간, 철저한 위생관리 및 식품 간의 적정 간격 유지를 위한 저장설비가 필요하다.

넷째, 식품군별로 적정 저장온도와 습도는 다르므로, 그에 맞는 냉장고나 창고시설이 필요하다.

4. 출고관리

출고관리는 식자재 관리의 마지막 단계로 입고된 식자재를 해당 주방에 공급하는 일련의 과정이며, 식자재에 대한 통제와 관리 업무를 통해 원가관리와 재고관리에 필요한 자료를 제공한다.

즉 출고관리는 생산활동으로 이어지는 최종단계로, 저장하고 있던 식재료(육류, 공산품, 채소류, 소모품 등)가 인출되는 단계이다.

1) 선입선출법(First In, First Out ： FIFO)

식자재 출고관리의 기본은 선입선출로 식자재의 품질 유지와 위생에 매우 중요한 영향을 미친다. 선입선출(FIFO)은 식품을 저장하고 출고시키는 시스템으로, 가장 오래 보관된 식품(선입)이 다음으로 사용되는 식품(선출)이 되는 것이다. 이 방법은 식료품, 유제품 등의 경우에 선호되며, 모든 식음료부서의 표준운영절차이자, 식품관리자의 기본 관행이 되어야 하는 효과적인 시스템이다.

▲ Input sequence 1, 2, 3, 4 = Output sequence 1, 2, 3, 4

2) 후입선출(Last In First Out ： LIFO)

마지막으로 구매한 품목을 먼저 소비하는 방식이다. 이 저장공간의 기본 아이디어는 베이킹(baking) 식품과 같은 특정 품목은 신선할 때, 최적의 상품이 되기 때문이다. 후입선출방법은 품질을 유지하고 고품질 서비스를 제공하는 데 도움이 된다.

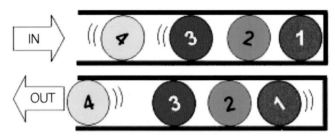

▲ Input sequence 1, 2, 3, 4 ≠ Output sequence 4, 3, 2, 1

5. 재고관리

1) 재고관리의 의의

재고(Inventory)는 판매 중이거나 판매 계획이 있는 완제품 또는 생산 진행 중인 품목의 부품과 원자재를 말한다. 재고관리(inventory management)는 구매부터 상품 판매까지 재고를 추적하는 것으로, 기업이 주문해야 할 물건의 품목과 양을 파악하는 데 목적이 있다.

재고관리의 목적은 제품의 품질상태나 제품별 재고회전율 그리고 식자재의 원가비율 등을 파악하는 것이며, 이때 회계 측정치인 재고회전율은 한 기간에 얼마나 자주 물건이 판매되는지를 반영한다.

기업 입장에서 낮은 재고회전율은 팔다 남은 사장(死藏) 재고나 미판매로 이어지기 때문에, 높은 비용을 유발하게 된다. 반대로 재고가 비용을 발생시키더라도, 많은 안전 재고를 보유하는 편이 품절로 인한 판매 기회의 손실을 줄일 수 있는 더 나은 선택일 수도 있다. 따라서 재고량이 너무 많거나 너무 적은 경우가 없도록 관리하는 것이 중요하다.

2) 재고관리기법

재고관리란 수요에 신속히 그리고 경제적으로 적응할 수 있도록, 재고를 최적상태로 관리하는 절차를 말하는 것으로, 고객(수요)의 서비스 수준을 충족시키면서, 총 재고비용을 최소화하는 것을 기본 목표로 두고 있다.

(1) ABC 재고관리

식자재의 품목별 중요도나 연간 총사용액에 따라, 전 품목을 A급, B급, C급 등으로 분류하는 방법으로, 일반적으로 A등급은 전체 가치의 80%를 차지하는 품목, B등급은 다음 15%, C등급은 나머지 5%를 차지하는 품목들로 분류한다.

◆ ABC 분석의 일반적 구분

그룹	품목비율	사용금액비율	관리방향
A	5~10%	70~80%	중점관리
B	10~20%	15~20%	적정관리기준
C	70~80%	5~10%	관리간소화

① A그룹 : 정기 발주시스템

품목은 적고 보관량과 높은 재고회전율을 유지하는 것이 중요하다. 지속적인 예측치 검토와 평가, 엄격한 정확성에 입각한 재고수준을 점검하고 주문량과 발주점을 주의 깊게 결정해야 한다. 또한 재고기록이나 조달기간도 엄격히 통제해야 한다.

② B그룹 : 정량 발주시스템

품목, 보관량, 회전수가 중간 정도를 유지해야 하며, 모든 결정 변수들은 분기별 또는 반기별로 검토해야 하며, 비교적 정상적인 재고기록과 통제가 필요하다. B그룹의 경우는 A그룹과 유사하나 엄격성과 주기에 있어서 보다 완화된 방식으로 적절한 안전 재고 보유를 유지한다.

③ C그룹 : Two Bin System 또는 JIT 방식

품목은 많고, 보관량과 회전수는 적기 때문에, 주기적 혹은 간헐적으로 관심을 기울인다. C그룹의 기본적인 방침은 단순히 보유하는 것에 의의를 두기 때문에, 주문량은 크고 주문 횟수는 적은 것이 일반적이다.

1. Two Bin System : 두 개의 선반을 가지고 재고를 정리하는 방식으로, 처음에는 두 선반에 물품을 가득 채워둔 후, 선반 1부터 출고를 시작한다. 그렇게 선반 1의 물품이 다 나가게 되면, 선반 2의 물품을 출고하게 된다. 이때 비어 있는 선반 1에 채울 물품을 발주하는 것으로 이 과정을 반복하면서 재고를 정리하는 방식이다.

2. JIT(Just-In-Time) 방식 : 재고를 쌓아두지 않고 필요한 시기마다 제품을 발주하는 방식으로, 팔릴 물건을 팔릴 만큼만 생산하여 판매하는 방식을 말한다.

(2) 경제적 주문량 모형(Economic Order Quantity Model)

잘못된 재고관리는 제품의 재고 과잉 및 부족을 유발하여, 시간, 자원 및 자본 낭비로 이어질 수 있기 때문에, 최적의 수주량을 정확하게 산정하기 위해서는 EOQ 모델을 사용한다.

이 모델은 정해진 수요 형태에 따라 재고수준이 감소하고, 재고수준이 0에 이르게 되면, 즉시 조달이 이루어짐에 따라, 최적의 재고 수준 유지로 품절에 따른 판매기회의 상실을 피할 수 있으며, 고객 신뢰와 충성도가 높아져 식당의 매출이 향상된다.

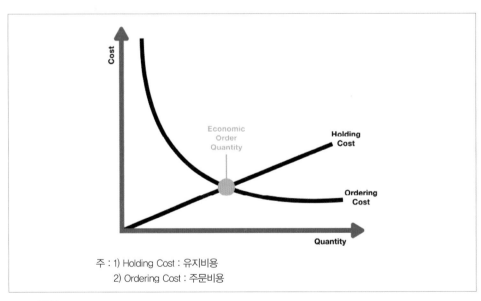

주 : 1) Holding Cost : 유지비용
　　2) Ordering Cost : 주문비용

▲ EOQ방식

1. 식음료 원가관리가 왜 중요한가를 토론해 보세요.

2. 원가를 분류하고, 각 항목별 원가를 설명해 보세요.

3. 손익분기점을 이해하고, 손익분기점을 공식에 따라 계산해 보세요.

4. 구매관리의 원칙과 구매의 흐름도를 설명하시오.

5. 출고관리에서 선입선출법(First In, First Out)이 무엇인지 설명해 보세요.

6. 재고관리에서 ABC 재고관리기법을 설명해 보세요.

PART

VI

식음료
운영지원 · 미래동향

11

식음료 마케팅

학·습·목·표

이 장을 학습한 후, 다음 내용들을 이해할 수 있어야 한다.

- 식음료 마케팅의 개념과 목표를 이해하고 정의할 수 있다.
- 식음료 마케팅 프로세스 5단계를 설명할 수 있다.
- 식음료 마케팅 믹스의 7P's를 설명할 수 있다.
- 내부마케팅의 개념과 실행요소를 설명할 수 있다.
- 관계마케팅과 CRM에 대해 살펴보고, 식음료 마케팅에서 왜 필요한지를 설명할 수 있다.

11 | 식음료 마케팅

개요

본 장에서는 마케팅의 개념과 목표를 식음료 분야에 적용하여 이해한다. 이를 위해 먼저 마케팅 프로세스 5단계를 바탕으로 단계별 절차와 이에 따른 행동을 살펴본다.

마케팅 믹스의 기본 4가지 요소에 확장 마케팅 믹스의 3요소, 즉 사람, 물리적 증거, 프로세스를 포함하여 식음료 부문의 마케팅 믹스로 학습한다. 특히 서비스 분야에서 중요하게 다루는 내부마케팅과 관계마케팅 그리고 고객 데이터를 통해 고객 관계 관리를 전략적 차원에서 살펴보는 것이 본 장의 내용이다.

제1절 > 식음료 마케팅의 개요와 마케팅 믹스

1. 식음료 마케팅의 개념과 목표

마케팅이란 회사가 고객과 사회를 위해 교환 창출을 위한 아이디어, 제품 및 서비스의 구상, 가격설정, 촉진 및 유통활동을 계획하고 집행하여, 결과적으로 그에 대한 보상으로 강력한 고객관계를 구축하는 가치획득 과정이다.

미국마케팅협회(American Marketing Association, 2013)는 "마케팅이란 고객, 클라이언트, 파트너, 그리고 넓게는 사회를 위한 가치를 갖는 제공물을 만들고, 알리고, 전달하고, 교환하는 활동과정"이라고 정의했다.

효과적인 식음료 마케팅 목표는 식당의 인지도를 높이고, 수요를 창출하며, 고객 충성도를 높여, 자사의 장기적인 경쟁력을 확보하는 데 있다.

식음료 마케팅 목표는 다음과 같다.

첫째, 브랜드 인지도 창출이다. 웹사이트, 소셜 미디어 채널, 지속적인 광고, 입소문 등 다양한 채널을 통해, 제공 상품이나 서비스에 대한 인지도를 높인다.

둘째, 수요 창출이다. 수요를 촉진하는 방법에는 제품의 공급망, 품질, 맛과 가치에 대하여 홍보하고 판촉하는 것이 포함된다.

셋째, 고객 충성도를 향상시킨다. 궁극적으로 효과적인 식음료 마케팅은 관계를 육성하고, 재방문을 장려하며, 충성도에 대한 보상을 제공함으로써, 고객을 브랜드 지지자로 만드는 것이다.

2. 식음료 마케팅 프로세스 5단계

1) 조사(Research)

시장에 존재하는 기회를 조사하는 단계로서, 고객의 불만이나 문제를 발견하고, 이상적인 제품이나 서비스를 구상해서 마케팅에 반영하는 단계이다.

2) STP 마케팅 전략

모든 마케팅 전략은 STP, 즉 S(Segmentation), T(Targeting), P(Positioning)를 바탕으로 수립된다. 즉 레스토랑은 자사의 상품으로 만족시킬 수 있는 대상을 표적화(표적시장 선정)하고, 그 후 표적시장에 자사의 독특한 상품과 이미지를 고객에게 인지시켜야 한다.

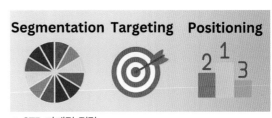
▲ STP 마케팅 전략

(1) 세분화 전략

시장 세분화(segmentation) 전략이란 목표시장을 몇 개의 집단으로 구분하여, 시장별로 소비자 기호에 맞도록 제품을 개발하는 것을 말한다. 레스토랑을 찾는 고객들은 그들의 필요와 욕구에 따라, 서로 상이한 특성이 있기 때문에, 시장을 몇 가지 기준에 따라 구분하고, 각각의 시장별로 매출전략을 세우는 것을 말한다.

(2) 표적화 전략

세분화를 통하여 나뉜 시장 또는 그룹 중 어떤 곳에, 자사의 제품이나 서비스 그리고 역량을 집중할 것인지를 선택하는 것이 표적화(targeting) 전략이다. 기업은 제한된 자원을 효율적으로 활용하기 위해, 시장을 세분화하고, 그중 가장 기회가 크고 수익성이 높은 시장을 선택한다.

(3) 포지셔닝 전략

어떠한 세분시장에 진입할 것인가를 결정한 다음, 레스토랑은 각 표적시장을 위한 서비스 제공을 어떻게 차별화할 것인가와, 그들 세분시장에서 어떠한 위치를 점유할 것인가를 결정해야 한다.

포지셔닝(positioning)은 동일한 니즈를 가진 소비자들을 묶어, 명확하게 구분한 표적시장에, 자사제품을 소비자의 마음속에 인지시키는 것이다.

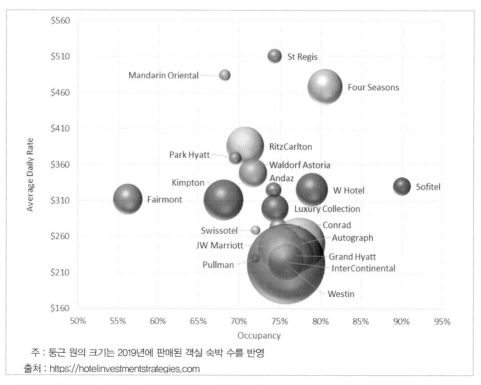

주 : 둥근 원의 크기는 2019년에 판매된 객실 숙박 수를 반영
출처 : https://hotelinvestmentstrategies.com

▲ 2019년 미국 내 고급 호텔 브랜드의 포지셔닝 지도(Positioning Map)

3) 마케팅 믹스(Marketing Mix)

STP 마케팅 전략의 다음 단계는 마케팅 믹스(marketing mix)의 결정이다. 마케팅 믹스(marketing mix)는 경영자가 통제할 수 있는 기본 마케팅 요소인 상품(product), 유통경로(place), 판매가격(price), 판매촉진(promotion) 등의 4가지 요소와 사람(people), 물리적 증거(physical facility), 프로세스(process)의 3가지 요소를 결합한 총 7P's를 말한다.

(1) 기본 마케팅 믹스

① 상품(Product)

상품이란 마케팅 믹스 전략의 가장 기본이 되는 선결요건으로, 좁은 의미에서는 고객에게 팔려고 하는 상품을 말하고, 넓은 의미에서는 고객의 욕구를 충족시킬 수 있는 유·무형의 모든 것을 말한다.

레스토랑의 유·무형 상품은 주로 인적 서비스와 물적 서비스 및 시스템적 서비스로 구성되어 있는데, 먼저 물적 서비스는 크게 식음료·부대업장 및 건물의 인테리어 등으로 구성되어 있으며, 작게는 고객에게 제공되는 칵테일이나 스테이크 등을 포함한다. 무형적 요소로는 제품의 편익(benefits)이나 이미지(image) 그리고 경험(experience)으로 이루어진다.

▲ 레스토랑의 유·무형 상품

② 가격(Price)

가격은 소비자가 제품이나 서비스를 소유 또는 이용함으로써 얻어지는 편익(benefits)과 맞바꾸어지는 제 가치의 합계로서, 소비자가 판매자에게 지불하는 상품이나 서비스의 대가이다.

레스토랑에서는 브랜드 또는 서비스 형태에 따라 가격을 차별화하여, 고객의 선택 폭을 넓혀주는 동시에 시장을 확장하는 전략으로 활용하고 있다.

③ 유통경로(Place)

유통은 상품이나 서비스를 어떤 유통경로를 통해 표적시장이나 고객에게 제공할 것인가를 결정하고, 이를 통해 새로운 시장기회와 고객가치를 창출하는 일련의 활동이다.

레스토랑의 유통경로는 위치 및 규모 등 다양한 요소들에 의하여 차이가 있으나, 무형적 요소가 강하고 소멸성이 높기 때문에, 대체로 대부분의 서비스는 제공자로부터 소비자에게 직접 판매되는 유통경로를 갖게 된다.

④ 촉진(Promotion)

레스토랑에서 판매하는 상품정보를 소비자들에게 의도적으로 전달하여, 상품에 대한 인지와 이미지를 새롭게 하여, 최종적으로 구매행동을 유발하는 활동을 촉진(promotion)이라고 한다.

▲ 레스토랑의 프로모션

레스토랑 촉진활동의 목표는 새로운 고객을 생성하고, 이들의 재방문을 통해 브랜드 충성도와 객단가를 높이는 것이다. 주요 촉진 수단으로는 광고, 세일즈 프로모션, 인적 판매와 내부판매, 홍보, 온라인 홍보, 인플루언스 마케팅(influence marketing), 블로그, 온라인 리뷰 작성 등이 있다.

(2) 확장 마케팅 믹스

① 사람(People)

레스토랑 서비스는 생산과 소비가 동시에 이루어지는 특성을 가지고 있다. 서비스를 생산하고 판매하는 서비스 제공자와 서비스를 제공받는 고객과의 상호작용은, 서비스의 질, 고객 만족, 식당 재방문 여부 등에 많은 영향을 미치게 된다. 따라서 고객접점 직원들에게 권한을 위임(empowerment)하고 동기를 부여하는 차별화된 내부마케팅 활동이 선행되어야 한다.

▲ 레스토랑의 인적 서비스

② 물리적 증거(Physical Facility)

물리적 증거란 서비스가 제공되고, 레스토랑과 고객이 상호작용을 벌이는 환경을 말한다. 이는 무형적 서비스의 원활한 커뮤니케이션이나 성과를 촉진시키기 위해 동원되는 모든 유형적 요소들을 일컫는다.

레스토랑의 물리적 증거는 실내 인테리어나 가구, 설비, 직원들의 복장, 간판 싸인, 인쇄물 및 기타 가시적인 단서들은 서비스 질을 위한 유형의 증거가 되며, 고객 만족과 직원들의 서비스 생산성에 큰 영향을 미치게 된다.

◆ 물리적 증거의 분류

구분		예시
서비스 스케이프 (Servicescape)	외부환경요소	시설 및 건물의 외형, 간판 및 안내표지판, 주차장 시설, 조경 등의 주변 환경 등
	내부환경요소	내부장식과 표지판, 벽 색상, 가구, 시설물, 공기의 질/온도, 매장의 음악 이나 향기, 테이블 세팅 등
기타 유형적 요소		직원의 유니폼, 광고, 메모지, 입장 티켓, 영수증, 메뉴, 식사 기물류, 인 터넷 홈페이지 등

▲ 물리적 증거들은 고객으로 하여금 서비스의 정도를 가늠케 한다.

③ 프로세스(Process)

프로세스는 서비스가 전달되는 일련의 과정이다. 즉 서비스 상품이 전달되는 실제적인 절차의 흐름을 의미하며, 고객은 서비스를 경험하는 과정이다.

만약 서비스 과정이 잘못 설계되었다면, 고객에게 제공되는 서비스는 늦어지고, 고객은 시간 낭비와 실망스러운 경험을 하게 될 것이다.

또한 서비스 전달 프로세스에서 직원의 태도나 감정이입, 대기시간의 관리, 고객의 요구사항이나 제안에 대한 직원의 반응, 변경 및 취소의 편리성 등, 프로세스 과정 중에 경험하는 서비스 능력은 고객의 눈에 보일 뿐만 아니라, 서비스 품질을 결정하는 매우 중요한 요소이다.

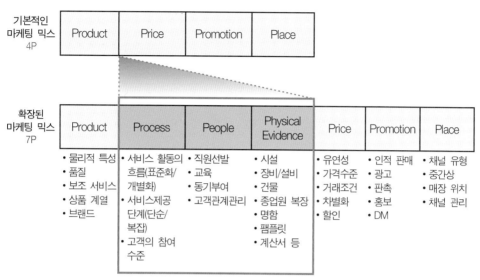

기본적인 마케팅 믹스 4P	Product	Price	Promotion	Place

확장된 마케팅 믹스 7P	Product	Process	People	Physical Evidence	Price	Promotion	Place
	• 물리적 특성 • 품질 • 보조 서비스 • 상품 계열 • 브랜드	• 서비스 활동의 흐름(표준화/개별화) • 서비스제공 단계(단순/복잡) • 고객의 참여 수준	• 직원선발 • 교육 • 동기부여 • 고객관계관리	• 시설 • 장비/설비 • 건물 • 종업원 복장 • 명함 • 팸플릿 • 계산서 등	• 유연성 • 가격수준 • 거래조건 • 차별화 • 할인	• 인적 판매 • 광고 • 판촉 • 홍보 • DM	• 채널 유형 • 중간상 • 매장 위치 • 채널 관리

출처 : 채신석 외(2022), 서비스 경영, 백산출판사

▲ 서비스 마케팅 믹스 7P

4) 실행(Implementation)

마케팅 믹스를 실행하는 단계이다. 아무리 의도가 좋아도 실행할 수 없다면 의미가 없다. 주어진 과제를 이루기 위해서는 부서 간의 연계도 필요하다. 왜냐하면 마케팅 계획의 수립과 실행은, 마케팅 부서 이외의 다른 부서의 협조나 동의가 필요한 경우가 대부분이기 때문이다.

5) 관리(Control)

마케팅 프로세스의 마지막 단계로서 실행 결과인 시장의 반응에 귀를 기울이고 평가하여, 성과를 더욱 향상시킬 수 있는 개선책을 마련한다.

마케팅 계획은 반드시 계획한 대로 실행에 옮겨지는 것은 아니며, 결과 역시 목표한 수준과 일치하지 않는 경우가 많다. 따라서 식음료부서가 목표로 하는 위치를 항상 확인하여, 마케팅 계획이 올바르게 이루어질 수 있도록 한다. 이것을 통제라고 부른다.

◈ 식음료 마케팅 수행절차

마케팅 프로세스 5단계	내용
1단계 : 조사(Research)	- 시장에 존재하는 기회를 조사
2단계 : STP	- STP란 시장세분화, 목표설정, 포지셔닝을 의미
3단계 : 마케팅 믹스(7P)	- 7P란 상품, 가격, 유통채널, 프로모션, 사람, 물리적 증거, 프로세스를 의미
4단계 : 실행(Implementation)	- 마케팅 믹스에서 설정된 7P를 실행
5단계 : 관리(Control)	- 실행에 따른 결과인 시장의 반응에 귀를 기울이고 평가하여, 성과를 더욱 향상시킬 수 있는 개선책을 마련

제2절 〉 내부마케팅

1. 내부마케팅의 개념

　서비스 기업은 외부고객은 물론 내부고객인 직원 모두를 잘 관리해야 한다. 외부고객을 대상으로 하는 마케팅을 외부마케팅이라 하고, 내부고객 즉 직원을 대상으로 하는 마케팅을 내부마케팅이라 한다.

　성공적인 내부마케팅(internal maketing)은 고객에게 좋은 서비스를 제공할 수 있는 능력 있는 구성원을 고용하고, 훈련하며 동기를 부여하는 행위이다. 즉 직원을 최초의 고객으로 보고, 그들에게 서비스 마인드나 고객지향적 사고를 심어주며, 더 좋은 성과를 낼 수 있도록 동기부여하는 활동으로 정의할 수 있다.

　식음료 서비스는 고객접점에 있는 서비스 제공자의 역할이 고객 만족과 직접적으로 연결되기 때문에, 레스토랑 경영자들은 기업 내의 마케팅 활동이 기업 외부의 마케팅 활동보다 더 중요하다는 것을 인식해야 한다.

　따라서 내부마케팅은 직원들이 탁월한 서비스를 제공할 수 있도록, 직원 교육에 중점을 두며, 복리후생과 업무지원 그리고 동기부여를 포함하는 일련의 활동들을 통해, 그들이 자신감과 긍지를 가지고 현장에서 근무할 수 있게 해야 한다. 고객이 왕이라면 내부직원, 특히 현장 직원은 황제이다. 내부 직원조직이 튼튼하면 외부마케팅과 상호 마케팅은 자연스럽게 저절로 이루어질 수 있다.

2. 내부마케팅의 실행요소

메리어트 호텔(Marriott Hotel) 체인의 설립자인 메리어트는 "서비스산업에서 행복하지 않은 직원이 고객을 행복하게 만드는 것은 불가능하다."라고 말했다. 따라서 고객 접점에서 서비스가 이루어지는 레스토랑에서, 내부고객 만족이 외부고객 만족보다 우선한다고 할 수 있다.

내부마케팅 활성화를 위한 실행요소는 다음과 같다.

▲ Marriott Hotel의 동기부여 프로그램

① 장기적인 비전 제시 : 장기적인 비전 제시를 통하여 직장에서 미래에 대한 희망과 보람을 갖게 하는 것이다. 특히 개인능력을 발휘할 수 있는 기회 제공, 성장과 안전, 건전한 조직문화 구축 등을 들 수 있다.

② 내부커뮤니케이션 강화 : 경영자는 항상 내부고객인 직원들의 목소리를 들어야 한다. 즉 직원들의 업무나 인사 그리고 근로조건에 대한 만족도를 주기적으로 조사하고, 제안제도, 고충상담실, 대화의 장을 통하여 내부고객의 목소리를 개방적이고 진지하게 수렴해야 한다.

③ 공정한 직무평가 : 직원들의 직무에 대한 편파적이지 않은 공정한 평가는 직장에 대한 신뢰 형성에 중요한 역할을 한다. 직무에 대한 가치를 정하고, 동일노동, 동일임금의 원칙을 실현할 수 있는 직무체계를 확립해야 한다.

④ 동기부여와 보상 : 동기부여란 직원들이 업무를 수행하고자 하는 의욕이 생기도록, 적절한 보상을 확대하고, 일하기 좋은 환경을 만드는 것이다.

제3절 > 관계마케팅과 CRM

1. 관계마케팅(Relationship Marketing)

1) 관계마케팅의 정의

그동안 마케팅이 전반적으로 신규고객을 창출하는 데 초점을 맞추었다면, 그들을 지속해서 단골고객으로 유지하는 데는 별로 관심을 두지 않았다. 즉 일회적 거래(transaction)나 교환(exchange)이 중심이었다.

▲ Marriott Bonvoy: 메리어트 인터내셔널의 멤버십 보상 프로그램

관계마케팅은 고객과 지속적으로 유대관계를 형성하고 유지하면서, 상호 간의 이익을 극대화하는 마케팅 활동을 말한다.

즉 기존의 거래 고객과 더욱 밀착된 관계 구축을 통해, 레스토랑 이용 고객에게 다양한 혜택을 부여하고, 충성도를 향상시켜, 지속적으로 레스토랑을 이용하게 하는 장기적인 고객관계관리 전략을 의미한다.

2) 관계마케팅의 성공요소

관계마케팅은 고객과의 지속적인 유대관계를 통해, 기업과 고객이 상호 이익이 되는 방향으로 전개되어야 하며, 이를 위해서는 고객을 창출·유지·강화하는 노력이 필요하다.

(1) 고객 창출

성공적인 관계마케팅을 위해서는 먼저 신규고객 창출(attraction)이 필요하다. 신규

고객 유치는 고객의 기대나 욕구 파악이 우선적으로 실행되어야 하며, 때로는 신규 고객 확보를 위한 인센티브 제공도 검토할 수 있다.

주로 쿠폰, 할인, 마일리지, 무료 평가판, 보너스 아이템과 같은 인센티브 또는 설문 평가에 대한 커피 쿠폰 제공 등은 자연스러운 신규고객 창출에 효과적인 방법이 될 수 있다.

출처 : https://www.webstaurantstore.com

▲ 레스토랑의 보상 및 할인 프로그램

(2) 고객 유지

▲ 단골고객 유지 이유

관계마케팅의 두 번째 목표는 고객의 유지(retention)에 있다. 지속적으로 가치 있는 제품이나 서비스를 제공하고, 고객의 욕구를 서비스에 반영해 나간다면 장기적인 고객관계가 유지된다.

따라서 레스토랑 경영자는 가치 있는 서비스 제공을 통해, 단골고객을 확보할 수 있는 전략을 만들어내야 한다.

(3) 고객충성도 강화

고객충성도를 강화(enhancement)하는 것은 제공 서비스에 대한 친밀성을 증가시 킴으로써, 브랜드 충성도를 높이고, 향후 지속적으로 레스토랑을 이용할 수 있게 유 도하는 것이다.

충성고객은 레스토랑의 견고한 사업 기반이 될 뿐만 아니라, 성장 잠재력이 된다. 따라서 레스토랑에서는 멤버십 프로그램 운영이나 로열티 프로그램, 할인 및 보상을 통해 지속적으로 강화시키는 노력이 필요하다.

2. 고객관계관리(CRM)

1) 고객관계관리(Customer Relationship Management)의 개념

고객관계관리는 기업이 고객과 관련된 내외부 자료를 분석·통합하고, 획득된 정 보를 유용한 마케팅 정보로 가공하여, 튼튼한 고객관계를 만드는 마케팅 활동이다. 즉 고객과의 지속적인 관계를 유지하면서, 평생 고객화를 통해 고객의 가치를 극대 화하는 것을 말한다.

이를 위해 고객 데이터의 세분화를 실시하여, 신규고객 획득, 우수고객 유지, 고객 가치 증진, 잠재고객 활성화, 평생 고객화와 같은 사이클을 통하여, 고객을 적극적으 로 관리하는 것이다.

2) CRM의 목적

CRM은 레스토랑과 처음 거래하는 신규고객의 획득에서부터, 장기적으로 고객과 1 : 1 관계를 구축하고, 고객의 평생가치를 극대화하여 레스토랑의 수익성을 높이는 데 목적이 있다.

결론적으로 말해서 마케팅이란 수익성을 창출할 수 있는 고객을 끌어들이고, 이를 유지하는 기술이다. 아메리칸 익스프레스의 제임스 푸텐(James V. Putten)에 의하면, 최상의 고객들은 다른 일반고객에 비해 소매업자는 16 : 1의 비율로, 식당업에서는 13 : 1의 비율로, 항공업에서는 12 : 1의 비율로 그리고 호텔/모텔업에서는 5 : 1의 비율로 더 많이 지출한다. 그러나 이 모든 기업들은 자사고객들 중 일부에 대해서는 손해를 보고 있다. 잘 알려진 20/80법칙은 고객들 중 상위 20%가 자사의 이익 80% 이상을 창출한다는 사실을 제시한다(파레토의 법칙). 셔든(Sherden)은 위의 법칙을 20/80/30으로 수정하도록 제시했는데, 그것은 "고객들 중 상위 20%는 자사 이익의 80%를 창출하고, 그 이익의 반은 이익을 창출하지 못하는 고객들 중 하위 30%를 관리하는 데 사용된다"고 하였다.

또한 가장 많은 이익을 산출하는 고객이 반드시 자사의 단골고객은 아니다. 단골고객들은 상당한 서비스를 요구하며, 또한 높은 폭의 할인을 받기 때문이다.

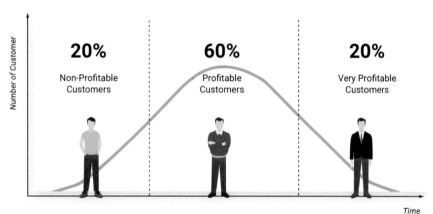

출처 : Kotler & Keller, 마케팅 관리론, 12판, p.229
▲ 고객평생가치(Customer Lifetime Value)

(1) 업무 효율성 향상

CRM 플랫폼은 각 고객의 관련 데이터와 인구통계, 관심사 등 기타 주요 정보를 수집하여, 축적하고, 수집된 고객정보를 기반으로 고객에게 타깃 마케팅을 수행하게 된다.

또한 고객과 즉시 소통할 수 있는 챗봇 및 자동화된 이메일 같은 도구를 통해, 마케팅 활동을 자동화할 수 있다.

(2) 고객 만족도 향상

▲ 소셜 미디어의 레스토랑 마케팅

고객 분석은 중요한 마케팅 기회이다. 고객 선호도, 습관, 구매를 분석함으로써, 기업은 서비스를 개선하는 동시에 판매를 촉진하고, 고객의 신뢰와 성취도를 높이게 된다.

따라서 CRM은 고객과 기업과의 상호 소통, 소셜 네트워킹 참여, 자동화된 설문 조사에 적극적인 참여를 유도하여, 레스토랑의 브랜드가 고객 마음속에 인지되도록 해야 한다.

(3) 고객층 확대

잠재적인 상품 구매자와 끊임없이 교류하고, 정보를 제공하여 구매하도록 하는 것은 성공적인 비즈니스의 중요한 전략이다.

레스토랑 CRM은 고객 충성도를 높이고 수익에 도움이 될 뿐만 아니라, 기업과 고객 간의 신뢰관계를 더욱 쉽게 구축하고 육성하는 데 도움이 되는 도구이다.

(4) 장기적인 관계 구축

▲ CRM 관리 프로그램

CRM은 고객과의 상호작용을 관리하는 플랫폼이다. CRM 도구를 사용하면 잠재고객을 찾고, 육성하고, 전환하여 고객과 더욱 강력한 관계를 구축하고, 고객 추천 및 충성도 프로그램을 구현하는 데 도움이 된다.

고객의 특별한 행사를 기억하고, 자동으로 생일이나 기념일에 인사말을 보내고, 푸시 알림을 사용하여 고객의 마음을 사로잡는 것이다.

1. 식음료 마케팅의 개념과 목표를 토론해 보세요.

2. 식음료 마케팅 프로세스 5단계를 설명해 보세요.

3. 내부마케팅의 개념과 실행요소를 설명하고, 왜 중요한지를 토론해 보세요.

4. 식음료 마케팅에서 관계마케팅의 중요성을 설명하시오.

5. 식음료 마케팅에서 CRM의 목적을 설명해 보세요.

CHAPTER

식음료 인적 자원관리

12

제1절 | 식음료 인사관리
제2절 | 식음료부서의 인력관리

이 장을 학습한 후, 다음 내용들을 이해할 수 있어야 한다.

- 식음료 인사관리의 중요성을 설명할 수 있다.
- 직무분석을 통해 작성되는 직무기술서와 직무명세서를 설명할 수 있다.
- 식음료 서비스 직원에게 필요한 자질을 설명할 수 있다.
- 식음료 직원의 채용 전 활동과 채용 후 활동을 설명할 수 있다.

12 | 식음료 인적 자원관리

개요

본 장에서는 식음료 인사관리의 개념과 중요성을 살펴보고, 직무분석을 통한 직무기술서와 직무명세서를 작성하는 이유 및 식음료 서비스 직원에게 필요한 자질을 살펴본다. 마지막으로 인사업무 중 채용 전 활동과 채용 후의 활동을 이해하는 것이 본 장의 내용이다.

제1절 〉 식음료 인사관리

1. 식음료 인사관리의 개념

인적 서비스가 대표적인 레스토랑에서 인적 자원의 중요성은 다른 무엇보다 중요하다고 할 수 있다. 식음료 인사관리란 식음료 조직 및 직무에 필요한 인적 자원의 채용과 교육 그리고 적재적소에 배치하여, 인적 자원을 효율적으로 유지·개발·활용·보상하는 과정을 말한다.

▲ 인적 자원 계획과 활동

식음료 산업은 장시간의 노동과 육체적 노동, 정서적 스트레스를 요구하는 힘든 근무환경으로 직원 이직률이 높게 나타나고 있다. 따라서 효과적인 채용 전략의 구현과 경쟁력 있는 혜택 및 보상 패키지를 제공하고, 직원 충성도를 장려하는 긍정적인 작업 환경을 조성해야 한다.

2. 인적 자원계획

인적 자원계획은 먼저 직무분석(job analysis)이 이루어져야 하며, 이를 바탕으로 직무기술서(job description)와 직무명세서(job specification)를 작성하게 된다.

1) 직무분석(Job Analysis)

직무분석(job analysis)이란 직무에 관련된 정보를 수집·분석·정리하여, 인사관리의 기반을 마련하기 위한 행위이며, 수행하는 일을 분석하여 해당 업무의 범위를 결정하고 명확화하는 것이라 할 수 있다.

즉 해당 직무의 내용·특징·자격요건을 설정하고, 직무를 수행하는 데 요구되는 기술·지식·책임 등을 분명히 밝혀주는 절차를 말한다.

출처: 채신석 외(2022), 호텔경영론, 백산출판사

▲ 직무분석

2) 직무기술서와 직무명세서

(1) 직무기술서(Job Description)

직무분석의 결과를 가지고 직무의 특성에 대한 사실을 간략하게 정리한 것을 직무기술서라고 할 수 있다.

즉 직무를 직무분석의 결과에 의해 가장 효과적이고 능률적으로 수행할 수 있도록, 직무의 특성 및 성격, 수행방법과 직무에 기대되는 결과, 그리고 그 내용을 간략하게 정리해 놓은 직무해설서로서, 직무평가의 기초자료가 된다.

◇ 직무기술서의 예

■ 서버(Server)의 직무기술서

- 성 명 : 홍길동	- 직 책 : 서버(server)
- 직 급 : 7급(혹은 8급)	- 부 서 : 식음료부
- 보고자 : 캡틴(혹은 부지배인)	- 지휘 및 감독 : 버스보이 및 실습생

▷ 기본임무
　① 훌륭한 서비스 제공에 최선을 다한다.
　② 정확한 식음료 메뉴 주문 및 서브 업무를 수행한다.
　③ 영업준비 및 서비스 기물, 장비 관리에 최선을 다한다.

▷ 업무활동
　① 회사에서 제공되는 유니폼을 착용하고, 정결한 복장과 용모로 출근하여 근무에
　　임한다.
　② 할당된 구역과 부수적인 업무 및 테이블 번호를 숙지한다.
　③ 테이블 정리 정돈 및 영업준비 사항을 점검하고, 버스보이를 감독하며 도와주어야
　　한다.
　④ 은기물, 글라스 및 접시류 등을 닦는다.
　⑤ 공손하고 상냥한 어조로 고객을 맞이해야 한다.
　⑥ 메뉴 제안 및 주문을 받는다.
　⑦ 얼음물, 커피 서비스 등을 제공한다.
　⑧ 주문받은 식음료를 서브한다.
　⑨ 사용한 모든 식탁 기물들을 식기 세척실로 옮긴다.
　⑩ 고객의 식사가 끝났을 때, 고객의 요구에 따라, 계산서를 제공하고 이상 유무를
　　확인한다.
　⑪ 다음 고객을 위하여 식탁을 재정비한다.
　⑫ 사용한 테이블을 치우고 다음 영업(아침, 점심, 저녁) 준비를 한다.
　⑬ 근무시간 중 지배인 및 담당 캡틴의 지시를 따르고 동료직원과 협력한다.
　⑭ 필요시 고객과 대화한다.
　⑮ 고객을 기다린다.
　⑯ 회사의 비밀을 유지한다.
　⑰ 회사의 실정에 따라 주어지는 기타 모든 업무를 수행한다.

(2) 직무명세서(Job Specification)

직무기술서를 기초로 하여 직무의 내용과 직무에 요구되는 인적 요건이나 특성을 기술한 것을 직무명세서라고 한다.

직무명세서는 직무 자체의 내용을 파악하는 데 초점을 맞춘 것이 아니라, 직무를 수행하는 사람의 성별 및 연령, 학력, 전공, 자격증, 경험이나 경력 등의 인적 요건에 초점을 맞춘 것이다.

3) 식음료 서비스 직원에게 필요한 자질

레스토랑 직원의 태도와 서비스는 고객의 레스토랑 평가에 큰 영향을 미치게 된다. 일반적으로 직원들은 레스토랑의 얼굴이며, 서비스 품질에 따라 고객의 재방문 여부가 결정된다. 따라서 담당 직원은 주문을 처리하고 식음료 품목을 고객에게 제공하며, 고객이 식사 경험에 만족하는지 확인하고, 고객 결제를 처리하며, 불만사항이 발생하면, 즉시 처리해야 한다.

이를 위해 직원이 갖추어야 할 자질은 다음과 같다.

(1) 전문성

식음료 종사자는 식품 및 음료와 관련한 높은 수준의 전문성을 보여야 한다. 또한 맡은바 임무에 최선을 다해 일관되게 수행하고, 시간을 엄수하며, 어려운 상황에서도 긍정적인 태도를 유지해야 한다. 전문성은 레스토랑의 전체적인 이미지에 기여하고, 고객의 신뢰를 구축하기 때문에 매우 중요하다.

▲ 전문적인 서비스 능력 요구

이제는 정해진 직무에서 벗어나 모든 직원이 소믈리에, 바리스타 또는 바텐더의 기술을 습득하여 다양한 상황에 대처해야 한다.

(2) 진정한 소셜 카멜레온이 되기(Become a True Social Chameleon)

식음료 서비스는 사람을 상대로 하는 비즈니스이다. 직원들은 매일 함께 일하는 동료와 관련 부서 직원들 그리고 다양한 고객과 마주하게 된다. 고객들은 원하는 서비스를 제공받고 싶어 하고, 직접적으로 팀워크를 이루는 동료들과의 업무관계나 음식과 관련하여 가끔씩 주방 직원들과 논쟁해야 한다. 따라서 모든 유형의 상호작용을 원만히 처리하고 해결하려면, 결국 상황별 카멜레온이 되어야 한다.

(3) 의사소통 기술

우수한 고객 서비스를 제공하려면, 고객 및 동료 모두와 명확하고 효과적으로 의사소통할 수 있어야 한다. 강력한 의사소통 기술은 업무의 효율성을 높이고, 오해를 방지하며 긍정적인 업무 환경을 조성하게 된다.

(4) 팀 플레이어

여러 직원이 협력하여 우수한 서비스를 제공하는 식음료부서에서는 협업과 팀워크가 중요하다. 어떤 직원도 다른 직원의 지원 없이, 혼자서 모든 업무활동을 성공적으로 수행할 수는 없다. 이상적인 직원은 팀 플레이어여야 하며, 필요할 때 동료를 기꺼이 도와야 한다.

팀 플레이어가 되면 강력한 업무관계를 구축하고, 긍정적인 업무환경을 조성하는 데 도움이 된다.

▲ 영업 전 직원 미팅

(5) 세부사항에 대한 주의

음식 및 음료 서비스에서는 세부사항에 대한 확인과 관찰이 중요하다. 이상적인 직원은 최고 수준의 고객 만족을 보장하기 위해, 식음료의 준비, 청결성, 정확성과 같은 세부사항에 세심한 주의를 기울여야 한다. 이를 통해 품질 및 일관성 유지가 가능해지기 때문이다.

(6) 고객 지향성

아무리 메뉴가 훌륭하더라도 고객 서비스에 대한 경험이 좋지 않으면, 고객은 다시 돌아오지 않는다. 따라서 고객이 원하는 것과 요구사항을 파악하기 위한 세심한 관심이 필요하며, 고객 만족도를 높이기 위해 추가적인 노력을 기꺼이 해야 한다.

제2절 〉 식음료부서의 인력관리

인력관리 프로세스는 먼저 인력의 수요와 공급을 예측하여, 필요한 인적 자원을 계획하고, 모집·선발을 거쳐 적임자를 채용하는 방식으로, 적절한 인적 자원을 확보하는 것에서 시작된다. 이는 채용 전 활동과 채용 후 인사관리 활동으로 구분할 수 있다.

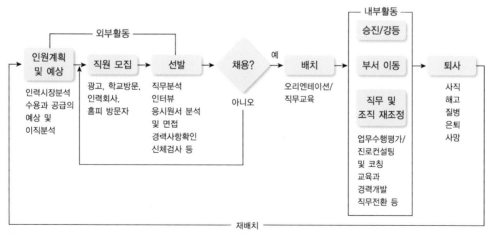

출처 : June P. P. & Monica, T.(2005), The Basic Flow of Purchasing Activities, p.494

▲ 인력관리 프로세스

1. 식음료 직원의 채용 전 활동

식음료부서에서 신규 인력의 채용은 매우 신중한 판단과 절차가 중요하다. 채용 과정에서 철저한 검증과정을 거쳐야 하고, 최종적으로 조직의 전체 팀워크(team work)에 필요한 인재를 고용하는 것이다.

신규 채용은 외식기업 외부에 있는 인력으로부터 채용하는 외부충원이나, 이미 조직에서 일하고 있는 근무자들로부터 채용하는 내부충원 방법이 있다.

1) 모집

모집은 자격을 갖춘 예비후보자를 적시에 확보하기 위한 일련의 활동이다. 외부 모집은 광범위한 인력 채용이 가능하고, 내부모집은 모집부문에 관심 있는 직원들에게 직무를 변경할 수 있는 기회가 제공되며, 이를 통해 직원들의 동기유발이 가능하다.

2) 선발관리

선발은 지원자 중에서 조직이 필요로 하는 직무에 가장 적합한 자질을 갖춘 인력 채용을 결정하는 과정을 말한다.

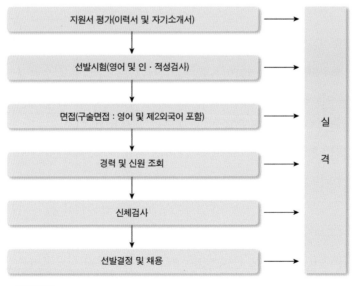

▲ 선발절차

(1) 서류전형

서류전형(review the application)은 지원자의 이력서나 자기소개서로 평가하고, 경력자의 경우 경력증명서 등의 서류를 검토하여, 채용분야 및 자격요건에 맞는 지원자를 추려내는 과정이다.

(2) 인·적성 평가

인성은 조직의 적응력을 나타내고 적성은 업무의 적응력을 나타내는 것으로, 인성검사는 기업에서 필요로 하는 인성을 가진 사람을 판별하기 위해 사용한다. 이에 대해 적성검사는 단순히 사람들의 수리 및 계산능력을 보는 게 아닌 직무에 대한 통합적인 능력을 평가하는 것이다. 최근 호텔에서는 인·적성검사를 실시하여, 이를 통과한 지원자에게 면접의 기회를 주고 있다.

호텔이나 외식기업들은 특성에 맞는 자체 선발절차를 유지하고 있으며, 일부 차이가 있겠지만, 대체적으로 다음의 〈그림〉과 같은 과정을 거친다.

◇ 인적성 검사지 예시

■ 인성시험 문항(예시)

평소에 자신과 가까운 것에 V표 해주세요.

번호	문항	전혀 아니다	아니다	보통 이다	그렇다	매우 그렇다
1	융통성보다 철저한 계획이 중요하다.					
2	일 처리를 정확하게 하는 편이다.					
3	꾸준하다는 평가를 듣는다.					
4	문제를 해결하기 위해 여러 사람과 상의한다.					
5	다른 사람의 의견을 모두 듣고 자신의 의견을 말하는 편이다.					
6	변화에 적응하는 데 걸리는 시간이 짧다.					
7	작은 소리에 둔감한 편이다.					
8	문제를 해결하는 데는 힘보다 지적 능력이 중요하다.					
9	현실을 잘못 파악하여 어려움에 처한 경우가 적다.					

■ **적성시험 문항(예시)**

1. 다음 A와 B를 보고 음영이 있는 영역의 넓이를 비교한 것에 대하여 옳은 것을 고르세요.(단, 원의 넓이는 같다.)

   A.   **B.**

   ① A의 넓이가 더 넓다.
   ② B의 넓이가 더 넓다.
   ③ A와 B의 넓이는 같다.
   ④ A와 B의 넓이를 비교할 수 없다.

2. 다음 표의 숫자를 모두 더해서 7로 나누면 나머지는 얼마인가요?

7	4	3
9	7	1
4	5	7

   ① 5
   ② 4
   ③ 3
   ④ 2
   ⑤ 1

주 : 위 문항은 일반적인 예시이며, 호텔은 호텔의 상황에 맞추어 개발한 것을 사용함

출처 : ㈜인적 자원관리원, http://www.atest.co.kr

(3) 면접

호텔직원 선발에서 면접의 의미는 매우 크다. 지원 동기를 비롯하여 해당 업무에 맞는 전문지식 보유 여부나 용모, 그리고 서비스인으로서의 가장 중요한 자격조건인 서비스 마인드를 면접을 통하여 평가하는 것이다.

면접을 통해 피면접자가 주어진 환경에 대해, 어떻게 보고 행동하는지에 대한 특

성을 체계적이고 종합적으로 평가·판단할 수 있다.

일반적으로 서류전형에 합격하면 1차 실무진 면접, 2차 해당부서 및 인사임원 면접, 최종적으로 총지배인 면접이 이루어진다.

(4) 경력 및 신원조회

면접에서 통과한 예비 합격자들을 대상으로 서류상의 경력사항이나 학력 그리고 자격사항 등을 확인하고, 기타 신원조회(reference check)를 실시하게 되는데, 이때 법적인 문제 또는 전 직장에서의 근무태도 등을 확인하고, 지원서에서 오류가 발견되면 합격을 보류하거나 회사의 규정에 따른다.

(5) 신체검사

신체검사(physical examination)는 해당 직무에 대한 신체적인 사항을 확인하는 단계이다. 식음료 직원은 고객과 직접 상대하는 직원을 선발하기 때문에, 신체검사를 통해 해당 직무수행이 어려운 지원자를 가려낸다.

(6) 최종선발

선발 결정(selection decision)은 채용과정을 통해 선발된 후보자를 최종적으로, 정규직 또는 비정규직으로 결정하는 과정이다.

수습사원 평가표

작성일자 : 　2023-11-20(월)

1. 수습사원 대상자 인적 사항

성 명		생년월일	
부서명		직　무	
입사일자		평가기간	2023-10-06~11-20

2. 평가항목

평가항목	평가검토사항	1차 평가자 평가					2차 평가자 평가				
		S (5)	A (4)	B (3)	C (2)	D (1)	S (5)	A (4)	B (3)	C (2)	D (1)
근무실적	담당업무를 기간 내에 얼마나 처리하였는가	O					O				
	담당직무를 수행함에 있어 그 내용이 정확하고 효과가 있었는가	O					O				
직무수행능력 및 전문성	직무에 필요한 지식과 경험은 어떠한가	O					O				
	문제의 핵심을 이해하고 결론을 내리는 능력은 어떠한가	O					O				
	전문지식과 경험을 효과적으로 활용하는 능력은 어떠한가	O					O				
	업무를 이해하고, 업무에도 마찰 없이 적응하며, 업무를 효율적으로 처리하는가	O					O				
직무수행태도	담당업무에 대한 근면 및 성실, 책임감이 있는가	O					O				
	담당업무에 대하여 자발적으로 수행하는가	O					O				
	상사나 동료 간에 원만한 인간관계, 협조를 유지하는가	O					O				
	회사의 방침이나 상사의 지시를 정확히 이해하고 업무를 수행하는가	O					O				
합　계		50 점					50 점				

3. 평가자의견

1차평가자 의견	
2차평가자 의견	

4. 채용여부 및 결재(채용여부는 합격 또는 불합격으로 표기하여 주십시오.)

평가점수	50. 점
채용여부	합격

결 재	1차평가	2차평가	대표이사
	/	/	/

2. 식음료 직원의 채용 후 활동

1) 오리엔테이션(Orientation)

식음료부서는 신입직원으로 하여금 새로운 환경에 대하여 잘 적응할 수 있도록, 그들에게 조직의 정보나 직무수행 요령 등을 지도하고, 진로의 방향을 안내하는 것으로 '사전지도(事前指導)'의 성격을 띤다. 오리엔테이션의 주요 내용으로는 신입직원에게 직무의 내용과 기능, 근무규칙 등을 말해주고, 직속상관 또는 부서의 직원들을 소개한다.

2) 교육훈련

식음료부서에서 생산성과 경쟁력을 높이기 위해서는 전문성 있는 인적 자원의 확보뿐만 아니라, 교육을 통한 인적 자원의 개발이 필수적이다.

교육(education)은 잠재능력을 유인하는 정신적 의미가 강조되며, 훈련(training)은 육체적·기술적 연습으로 실용적 지식을 부여하는 것으로, 고용한 직원의 업무수행 능력을 향상시켜 나가는 과정이다.

▲ 영업 시작 전 업무 브리핑

논 의 과 제

1. 외식산업에서 인사관리가 왜 중요한지를 설명하시오.

2. 직무분석을 통해 작성되는 직무기술서와 직무명세서의 내용과 차이를 설명하시오.

3. 식음료 서비스 직원에게 필요한 자질이 무엇인지 토론해 보세요.

4. 식음료 직원의 채용 전 과정에서 인·적성 검사에 대해 토론해 보세요.

5. 식음료 직원의 채용 전 활동과 채용 후 활동을 설명하시오.

4차 산업과 식음료 경영의 변화

13

제1절 ¦ 4차 산업혁명의 개념과 기술
제2절 ¦ 푸드테크
제3절 ¦ 미래 식음료 경영 패러다임 변화와 과제

학·습·목·표

이 장을 학습한 후, 다음 내용들을 이해할 수 있어야 한다.

- 4차 산업혁명의 개념과 관련된 주요 기술 범위를 설명할 수 있다.
- 푸드테크의 개념과 푸드테크 시장의 확장 배경을 설명할 수 있다.
- 식음료 산업의 푸드테크 적용과 향후 변화를 설명할 수 있다.
- 4차 산업혁명 시대의 식음료 경영 패러다임 변화를 설명할 수 있다.

13 | 4차 산업과 식음료 경영의 변화

개요

요즘 식당이나 카페를 이용할 때, 키오스크 또는 테이블 옆의 전자 메뉴를 통해 주문하고 결제하는 것이 흔한 일상이 되었다. 직원이 상냥한 미소를 지으며 메뉴를 추천하고, 주문받는 모습은 머지않아 식당에서 찾아보기 어려워질 듯하다.

본 장에서는 4차 산업혁명의 개념과 기술을 살펴보고, 이러한 변화가 외식산업에 미치는 영향에 대해 살펴본다. 특히 기술 변화에 따른 푸드테크의 부상과 이를 통한 새로운 일자리 패러다임의 변화에 대해 살펴보고, 이해하는 것이 본 장의 내용이다.

제1절 〉 4차 산업혁명의 개념과 기술

1. 4차 산업혁명의 개념

산업혁명이라고 하면 18세기 영국에서 증기기관이 기반이 되는 1차 산업혁명, 전기와 생산조립라인을 기반으로 대량생산 체계를 구축한 2차 산업혁명, 컴퓨터와 인터넷 기반인 3차 산업혁명을 말한다.

21세기에 나타난 제4차 산업혁명은 인공지능, 사물 인터넷, 빅데이터, 모바일 등 첨단 정보통신기술이 경제·사회 전반에 융합되어 나타나는 차세대 산업혁명으로서, 1, 2, 3차 산업혁명은 생산의 주체가 사람이었으나, 4차 산업혁명은 사람에서 기계로 이동하게 된다는 점에서 혁명적이라고 할 수 있다.

4차 산업혁명까지의 발전 흐름과 특징 그리고 기술적 변화를 살펴보면 다음의 도표와 같다.

	제1차 산업혁명	제2차 산업혁명	제3차 산업혁명	제4차 산업혁명
시기	18세기	19~20세기 초	20세기 후반	21세기
특징	증기기관 기반의 '기계화 혁명'	전기에너지 기반의 '대량생산 혁명'	컴퓨터와 인터넷 기반의 '디지털 혁명'	사물 인터넷, 인공지능, 빅데이터 기반의 '만물 초지능 혁명'
영향	수공업 시대에서 증기기관을 활용한 기계화 시대로 변화	전기와 생산조립 라인의 출현으로 대량생산체계 구축	정보의 생성, 가공, 공유를 가능케 하는 정보기술시대의 개막	사람, 사물, 공간을 연결하고 자동화, 지능화되어 디지털, 물리학, 생물학 영역의 경계가 사라지면서 기술이 융합되는 시대
	육체노동 보완		두뇌기능 보완	

출처 : 한국문화관광연구원, 2017
▲ 4차 산업혁명의 발전 흐름과 특징

2. 4차 산업혁명의 주요 기술범위

4차 산업혁명의 주요 기술범위는 초연결(hyperconnectivity)과 초지능(superintelligence)을 기반으로, 3차 산업혁명에 비해 더 넓은 범위(scope)와 더 빠른 속도(velocity)로 기술이 융합되는 융복합화로 설명된다.

1) 초연결화(Hyper-Connection)

초연결화란 사람, 프로세스, 데이터, 사물 등을 포함한 모든 것이 네트워크, 즉 사람과 사람, 사람과 기기 또는 기기 간 네트워크가 거미줄처럼 긴밀하게 연결됨으로써, 지능화된 네트워크를 구축하여 이를 통해 새로운 가치와 혁신의 창출이 가능해지는 초연결사회를 의미한다. 특히 초연결화는 결과적으로 빅데이터화로 이어지며, 딥러닝/기계학습 등을 통한 '초지능화'의 기반이 된다.

▲ 사물 인터넷의 개념도

2) 초지능화(Hyper-Intelligence)

모든 산업분야에 인공지능이 도입됨과 동시에, 빅데이터의 수집과 분석이 가능해지고, 컴퓨팅파워가 기하급수적으로 커지면서, 초지능 기술진보는 더욱 빨라지고 있다. 즉 특정 문제를 스스로 해결할 수 있는 인공지능(AI)과 빅네이터의 결합 및 연계를 통해, 기술과 산업구조의 초지능화가 나타나고 있다.

3) 융복합화(Hyper-Convergence)

초융합은 '초연결성' 및 '초지능화'에 기반하여, 기술 간, 산업 간, 사물과 인간 간의 데이터 공유를 통해, 과거에는 상상할 수 없었던 이종(異種)기술 및 산업 간의 융합은 강력한 시너지를 촉발한다.

새로운 융복합 기술의 확산은 장기적으로 사회와 기술의 융합, 인간과 기술의 융합까지 유도하게 되고, 이 과정에서 산업 간 경계는 점차 소멸하게 될 것이다.

제2절 > 푸드테크

1. 푸드테크(Food Tech)의 정의

4차 산업혁명 시대의 신기술이 도입되고 융합되면서, 외식분야에 새롭게 도입된 것이 '푸드테크'이다.

'푸드테크'란 음식(food)과 기술(technology)의 합성어로, 식품산업에서 가공, 유통, 판매, 소비에 이르는 전체 푸드체인에 걸쳐 관련되는 신기술을 총칭한다.

이러한 푸드테크는 식품 바이오, 인공지능(AI), 사물 인터넷(IoT), 3D프린팅, 로봇 등 4차 산업과의 결합으로 그 쓰임새가 더욱 확장되고 있다.

우리가 일상 속에서 접하는 식물성 고기, 스마트 팜을 통해 재배된 농산물, 모바일 애플리케이션을 통한 배달음식 주문, 서빙 로봇, 무인 식당 키오스크 주문 등이 모두 푸드테크의 산물이다.

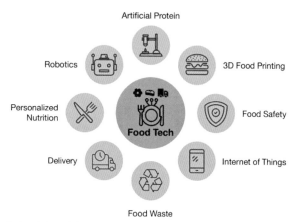

출처 : 삼일PwC경영연구원
▲ 푸드테크 분야

2. 푸드테크 부상의 배경

푸드테크 시장 확장의 주요 배경으로는 ① 4차 산업혁명으로 불리는 AI, IoT, 3D 프린팅, 로봇 등의 기술 고도화, ② 친환경 대체식품에 대한 관심 증대, ③ 인구급증으로 인한 식량안보 및 고령화로 인한 건강 및 식품위생에 대한 관심이 증대되기 때문이다.

1) 정보기술의 발달

정보기술(IT : Information Technology)의 발달은 음식료 및 외식산업에 푸드테크라는 새로운 패러다임 도입을 가능하게 한 핵심 기반이다.

이를 통해 다양한 산업용ㆍ서비스용 로봇이 식품 제조공장, 식료품 유통업체, 외식업체 등에 도입되면서, AI와 IoT 기술이 적용된 스마트 팜에서 농산물을 재배하고, 조리된 음식은 자율주행 로봇이 서빙하며, 빅데이터 기술을 기반으로 식품 제조, 음식 조리, 유통 및 배송 등 전 영역을 데이터화하여, 개별 소비자 맞춤형으로 제공할 수도 있게 되었다.

2) 비대면 중심 푸드테크 확산

출처 : 식품외식경제

▲ 푸드테크 O2O 서비스

COVID-19 사태로 인해 비대면 서비스 수요 폭증 증가는 푸드테크 시장 확대에 영향을 미쳤다. 배달 애플리케이션, O2O(Online to Offline: 온라인 구매 후 오프라인에서 상품을 받는 방식) 서비스, 밀키트 등과 매장 내의 방역에 효과적인 무인 키오스크, 서빙 로봇 등이 활성화되었다.

3) 친환경적 대체식품에 대한 관심 증대

다양한 대체식품들은 농축산업의 탄소 배출을 줄이고, 식량 위기, 식품 안전성 등 사회적 문제를 해결할 대안이 될 것으로 기대되는데, 푸드테크는 미래의 친환경적인 지속 가능한 먹거리를 제공한다는 점에서 주목받고 있다.

4) 건강과 식품 안전성에 대한 관심 증대

인구 증가로 인한 식량안보 문제와 고령화로 인한 건강 및 식품 안전성에 대한 높은 관심이 푸드테크 시장 성장의 배경이 되었다.

식품 안전성 강화를 위한 식품이력 추적, 유통기한 및 신선도 보증이 푸드테크를 통해 가능해졌으며, 식물성 대체식품을 통해 지나친 육류 섭취로 인한 질병을 예방할 수 있게 되었다.

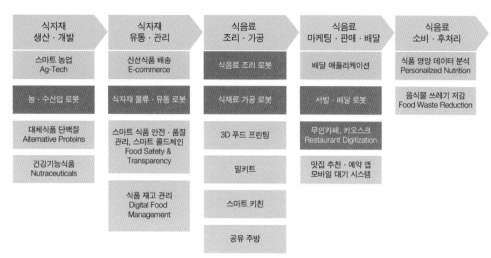

식자재 생산 · 개발	식자재 유통 · 관리	식음료 조리 · 가공	식음료 마케팅 · 판매 · 배달	식음료 소비 · 후처리
스마트 농업 Ag-Tech	신선식품 배송 E-commerce	식음료 조리 로봇	배달 애플리케이션	식품 영양 데이터 분석 Personailzed Nutrition
농 · 수산업 로봇	식자재 물류 · 유통 로봇	식재료 가공 로봇	서빙 · 배달 로봇	음식물 쓰레기 저감 Food Waste Reduction
대체식품 단백질 Alternative Proteins	스마트 식품 안전 · 품질 관리, 스마트 콜드체인 Food Satety & Transparency	3D 푸드 프린팅	무인카페, 키오스크 Restaurant Digitization	
건강기능식품 Nutraceuticals		밀키트	맛집 추천 · 예약 앱 모바일 대기 시스템	
	식품 재고 관리 Digital Food Management	스마트 키친		
		공유 주방		

출처 : 삼일PwC경영연구원
▲ 식음료 Value Chain을 기반으로 한 푸드테크 산업 분류

3. 외식업체의 푸드테크 적용

1) 푸드테크 로봇의 발전

외식업계에서는 푸드테크(식품+기술)를 식당의 예약부터 주문, 결재, 조리, 제공, 퇴식에 이르기까지 '매장 운영 효율화'의 극대화를 위해 식당 운영 전반에 걸쳐 푸드테크 기술이 접목되고 있다.

로봇 시장이 갑자기 커지게 된 이유는 인건비 상승과 밀접한 관련이 있다. 죄근 시장에서 판매되는 로봇의 가격수준은 7,600만~1억 원 수준이다. 로봇

▲ 음식 서비스 로봇

의 주요 부품 수명이 5년 정도이니, 1년에 1,600~2,000만 원 정도 소요된다. 반면 인건비의 경우 최저임금 기준(2023년)으로 약 2,412만 원 정도로 나타나므로, 로봇이 더 효율적이라면 굳이 사람을 선택할 이유가 없어진다.

따라서 인건비와 물가상승은 로봇을 비약적으로 발전시켜, 결과적으로 외식산업의 노동인력을 대체하게 될 것이다.

2) 주요 푸드테크 로봇

푸드테크 로봇은 ① 식음료 조리 로봇(3D 푸드 프린팅), ② 식음료 서빙 로봇, ③ 접객, 정리, 설거지 로봇, ④ 음식 배달 로봇으로 분류한다.

(1) 식음료 조리 로봇

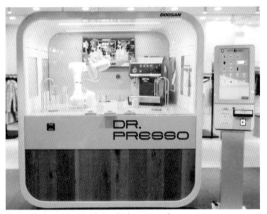

출처 : 두산로보틱스의 닥터프레소(DR Presso)
▲ 커피로봇: 닥터프레소(DR Presso)

인건비 상승과 외식업계 구인난이 지속되면서, 주방에서 직접 음식을 만드는 '조리 로봇' 활용이 증가하고 있다.

국내 AI 전문기업 어노테이션에이아이는 AI 바리스타 로봇 'VAIRI(바이리)'로 커피의 일정한 맛을 유지하는 기술을 선보였으며, 두산로보틱스 푸드테크도 닥터프레소(DR Presso), 누들 로봇, 맥주 로봇 등 10여 종의 식음료 전용 로봇을 선보이고 있다.

① 3D 푸드 프린팅

3D 푸드 프린팅은 분말이나 액체 형태의 식용 필라멘트를 층층이 쌓아 다양한 먹거리를 3차원으로 재구성하는 기술로서, 사용자가 원하는 식재료들로 다양한 형태의 요리를 입체적으로 프린트하여 만들어낸다.

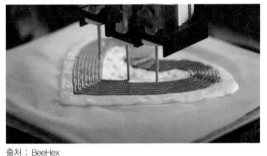

출처 : BeeHex
▲ 3D 프린터로 만드는 피자

비헥스(BeeHex)는 잉크 대신 피자 반죽, 토마토소스, 치즈 등이 담긴 푸드 프린터로, 원하는 맛과 크기의 피자를 단 6분 안에 조리할 수 있는 "3D 셰프(3D-Chef)"로까지 발전시켰다.

(2) 식음료 서빙 로봇

서빙 로봇은 주로 외식업계에서 음식 서빙과 퇴식 등의 기능을 수행하는 상업용 서비스 로봇으로, 대부분 SLAM(Simultaneous Localization and Mapping : 동시적 위치

추적 및 지도작성) 알고리즘 기반 자율주행 기술이 적용되어 있다.

조리 및 서빙용 로봇 이외에도 식당에서의 접객, 결제, 대량 식기 회수 및 정리, 식기 세척 로봇 등도 사용되고 있다.

출처 : https://www.igloo.co.kr
▲ 고정된 위치에 부착된 3D 마커를 통해 길을 찾는 로봇

제3절 〉 미래 식음료 경영 패러다임 변화와 과제

1. 4차 산업혁명 시대 식음료 경영 패러다임의 변화

4차 산업혁명 시대의 일자리 패러다임이 바뀌고 있다. 4차 산업혁명과 함께 새롭게 나타나는 직업은 전혀 새로운 직업이라기보다는, 기존 직업에 새로운 분야가 더해지고, 융복합과정을 거쳐 만들어지기 때문이다. 어떤 직업이 어떤 모습으로 변화할지, 즉 직업의 개념 변화와 의미 확장에 초점을 맞추어 살펴본다.

1) 직업 개념의 변화

1~3차 산업혁명이 전문화 · 세분화된 기능을 갖춘 새로운 직종이 생겨나는 형태 (주로 직업군의 증가)였다면, 4차 산업혁명은 그 변화의 중심에 인간의 역할까지를 포함하고 있어, 진화된 형태의 융복합을 통한 직업군이 생겨나고 있다. 즉 직업에 대한 개념의 변화, 재구성이라고 할 수 있다.

2) 외식기업과 빅데이터

서비스에 빅데이터를 접목, 서비스 유형 및 니즈 등 다양하고 산발적으로 흩어져 있는 자료 분석을 통해, 보다 세분화된 고객 특성별·상황별 맞춤 서비스를 개발하는 외식 서비스 빅데이터 전문가를 비롯해, 빅데이터를 이용한 마케팅 전문가·상권 분석가, 3D 푸드 디자이너/식품 개발자와 요리사, 푸드테크 개발자 등, 4차 산업혁명의 핵심 키워드인 ICT 기술과의 융복합을 통한 새로운 직업들이 빠르게 생겨나고 있다.

특히 블로그나 트위터, 인스타그램과 같은 SNS를 해석하고 공유하여, 대중에게 많은 영향을 끼치고 있다.

3) 새로운 콘셉트의 식당 출현

외식업계에 인공지능, 사물 인터넷, 빅데이터 등의 첨단기술이 대거 도입되면서, "클라우드 키친(Cloud kitchens)", "가상 식당(Virtual restaurants)"과 같은 신개념 식당이 보편화될 것으로 전망된다.

"가상 식당"이란 오프라인 점포 없이 앱으로 음식 주문을 받아 배달해 주는, 인터넷상의 식당을 말한다. 우버의 맛집 배달 서비스 '우버이츠(UberEATS)'가 대표적인 사례다. "클라우드 키친"은 여러 식당에서 조리시설을 갖춘 하나의 주방을 공동 이용하는 것을 말한다.

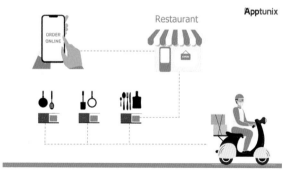

출처 : https://www.apptunix.com
▲ 클라우드 키친 비즈니스 모델

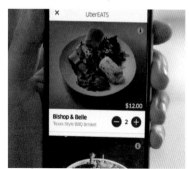

▲ UberEATS 앱 화면

4) 하이브리드 식당(Hybrid Restaurant)

하이브리드 식당은 패스트푸드에서 정찬에 이르기까지 모든 음식이 다 구비되고, 신속한 배달이 가능하며, 음식과 관련된 서비스가 총동원된 식당을 말한다.

여기에 그동안 사람들이 처리하던 업무를 기계(machines)가 대신하게 되는데, 고객의 예약이나 결재, 조리와 서비스 그리고 고객의 정보와 소비 동향을 파악하는 등, 새로운 마케팅 기법이 로봇을 통해 처리될 것이다.

5) 온라인 시장의 확대

향후 오프라인 외식시장은 저출산, 고령화로 인한 노동인구의 감소, 1인 가구의 증대로 인한 편의성과 효율성을 중시하는 경향이 강해짐에 따라, 밀키트, HMR, 배달이 중심이 될 것이다.

2. 4차 산업혁명과 외식산업의 과제

최근 식당에서 음식 생산부터 주문, 서빙, 계산까지 로봇이 처리하는 모습을 어렵지 않게

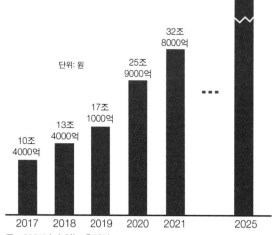

주 : 2025년 수치는 추정치
출처 : 통계청, AT커니
▲ 온라인 식품시장의 성장추세

접할 수 있다.

4차 산업혁명이 빠르게 변화하는 외식산업에 미치는 영향은 늘 긍정적인 것만은 아니다. 이를 통한 일자리 축소, 양극화 심화, 인간소외 현상 등의 부작용을 초래할 수 있기 때문이다. 인적 서비스로 대표되는 식음료 산업에서 고객과 직원과의 소통이 사라진다는 것은 고객의 입장에서 반가운 일만은 아닐 것이다.

최근 최저임금의 상승과 더불어 코로나19로 인한 외식 수요 감소까지 겹치면서, 외식기업들은 대표적인 고정비인 인건비 부담이 더욱 높아져, 로봇과 인공지능 활용에 큰 관심을 보이고 있다.

한국고용정보원은 2025년이 되면 식음료 종사자의 61.3%가 인공지능이나 로봇으로 대체될 위험이 높다고 예측했다.

이제는 외식기업에서도 4차 산업혁명 관련 신기술의 도입을 고민하는 단계를 지나, 오히려 4차 산업혁명을 주도할 수 있는 창의적이고 파괴적인 전략이 필요하다.

출처 : https://edition.cnn.com

출처 : https://www.apfoodonline.com

논 의 과 제

1. 4차 산업혁명이란 무엇인가? 우리 주변에서 볼 수 있는 4차 산업혁명의 주요 기술들은 무엇인지 토론해 보세요.

2. 푸드테크의 개념과 푸드테크 시장이 확장될 수밖에 없는 배경은 무엇인가요?

3. 외식업체의 푸드테크 적용과 향후 변화를 설명하시오.

4. 우리 주변에 푸드테크를 적용하여 운영되는 서비스를 토론해 보세요.

5. 4차 산업혁명이 미래 외식산업을 어떻게 변화시킬지 토론해 보세요.

참고문헌

• 국내문헌

김규찬 · 이성민 · 김현주 · 윤주. 4차 산업혁명과 문화 · 관광 산업 정책방향. 한국문화관광
　　　연구원, 2017.

김천서 · 오현근 · 조진관. 외식사업경영론. 한올출판사, 2012.

마이클 스터먼 · 잭 코질 · 로힛버마. 휴미락 서비스업 완벽강의. 도서출판 눌민, 2015.12.

박기용. 외식산업경영학. 3판. 대왕사, 2009.

박영배. 식음료서비스관리론. 백산출판사, 2021.

삼일PwC경영연구원. 푸드테크의 시대가 온다. Paradigm Shift. Vol. 3. Oct., 2022.

식품외식경제, 4차산업혁명 시대 일자리 패러다임이 변한다. 2017.12.

신재영 · 박기용 · 정청송. 호텔 · 레스토랑 식음료 서비스관리론. 대왕사, 2001.

원유석 · 조춘봉. 호텔식음료 서비스 관리론. 이프레스, 2015.

이석현 · 김용식 · 김종규 · 김선일. 조주학개론. 백산출판사, 2023.

이유재. 서비스마케팅. 학현사, 2019.

이승훈. 올 어바웃 에스프레소. 서울꼬문, 2005.

전인수 · 배일현. 서비스마케팅. McGraw-Hill, 2006.

정유경 · 장기룡 · 채신석. 호스피탈리티산업의 이해. 북넷, 2016.

조춘봉. 호텔식당경영론. 신정, 2002.

게빈 즈랠리. 정미나 옮김. 와인 바이블. 한스미디어, 2010.

채신석 · 정해용 · 봉미희. 호텔경영론. 백산출판사, 2021.

채신석 · 김재호. 서비스경영. 백산출판사, 2022.

최정길. 원가관리(호텔 · 관광 · 외식사업 영업중심). 무역경영사, 2007.

호텔롯데. 식음료 직무교재. 1990.

KT경제경영연구소. 한국형 4차 산업혁명의 미래. 한스미디어, 2017.

- 국외문헌

John R. Walker. Introduction to Hospitality Management. Fifth Edition. Pearson, 2013.

Mary B. Gregoire. Foodservice Organizations: A Managerial and Systems Approach. Seventh Edition. Pearson, 2010.

Philip Kotler·John T. Bowen·James C. Makens. Marketing for Hospitality and Tourism. Pearson, 2017.

- 기타 자료

식품음료신문(http://www.thinkfood.co.kr)

전북음식문화 플라자(https://jbfood.go.kr)

통계청, AT커니(https://www.klnews.co.kr/news/articleView.html?idxno=304588)

한국식품안전관리인증원(https://www.haccp.or.kr)

http://www.atest.co.kr

https://afternoontea.co.uk

https://cooking-ez.com

https://en.wikipedia.org

https://en.wikipedia.org/wiki/Menu

https://hotelinvestmentstrategies.com

https://korea.sca.coffee

https://nonnaschesterfield.co.uk/a-la-carte-menu

https://pip.cbrehotels.com

https://recipes.net

https://tandobeverage.com

https://thewineanalyst.org

https://tuscanytonight.com

https://unpeeledjournal.com

https://whatscookingamerica.net/history/saladhistory.htm, 시저 샐러드의 유래

https://www.beststopinscott.com

https://www.beststopinscott.com

https://www.bonappetit.com

https://www.departures-international.com

https://www.doosanrobotics.com

https://www.escape.com.au

https://www.foodbank.co.kr/news

https://www.fourseasons.com

https://www.greatbritishchefs.com

https://www.greatbritishchefs.com

https://www.hyatt.com

https://www.igloo.co.kr

https://www.jobkorea.co.kr

https://www.josunhotel.com

https://www.jw-marriott.co.kr

https://www.lottehotel.com

https://www.marriott.com

https://www.myketogenickitchen.com

https://www.peninsula.com/en/beverly-hills/5-star-luxury-hotel-beverly-hills

https://www.restaurant.org

https://www.revfine.com

https://www.ritzcarlton.com

https://www.seoul.grand.hyatt.co

https://www.seoul.hilton.co.kr

https://www.shilla.net

https://www.walkerhill.co.kr

https://www.webstaurantstore.com

https://www.wineenthusiast.com

https://www.youtube.com/watch?v=J_gcDxLmz80

https://www.youtube.com/watch?v=mhA8L_FoMtI

https://www.youtube.com/watch?v=NHQWjy41YrA

https://www.youtube.com/watch?v=PleE2adKxrQ

https://www.youtube.com/watch?v=se4Y6K2E2co

https://www.youtube.com/watch?v=WyylRQPLoHE

저자약력

채신석   e-mail: eric6406@naver.com

- 現) 인하공업전문대학 호텔경영학과 교수
     한국관광학회, 한국외식경영학회, 한국호텔관광학회,
     한국호텔리조트학회 이사 및 부회장
     한국관광 품질인증 평가요원
     인천관광공사 민간위탁관리위원회 위원
- 18년간 서울 5성급 호텔 근무 및 프로젝트 참여
- 세종대학교 대학원 호텔관광학 박사
- 쉐라톤 워커힐 호텔 근무
- 그랜드 인터컨티넨탈 호텔 식음료부 매니저
- 코엑스 인터컨티넨탈 호텔 식음료부 매니저
- JW 메리어트 호텔 서울 식음료부 과장
- 소피텔 앰배서더 호텔 식음료부 총괄부장
- 경복대, 남서울대, 동서울대 겸임교수
- 청운대학교 호텔경영 · 컨벤션학과 교수 및 학부장
- 한국관광공사 호텔업 등급결정 평가위원

■ 저서 및 논문
  호텔경영론(2021), 3판, 백산출판사/서비스경영(2022), 2판, 백산출판사
  학회 등재지에 논문 발표 40여 편

신철호

- 現) 인하공업전문대학 호텔경영학과 교수
     인하공업전문대학 입학학생처장
     남양주시 정규직전환 심의위원 및 면접위원
- 국민대학교 대학원 경영학 박사
- 라마다 올림피아 호텔 기획조정팀장/DOSM
- (주)아이엠씨 다이렉트 대표
- (주)씨앤아이 마케팅 대표이사
- 한국호텔외식경영학회 운영이사, 프랜차이즈학회 이사
- 파라다이스 호텔 인천 자문위원
- 인천광역시 도시개발공사 설계자문위원(관광분야)
- 한국관광공사 호텔업 등급결정 전문위원

■ 저서
  관광 · 호텔 서비스론(2006)/외식 경영과 실무(2010)
  호텔리어 입문 Opera System실무(2013)/아프리카 킬리만자로-설렘과 마음의 길(2018)

오성훈

- 現) 인하공업전문대학 호텔경영학과 교수
     한국관광 품질인증 평가요원
- 세종대학교 대학원 호텔관광경영학 석사
- 쉐라톤 팰래스 강남 식음료부 이사
- 임페리얼 팰리스 강남 식음료부 본부장
- 쉐라톤 그랜드 인천 호텔 식음료부 부장
- 해비치 호텔 & 리조트 제주 식음료부 부장
- JW Marriott 서울 연회 서비스 팀장
- Ritz Carlton 서울 식음료부 팀장
- 노보텔 앰배서더 서울 강남 식음료부 지배인
- 웨스틴 조선호텔 식음료부

이영록

- 現) 인하공업전문대학 관광경영학과 교수
- 경기대학교 대학원 외식경영학 박사
- Russo Institute of Technology, Business Purposes Course 수료
- Shafslon International College, EAP 수료
- JW Marriott Seoul, Food & Beverage Manager
- The Ritz-Carlton Seoul, Food & Beverage Team
- JW Marriott Macau, Task Force Opening Team
- 신성대학교 호텔조리과, 제과제빵과 겸임교수
- 혜전대학교 호텔조리외식계열 시간강사
- 백석문화대학교 관광학부 시간강사
- 계원예술대학교 PARADISE School of Hospitality 외래교수

■ **주요 논문**
   학회 등재지에 10여 편의 논문 발표

저자와의
합의하에
인지첩부
생략

호텔 식음료 경영

2024년 3월 15일 초판 1쇄 발행
2025년 3월 20일 초판 2쇄 발행

지은이 채신석 · 신철호 · 오성훈 · 이영록
펴낸이 진욱상
펴낸곳 (주)백산출판사
교 정 성인숙
본문디자인 오행복
표지디자인 오정은

등 록 2017년 5월 29일 제406-2017-000058호
주 소 경기도 파주시 회동길 370(백산빌딩 3층)
전 화 02-914-1621(代)
팩 스 031-955-9911
이메일 edit@ibaeksan.kr
홈페이지 www.ibaeksan.kr

ISBN 979-11-6567-814-2 93320
값 33,000원